LA FORMATION DE L'ESPRIT SCIENTIFIQUE

BIBLIOTHÈQUE DES TEXTES PHILOSOPHIQUES

Fondateur : Henri GOUHIER Directeur : Jean-François COURTINE

Gaston BACHELARD

LA FORMATION DE L'ESPRIT SCIENTIFIQUE

CONTRIBUTION À UNE PSYCHANALYSE DE LA CONNAISSANCE

PARIS

LIBRAIRIE PHILOSOPHIQUE J. VRIN

6, Place de la Sorbonne, Ve

2004

ISBN 2-7116-1150-7
Imprimé en France
(ISBN 2-7116-0045-9 pour la première édition)

www.vrin.fr

Rendre géométrique la représentation, c'est-à-dire dessiner les phénomènes et ordonner en série les événements décisifs d'une expérience, voilà la tâche première où s'affirme l'esprit scientifique. C'est en effet de cette manière qu'on arrive à la *quantité figurée*, à mi-chemin entre le concret et l'abstrait, dans une zone intermédiaire où l'esprit prétend concilier les mathématiques et l'expérience, les lois et les faits. Cette tâche de géométrisation qui sembla souvent réalisée – soit après le succès du cartésianisme, soit après le succès de la mécanique newtonienne, soit encore avec l'optique de Fresnel – en vient toujours à révéler une insuffisance. Tôt ou tard, dans la plupart des domaines, on est forcé de constater que cette première représentation géométrique, fondée sur un *réalisme naïf des propriétés spatiales*, implique des convenances plus cachées, des lois topologiques moins nettement solidaires des relations métriques immédiatement apparentes, bref des liens essentiels plus profonds que les liens de la représentation géométrique familière. On sent peu à peu le besoin de travailler pour ainsi dire *sous* l'espace, au niveau des relations essentielles qui soutiennent et l'espace et les phénomènes. La pensée scientifique est alors entraînée vers des « constructions » plus métaphoriques que réelles, vers des « espaces de configuration » dont l'espace sensible n'est, après tout, qu'un pauvre exemple. Le rôle des mathématiques dans la Physique contemporaine dépasse donc singulièrement la simple description géométrique. Le mathématisme est non plus descriptif mais formateur. La science de la réalité ne se contente plus du *comment* phénoménologique; elle cherche le *pourquoi* mathématique.

Aussi bien, puisque le concret accepte déjà l'information géométrique, puisque le concret est correctement analysé par l'abstrait, pourquoi n'accepterions-nous pas de poser *l'abstraction* comme la démarche normale et féconde de l'esprit scientifique. En fait, si l'on médite sur l'évolution de 6 l'esprit scientifique | on décèle bien vite un élan qui va du géométrique plus ou moins visuel à l'abstraction complète. Dès qu'on accède à une *loi géométrique*, on réalise une inversion spirituelle très étonnante, vive et douce comme une génération; à la curiosité fait place l'espérance de créer. Puisque la première représentation géométrique des phénomènes est essentiellement une *mise en ordre*, cette première mise en ordre ouvre devant nous les perspectives d'une abstraction alerte et conquérante qui doit nous conduire à organiser rationnellement la phénoménologie comme une théorie de *l'ordre pur*. Alors ni le désordre ne saurait être appelé un ordre méconnu, ni l'ordre une simple concordance de nos schémas et des objets comme cela pouvait être le cas dans le règne des données immédiates de la conscience. Quand il s'agit des expériences conseillées ou construites par la raison, l'ordre est une vérité, et le désordre une erreur. L'ordre abstrait est donc un ordre prouvé qui ne tombe pas sous les critiques bergsoniennes de *l'ordre trouvé*.

Nous nous proposons, dans ce livre, de montrer ce destin grandiose de la pensée scientifique abstraite. Pour cela, nous devrons prouver que *pensée abstraite* n'est pas synonyme de *mauvaise conscience scientifique*, comme semble l'impliquer l'accusation banale. Il nous faudra prouver que l'abstraction débarrasse l'esprit, qu'elle allège l'esprit, qu'elle le dynamise. Nous fournirons ces preuves en étudiant plus particulièrement les *difficultés* des abstractions correctes, en marquant l'insuffisance des premières ébauches, la lourdeur des premiers schémas, en soulignant aussi le caractère discursif de la cohérence abstraite et essentielle qui ne peut pas aller au but d'un seul trait. Et pour mieux montrer que la démarche de l'abstraction n'est pas uniforme, nous n'hésiterons pas à employer parfois un ton polémique en insistant sur le caractère d'*obstacle* présenté par l'expérience soi-disant concrète et réelle, soi-disant naturelle et immédiate.

Pour bien décrire le trajet qui va de la perception réputée exacte à l'abstraction heureusement inspirée par les objections de la raison, nous étudierons de nombreux rameaux de l'évolution scientifique. Comme les solutions scientifiques ne sont jamais, sur des problèmes différents, au même stade de maturation, nous ne présenterons pas une suite de tableaux d'ensemble ; nous ne craindrons pas d'émietter nos arguments pour rester au contact de faits aussi précis que possible. Cependant, en vue d'une clarté de premier aspect, si l'on nous forçait de mettre de grossières étiquettes historiques sur les différents âges de la pensée scientifique, nous distinguerions assez bien trois grandes périodes :

| La première période représentant *l'état préscientifique* 7 comprendrait à la fois l'antiquité classique et les siècles de renaissance et d'efforts nouveaux avec le XVIe, le XVIIe et même le XVIIIe siècles.

La deuxième période représentant *l'état scientifique*, en préparation à la fin du XVIIIe siècle, s'étendrait sur tout le XIXe siècle et sur le début du XXe.

En troisième lieu, nous fixerions très exactement l'ère du *nouvel esprit scientifique* en 1905, au moment où la Relativité einsteinienne vient déformer des concepts primordiaux que l'on croyait à jamais immobiles. A partir de cette date, la raison multiplie ses objections, elle dissocie et réapparente les notions fondamentales, elle essaie les abstractions les plus audacieuses. Des pensées, dont une seule suffirait à illustrer un siècle, apparaissent en vingt-cinq ans, signes d'une maturité spirituelle étonnante. Telles sont la mécanique quantique, la mécanique ondulatoire de Louis de Broglie, la physique des matrices de Heisenberg, la mécanique de Dirac, les mécaniques abstraites et bientôt sans doute les Physiques abstraites qui ordonneront toutes les possibilités de l'expérience.

Mais nous ne nous astreindrons pas à inscrire nos remarques particulières dans ce triptyque qui ne nous permettrait pas de dessiner avec assez de précision les détails de l'évolution psychologique que nous voulons caractériser. Encore une fois, les forces psychiques en action dans la connaissance scientifique sont plus confuses, plus essoufflées, plus hésitantes, qu'on ne l'imagine quand on les mesure du dehors, dans les livres où elles attendent le lecteur. Il y a si loin du livre imprimé au livre lu, si loin du livre lu au livre compris, assimilé, retenu ! Même chez un esprit clair, il y a des zones obscures, des cavernes où continuent à vivre des ombres. Même chez l'homme nouveau, il reste des vestiges du vieil homme. En nous, le XVIIIe siècle continue sa vie sourde ; il peut – hélas – réapparaître. Nous n'y voyons pas, comme Meyerson, une preuve de la permanence et de la fixité de la raison humaine, mais bien plutôt une preuve de la somnolence du savoir, une preuve de cette avarice de l'homme cultivé ruminant sans cesse le même acquis, la même culture et devenant, comme tous les avares, victime de l'or caressé. Nous montrerons, en effet, l'endosmose abusive de l'assertorique dans l'apodictique, de la mémoire dans la raison. Nous insisterons sur ce fait qu'on ne peut se prévaloir d'un esprit scientifique tant qu'on n'est pas assuré, à tous les moments de la vie pensive, de reconstruire tout son savoir. Seuls les axes rationnels permettent ces reconstructions. | [8] Le reste est basse mnémotechnie. La patience de l'érudition n'a rien à voir avec la patience scientifique.

Puisque tout savoir scientifique doit être à tout moment reconstruit, nos démonstrations épistémologiques auront tout à gagner à se développer au niveau des problèmes particuliers, sans souci de garder l'ordre historique. Nous ne devrons pas non plus hésiter à multiplier les exemples si nous voulons donner l'impression que, sur toutes les questions, pour tous les phénomènes, il faut passer d'abord de l'image à la forme géométrique, puis de la forme géométrique à la forme abstraite, poursuivre la voie psychologique normale de la pensée scientifique. Nous partirons donc, presque toujours, des images, souvent très pittoresques, de la phénoménologie première; nous verrons comment, et avec quelles difficultés, se substituent à ces images les formes géométriques adéquates. Cette géométrisation si difficile et si lente, on ne s'étonnera guère qu'elle s'offre longtemps comme une conquête définitive et qu'elle suffise à constituer le solide esprit scientifique tel qu'il apparaît au XIXe siècle. On tient beaucoup à ce qu'on a péniblement acquis. Il nous faudra pourtant prouver que cette géométrisation est un stade intermédiaire.

Mais ce développement suivi au niveau de questions particulières, dans le morcellement des problèmes et des expériences, ne sera clair que si l'on nous permet, cette fois en dehors de toute correspondance historique, de parler d'une sorte de *loi des trois états* pour l'esprit scientifique. Dans sa formation individuelle, un esprit scientifique passerait donc nécessairement par les trois états suivants, beaucoup plus précis et particuliers que les formes comtiennes.

1) *L'état concret* où l'esprit s'amuse des premières images du phénomène et s'appuie sur une littérature philosophique glorifiant la Nature, chantant curieusement à la fois l'unité du monde et sa riche diversité.

2) *L'état concret-abstrait* où l'esprit adjoint à l'expérience physique des schémas géométriques et s'appuie sur une philosophie de la simplicité. L'esprit est encore dans une situation paradoxale : il est d'autant plus sûr de son abstraction que cette abstraction est plus clairement représentée par une intuition sensible.

3) *L'état abstrait* où l'esprit entreprend des informations volontairement soustraites à l'intuition de l'espace réel, volontairement détachées de l'expérience immédiate et même en polémique ouverte avec la réalité première, toujours impure, toujours informe.

| Enfin, pour achever de caractériser ces trois stades de **9** la pensée scientifique, nous devrons nous préoccuper des *intérêts* différents qui en constituent en quelque sorte la base affective. Précisément, la Psychanalyse que nous proposons de faire intervenir dans une culture objective doit déplacer les

intérêts. Sur ce point, dussions-nous forcer la note, nous voudrions du moins donner l'impression que nous entrevoyons, avec le caractère affectif de la culture intellectuelle, un élément de solidité et de confiance qu'on n'a pas assez étudié. Donner et surtout garder un intérêt vital à la recherche désintéressée, tel n'est-il pas le premier devoir de l'éducateur, à quelque stade de la formation que ce soit? Mais cet intérêt a aussi son histoire et il nous faudra tenter, au risque d'être accusé de facile enthousiasme, d'en bien marquer la force tout au long de la *patience* scientifique. Sans cet intérêt, cette patience serait souffrance. Avec cet intérêt, cette patience est une vie spirituelle. Faire la psychologie de la patience scientifique reviendra à adjoindre à la loi des trois états de l'esprit scientifique, une sorte de loi des trois états d'âme, caractérisés par des intérêts :

Âme puérile ou mondaine, animée par la curiosité naïve, frappée d'étonnement devant le moindre phénomène instrumenté, jouant à la Physique pour se distraire, pour avoir un prétexte à une attitude sérieuse, accueillant les occasions du collectionneur, passive jusque dans le bonheur de penser.

Âme professorale, toute fière de son dogmatisme, immobile dans sa première abstraction, appuyée pour la vie sur les succès scolaires de sa jeunesse, parlant chaque année son savoir, imposant ses démonstrations, tout à l'intérêt déductif, soutien si commode de l'autorité, enseignant son domestique comme fait Descartes ou le tout venant de la bourgeoisie comme fait l'Agrégé de l'Université[1].

Enfin, l'*âme en mal d'abstraire et de quintessencier*, conscience scientifique douloureuse, livrée aux intérêts inductifs toujours imparfaits, jouant le jeu périlleux de la pensée sans support expérimental stable; à tout moment dérangée par les objections de la raison, mettant sans cesse en doute un droit particulier à l'abstraction, mais si sûre que l'abstraction est un devoir, le devoir scientifique, la possession enfin épurée de la pensée du monde!

1. Cf. H.-G. Wells, *La Conspiration au grand jour*, trad., Paris, Aubier, 1929, p. 85, 86, 87.

Pourrons-nous ramener à la convergence des intérêts si contraires? En tout cas, la tâche de la philosophie scientifique est très nette : psychanalyser l'intérêt, ruiner tout utilitarisme si | déguisé qu'il soit, si élevé qu'il se prétende, tourner l'esprit **10** du réel vers l'artificiel, du naturel vers l'humain, de la représentation vers l'abstraction. Jamais peut-être plus qu'à notre époque, l'esprit scientifique n'a eu plus besoin d'être défendu, d'être *illustré* au sens même où Du Bellay travaillait à la *Défense et Illustration de la langue française*. Mais cette illustration ne peut se borner à une sublimation des aspirations communes les plus diverses. Elle doit être normative et cohérente. Elle doit rendre clairement conscient et actif le plaisir de l'excitation spirituelle dans la découverte du vrai. Elle doit faire du cerveau avec de la vérité. L'amour de la science doit être un dynamisme psychique autogène. Dans l'état de pureté réalisée par une Psychanalyse de la connaissance objective, *la science est l'esthétique de l'intelligence.*

Un mot maintenant sur le ton de ce livre. Comme nous nous donnons en somme pour tâche de retracer la lutte contre quelques préjugés, les arguments polémiques passent souvent au premier rang. Il est d'ailleurs bien plus difficile qu'on ne croit de séparer la raison architectonique de la raison polémique, car la critique rationnelle de l'expérience fait vraiment corps avec l'organisation théorique de l'expérience : toutes les objections de la raison sont des prétextes à expériences. On a dit souvent qu'une hypothèse scientifique qui ne peut se heurter à aucune contradiction n'est pas loin d'être une hypothèse inutile. De même, une expérience qui ne rectifie aucune erreur, qui est platement vraie, sans débat, à quoi sert-elle? Une expérience *scientifique* est alors une expérience qui *contredit* l'expérience *commune*. D'ailleurs, l'expérience immédiate et usuelle garde toujours une sorte de caractère tautologique, elle se développe dans le règne des mots et des définitions; elle manque précisément de cette perspective d'*erreurs rectifiées* qui caractérise, à notre avis, la pensée scientifique.

L'expérience commune n'est pas vraiment *composée*; tout au plus elle est faite d'observations juxtaposées et il est très frappant que l'ancienne épistémologie ait établi un lien continu entre l'observation et l'expérimentation, alors que l'expérimentation doit s'écarter des conditions ordinaires de l'observation. Comme l'expérience commune n'est pas *composée*, elle ne saurait être, croyons-nous, effectivement *vérifiée*. Elle reste un fait. Elle ne peut donner une loi. Pour confirmer 11 scientifiquement le vrai, il convient de le | vérifier à plusieurs points de vue différents. Penser une expérience, c'est alors cohérer un pluralisme initial.

Mais si hostile que nous soyons aux prétentions des esprits « concrets » qui croient saisir immédiatement le donné, nous ne chercherons pas à incriminer systématiquement toute intuition isolée. La meilleure preuve, c'est que nous donnerons des exemples où des vérités de fait arrivent à s'intégrer immédiatement dans la science. Cependant il nous semble que l'épistémologue – différent en cela de l'historien – doit souligner, entre toutes les connaissances d'une époque, les idées fécondes. Pour lui, l'idée doit avoir plus qu'une preuve d'existence, elle doit avoir un destin spirituel. Nous n'hésiterons donc pas à inscrire au compte de l'erreur – ou de l'inutilité spirituelle, ce qui n'est pas loin d'être la même chose – toute vérité qui n'est pas la pièce d'un système général, toute expérience, même juste, dont l'affirmation reste sans lien avec une méthode d'expérimentation générale, toute observation qui, pour réelle et positive qu'elle soit, est annoncée dans une fausse perspective de vérification. Une telle méthode de critiquer réclame une attitude expectante presque aussi prudente vis-à-vis du connu que de l'inconnu, toujours en garde contre les connaissances familières, sans grand respect pour la vérité scolaire. On comprend donc qu'un philosophe qui suit l'évolution des idées scientifiques chez les mauvais auteurs comme chez les bons, chez les naturalistes comme chez les mathématiciens, se défende mal contre une impression d'incrédulité systématique et qu'il adopte un ton sceptique en faible accord avec sa foi, si solide par ailleurs, dans les progrès de la pensée humaine.

| CHAPITRE PREMIER 13

LA NOTION D'OBSTACLE ÉPISTÉMOLOGIQUE

PLAN DE L'OUVRAGE

I

Quand on cherche les conditions psychologiques des progrès de la science, on arrive bientôt à cette conviction que *c'est en termes d'obstacles qu'il faut poser le problème de la connaissance scientifique*. Et il ne s'agit pas de considérer des obstacles externes, comme la complexité et la fugacité des phénomènes, ni d'incriminer la faiblesse des sens et de l'esprit humain: c'est dans l'acte même de connaître, intimement, qu'apparaissent, par une sorte de nécessité fonctionnelle, des lenteurs et des troubles. C'est là que nous montrerons des causes de stagnation et même de régression, c'est là que nous décèlerons des causes d'inertie que nous appellerons des obstacles épistémologiques. La connaissance du réel est une lumière qui projette toujours quelque part des ombres. Elle n'est jamais immédiate et pleine. Les révélations du réel sont toujours récurrentes. Le réel n'est jamais « ce qu'on pourrait croire » mais il est toujours ce qu'on aurait dû penser. La pensée empirique est claire, *après coup*, quand l'appareil des raisons a été mis au point. En revenant sur un passé d'erreurs, on trouve la | vérité en un véritable repentir intellectuel. En fait, 14 on connaît *contre* une connaissance antérieure, en détruisant des connaissances mal faites, en surmontant ce qui, dans l'esprit même, fait obstacle à la spiritualisation.

L'idée de partir de zéro pour fonder et accroître son bien ne peut venir que dans des cultures de simple juxtaposition où un fait connu est immédiatement une richesse. Mais devant le mystère du réel, l'âme ne peut se faire, par décret, ingénue. Il est alors impossible de faire d'un seul coup table rase des connaissances usuelles. Face au réel, ce qu'on croit savoir clairement offusque ce qu'on devrait savoir. Quand il se présente à la culture scientifique, l'esprit n'est jamais jeune. Il est même très vieux, car il a l'âge de ses préjugés. Accéder à la science, c'est, spirituellement rajeunir, c'est accepter une mutation brusque qui doit contredire un passé.

La science, dans son besoin d'achèvement comme dans son principe, s'oppose absolument à l'opinion. S'il lui arrive, sur un point particulier, de légitimer l'opinion, c'est pour d'autres raisons que celles qui fondent l'opinion; de sorte que l'opinion a, en droit, toujours tort. L'opinion *pense* mal; elle ne *pense* pas : elle *traduit* des besoins en connaissances. En désignant les objets par leur utilité, elle s'interdit de les connaître. On ne peut rien fonder sur l'opinion : il faut d'abord la détruire. Elle est le premier obstacle à surmonter. Il ne suffirait pas, par exemple, de la rectifier sur des points particuliers, en maintenant, comme une sorte de morale provisoire, une connaissance vulgaire provisoire. L'esprit scientifique nous interdit d'avoir une opinion sur des questions que nous ne comprenons pas, sur des questions que nous ne savons pas formuler clairement. Avant tout, il faut savoir poser des problèmes. Et quoi qu'on dise, dans la vie scientifique, les problèmes ne se posent pas d'eux-mêmes. C'est précisément ce *sens du problème* qui donne la marque du véritable esprit scientifique. Pour un esprit scientifique, toute connaissance est une réponse à une question. S'il n'y a pas eu de question, il ne peut y avoir connaissance scientifique. Rien ne va de soi. Rien n'est donné. Tout est construit.

Une connaissance acquise par un effort scientifique peut elle-même décliner. La question abstraite et franche s'use : la réponse concrète reste. Dès lors, l'activité spirituelle s'invertit et se bloque. Un obstacle épistémologique s'incruste sur la connaissance non questionnée. Des habitudes intellectuelles qui furent utiles et saines peuvent, à la longue, entraver la recherche. « Notre esprit, | dit justement M. Bergson[1] a une irrésistible tendance à considérer comme plus claire l'idée qui lui sert le plus souvent ». L'idée gagne ainsi une clarté intrinsèque abusive. A l'usage, les idées se *valorisent* indûment. Une valeur en soi s'oppose à la circulation des valeurs. C'est un facteur d'inertie pour l'esprit. Parfois une idée dominante polarise un esprit dans sa totalité. Un épistémologue irrévérencieux disait, il y a quelque vingt ans, que les grands hommes sont utiles à la science dans la première moitié de leur vie, nuisibles dans la seconde moitié. L'instinct *formatif* est si persistant chez certains hommes de pensée qu'on ne doit pas s'alarmer de cette boutade. Mais enfin l'instinct *formatif* finit par céder devant l'instinct *conservatif.* Il vient un temps où l'esprit aime mieux ce qui confirme son savoir que ce qui le contredit, où il aime mieux les réponses que les questions. Alors l'instinct conservatif domine, la croissance spirituelle s'arrête.

Comme on le voit, nous n'hésitons pas à invoquer les instincts pour marquer la juste résistance de certains obstacles épistémologiques. C'est une vue que nos développements essaieront de justifier. Mais, dès maintenant, il faut se rendre compte que la connaissance empirique, qui est celle que nous étudions presque uniquement dans cet ouvrage, engage l'homme sensible par tous les caractères de sa sensibilité. Quand la connaissance empirique se rationalise, on n'est jamais sûr que des valeurs sensibles primitives ne coefficientent pas les raisons. D'une manière bien visible, on peut reconnaître que l'idée scientifique trop familière se charge d'un concret psychologique trop lourd, qu'elle amasse trop d'analogies, d'images, de métaphores, et qu'elle perd peu à peu son *vecteur d'abstraction*, sa fine pointe abstraite. En particulier, c'est verser dans un vain optimisme que de penser

1. H. Bergson, *La Pensée et le Mouvant*, Paris, Alcan, 1934, p. 231.

que *savoir* sert automatiquement à savoir, que la culture devient d'autant plus facile qu'elle est plus étendue, que l'intelligence enfin, sanctionnée par des succès précoces, par de simples concours universitaires, se capitalise comme une richesse matérielle. En admettant même qu'une *tête bien faite* échappe au narcissisme intellectuel si fréquent dans la culture littéraire, dans l'adhésion passionnée aux jugements du goût, on peut sûrement dire qu'une tête bien faite est malheureusement une tête fermée. C'est un produit d'école.

En fait, les crises de croissance de la pensée impliquent une 16 | refonte totale du système du savoir. La tête bien faite doit alors être refaite. Elle change d'espèce. Elle s'oppose à l'espèce pré-cédente par une fonction décisive. Par les révolutions spiri-tuelles que nécessite l'invention scientifique, l'homme devient une espèce mutante, ou pour mieux dire encore, une espèce qui a besoin de muter, qui souffre de ne pas changer. Spirituellement, l'homme a des besoins de besoins. Si l'on voulait bien considérer par exemple la modification psychique qui se trouve réalisée par la compréhension d'une doctrine comme la Relativité ou la Mécanique ondulatoire, on ne trouverait peut-être pas ces expressions exagérées, surtout si l'on réfléchissait à la réelle solidité de la science anté-relativiste. Mais nous reviendrons sur ces aperçus dans notre dernier chapitre quand nous aurons apporté de nombreux exemples de révolutions spirituelles.

On répète souvent aussi que la science est avide d'unité, qu'elle tend à identifier des phénomènes d'aspects divers, qu'elle cherche la simplicité ou l'économie dans les principes et dans les méthodes. Cette unité, elle la trouverait bien vite, si elle pouvait s'y complaire. Tout à l'opposé, le progrès scientifique marque ses plus nettes étapes en abandonnant les facteurs philosophiques d'unification facile tels que l'unité d'action du Créateur, l'unité de plan de la Nature, l'unité logique. En effet, ces facteurs d'unité, encore agissants dans la pensée préscientifique du XVIIIe siècle, ne sont plus jamais invoqués. On trouverait bien prétentieux le savant contemporain qui voudrait réunir la cosmologie et la théologie.

Et dans le détail même de la recherche scientifique, devant une expérience bien déterminée qui pourrait être enregistrée comme telle, comme vraiment une et complète, l'esprit scientifique n'est jamais à court pour en varier les conditions, bref pour sortir de la contemplation du *même* et chercher *l'autre*, pour dialectiser l'expérience. C'est ainsi que la Chimie multiplie et complète ses séries homologues, jusqu'à *sortir de la Nature* pour matérialiser les corps plus ou moins hypothétiques suggérés par la pensée inventive. C'est ainsi que dans toutes les sciences rigoureuses, une pensée anxieuse se méfie des *identités* plus ou moins apparentes, et réclame sans cesse plus de précision, *ipso facto* plus d'occasions de distinguer. Préciser, rectifier, diversifier, ce sont là des types de pensées dynamiques qui s'évadent de la certitude et de l'unité et qui trouvent dans les systèmes homogènes plus d'obstacles que d'impulsions. En résumé, l'homme animé par l'esprit scientifique désire sans doute savoir, mais c'est aussitôt pour mieux interroger.

| II 17

La notion d'*obstacle épistémologique* peut être étudiée dans le développement historique de la pensée scientifique et dans la pratique de l'éducation. Dans l'un et l'autre cas, cette étude n'est pas commode. L'histoire, dans son principe, est en effet hostile à tout jugement normatif. Et cependant, il faut bien se placer à un point de vue normatif, si l'on veut juger de l'efficacité d'une pensée. Tout ce qu'on rencontre dans l'histoire de la pensée scientifique est bien loin de servir effectivement à l'évolution de cette pensée. Certaines connaissances même justes arrêtent trop tôt des recherches utiles. L'épistémologue doit donc trier les documents recueillis par l'historien. Il doit les juger du point de vue de la raison et même du point de vue de la raison évoluée, car c'est seulement de nos jours, que nous pouvons pleinement juger les erreurs du passé spirituel. D'ailleurs, même dans les sciences expérimentales, c'est toujours l'interprétation rationnelle qui fixe les faits à leur juste place. C'est sur l'axe expérience-raison et dans le sens de la rationalisation que se trouvent à la fois le risque et le succès. Il n'y a que la raison qui dynamise la recherche, car c'est elle seule qui suggère au delà de l'expérience commune (immédiate et spécieuse) l'expérience scientifique (indirecte et féconde). C'est donc l'effort de rationalité et de construction qui doit retenir l'attention de l'épistémologue. On peut voir ici ce qui distingue le métier de l'épistémologue de celui de l'historien des sciences. L'historien des sciences doit prendre les idées comme des faits. L'épistémologue doit prendre les faits comme des idées, en les insérant dans un système de pensées. Un fait mal interprété par une époque reste un *fait* pour l'historien. C'est, au gré de l'épistémologue, un *obstacle*, c'est une contre-pensée.

C'est surtout en approfondissant la notion d'obstacle épistémologique qu'on donnera sa pleine valeur spirituelle à l'histoire de la pensée scientifique. Trop souvent le souci d'objectivité qui amène l'historien des sciences à répertorier tous les textes ne va pas jusqu'à mesurer les variations psychologiques dans l'interprétation d'un même texte. A une même époque, sous un même mot, il y a des concepts si différents ! Ce qui nous trompe, c'est que le même mot à la fois désigne et explique. La désignation est la même; l'explication est différente. Par exemple, au téléphone correspondent des concepts qui diffèrent totalement pour l'abonné, pour la téléphoniste, pour l'ingénieur, pour le mathématicien préoccupé des équations différentielles du courant | téléphonique. L'épistémologue doit donc s'efforcer de saisir les concepts scientifiques dans des synthèses psychologiques effectives, c'est-à-dire dans des synthèses psychologiques progressives, en établissant, à propos de chaque notion, une échelle de concepts, en montrant comment un concept en a produit un autre, s'est lié avec un autre. Alors il aura quelque chance de mesurer une efficacité épistémologique. Aussitôt, la pensée scientifique apparaîtra comme une difficulté vaincue, comme un obstacle surmonté.

Dans l'éducation, la notion d'obstacle pédagogique est également méconnue. J'ai souvent été frappé du fait que les professeurs de sciences, plus encore que les autres si c'est possible, ne comprennent pas qu'on ne comprenne pas. Peu nombreux sont ceux qui ont creusé la psychologie de l'erreur, de l'ignorance et de l'irréflexion. Le livre de M. Gérard-Varet est resté sans écho[1]. Les professeurs de sciences imaginent que l'esprit commence comme une leçon, qu'on peut toujours refaire une culture nonchalante en redoublant une classe, qu'on peut faire comprendre une démonstration en la répétant point pour point. Ils n'ont pas réfléchi au fait que l'adolescent arrive dans la classe de Physique avec des connaissances empiriques déjà constituées : il s'agit alors, non pas d'*acquérir* une culture expérimentale, mais bien de *changer* de culture expérimentale, de renverser les obstacles déjà amoncelés par la vie quotidienne. Un seul exemple : l'équilibre des corps flottants fait l'objet d'une intuition familière qui est un tissu d'erreurs. D'une manière plus ou moins nette, on attribue une activité au corps qui flotte, mieux au corps qui *nage*. Si l'on essaie avec la main d'enfoncer un morceau de bois dans l'eau, il résiste. On n'attribue pas facilement la résistance à l'eau. Il est dès lors assez difficile de faire comprendre le principe d'Archimède dans son étonnante simplicité mathématique si l'on n'a pas d'abord critiqué et désorganisé le complexe impur des intuitions premières. En particulier sans cette psychanalyse des erreurs initiales, on ne fera jamais comprendre que le corps qui émerge et le corps complètement immergé obéissent à la même loi.

Ainsi toute culture scientifique doit commencer, comme nous l'expliquerons longuement, par une catharsis intellectuelle et affective. Reste ensuite la tâche la plus difficile : mettre la culture scientifique en état de mobilisation permanente, remplacer le savoir fermé et statique par une connaissance ouverte et dynamique, | dialectiser toutes les variables **19** expérimentales, donner enfin à la raison des raisons d'évoluer.

1. L. Gérard-Varet, *L'ignorance et l'irréflexion. Essai de psychologie objective*, Paris, Alcan, 1899.

Ces remarques pourraient d'ailleurs être généralisées : elles sont plus visibles dans l'enseignement scientifique, mais elles trouvent place à propos de tout effort éducatif. Au cours d'une carrière déjà longue et diverse, je n'ai jamais vu un éducateur changer de méthode d'éducation. Un éducateur n'a pas le *sens de l'échec* précisément parce qu'il se croit un maître. Qui enseigne commande. D'où une coulée d'instincts. MM. von Monakow et Mourgue ont justement noté cette difficulté de réforme dans les méthodes d'éducation en invoquant le poids des instincts chez les éducateurs[1]. « Il y a des individus auxquels tout conseil relatif aux *erreurs d'éducation* qu'ils commettent est absolument inutile parce que ces soi-disant erreurs ne sont que l'expression d'un comportement instinctif ». A vrai dire, MM. von Monakow et Mourgue visent « des individus psychopathes » mais la relation psychologique de maître à élève est une relation facilement pathogène. L'éducateur et l'éduqué relèvent d'une psychanalyse spéciale. En tout cas, l'examen des formes inférieures du psychisme ne doit pas être négligé si l'on veut caractériser tous les éléments de l'énergie spirituelle et préparer une régulation cognito-affective indispensable au progrès de l'esprit scientifique. D'une manière plus précise, déceler les obstacles épistémologiques, c'est contribuer à fonder les rudiments d'une psychanalyse de la raison.

III

Mais le sens de ces remarques générales ressortira mieux quand nous aurons étudié des obstacles épistémologiques très particuliers et des difficultés bien définies. Voici alors le plan que nous allons suivre dans cette étude :

La première expérience ou, pour parler plus exactement, l'observation première est toujours un premier obstacle pour la

1. Von Monakow et Mourgue, *Introduction biologique à l'étude de la neurologie et de la psychopathologie*, Paris, Alcan, 1928, p. 891.

culture scientifique. En effet, cette observation première se présente avec un luxe d'images; elle est pittoresque, concrète, naturelle, facile. Il n'y a qu'à la décrire et à s'émerveiller. On croit alors la comprendre. Nous commencerons notre enquête en caractérisant cet obstacle et en montrant qu'il y a rupture et non pas continuité entre l'observation et l'expérimentation.

| Immédiatement après avoir décrit la séduction de l'obser- **20** vation particulière et colorée, nous montrerons le danger de suivre les généralités de premier aspect, car comme le dit si bien d'Alembert, on généralise ses premières remarques, l'instant d'après qu'on ne remarquait rien. Nous verrons ainsi l'esprit scientifique entravé à sa naissance par deux obstacles en quelque manière opposés. Nous aurons donc l'occasion de saisir la pensée empirique dans une oscillation pleine de saccades et de tiraillements, finalement toute désarticulée. Mais cette désarticulation rend possible des mouvements utiles. De sorte que l'épistémologue est lui-même le jouet de valorisations contraires qu'on résumerait assez bien dans les objections suivantes: il est nécessaire que la pensée quitte l'empirisme immédiat. La pensée empirique prend donc un système. Mais le premier système est faux. Il est faux, mais il a du moins l'utilité de décrocher la pensée en l'éloignant de la connaissance sensible; le premier système mobilise la pensée. L'esprit constitué dans un système peut alors retourner à l'expérience avec des pensées baroques mais agressives, questionneuses, avec une sorte d'ironie métaphysique bien sensible chez les jeunes expérimentateurs, si sûrs d'eux-mêmes, si prêts à observer le réel en fonction de leur théorie. De l'observation au système, on va ainsi des yeux ébahis aux yeux fermés.

Il est d'ailleurs très remarquable que, d'une manière générale, les obstacles à la culture scientifique se présentent toujours par paires. C'est au point qu'on pourrait parler d'une loi psychologique de la bipolarité des erreurs. Dès qu'une difficulté se révèle importante, on peut être sûr qu'en la tournant, on butera sur un obstacle opposé. Une telle régularité dans la dialectique des erreurs ne peut venir naturellement du monde objectif. A notre avis, elle provient de l'attitude polémique de la pensée scientifique devant la cité savante. Comme dans une activité scientifique, nous devons inventer, nous devons prendre le phénomène d'un nouveau point de vue. Mais il nous faut légitimer notre invention : nous pensons alors notre phénomène en critiquant le phénomène des autres. Peu à peu, nous sommes amenés à réaliser nos objections en objets, à transformer nos critiques en lois. Nous nous acharnons à varier le phénomène dans le sens de notre opposition au savoir d'autrui. C'est naturellement surtout dans une science jeune qu'on pourra reconnaître cette originalité de mauvais aloi qui ne fait que renforcer les obstacles contraires.

Quand nous aurons ainsi bordé notre problème par l'examen de l'esprit concret et de l'esprit systématique, nous en viendrons à des obstacles un peu plus particuliers. Alors notre plan sera | [21] nécessairement flottant et nous n'éviterons guère les redites car il est de la nature d'un obstacle épistémologique d'être confus et polymorphe. Il est bien difficile aussi d'établir une hiérarchie de l'erreur et de suivre un ordre pour décrire les désordres de la pensée. Nous exposerons donc en vrac notre musée d'horreurs, laissant au lecteur le soin de passer les exemples fastidieux dès qu'il aura compris le sens de nos thèses. Nous examinerons successivement le danger de l'explication par *l'unité* de la nature, par *l'utilité* des phénomènes naturels. Nous ferons un chapitre spécial pour marquer *l'obstacle verbal*, c'est-à-dire la fausse explication obtenue à l'aide d'un mot explicatif, par cet étrange renversement qui prétend développer la pensée en analysant un concept au lieu d'impliquer un concept particulier dans une synthèse rationnelle.

Assez naturellement l'obstacle verbal nous conduira à examiner un des obstacles les plus difficiles à surmonter parce qu'il est soutenu par une philosophie facile. Nous voulons parler du substantialisme, de l'explication monotone des propriétés par la substance. Nous aurons alors à montrer que le réalisme est, pour le Physicien et sans préjuger de sa valeur pour le Philosophe, une métaphysique sans fécondité, puisqu'il arrête la recherche au lieu de la provoquer.

Nous terminerons cette première partie de notre livre par l'examen d'un obstacle très spécial que nous pourrons délimiter très précisément et qui, en conséquence, donnera une illustration aussi nette que possible de la notion d'obstacle épistémologique. Nous l'appellerons dans son titre complet : *l'obstacle animiste dans les sciences physiques*. Il a été presque entièrement surmonté par la Physique du XIXe siècle ; mais comme il est bien apparent au XVIIe et au XVIIIe siècles au point d'être, d'après nous, un des traits caractéristiques de l'esprit préscientifique, nous nous ferons une règle presque absolue de le caractériser en suivant les physiciens du XVIIe et du XVIIIe siècles. Cette limitation rendra peut-être la démonstration plus pertinente puisqu'on verra la puissance d'un obstacle dans le temps même où il va être surmonté. Cet obstacle animiste n'a d'ailleurs que de lointains rapports avec la mentalité animiste que tous les ethnologues ont longuement examinée. Nous donnerons une grande extension à ce chapitre précisément parce qu'on pourrait croire qu'il n'y a là qu'un trait particulier et pauvre.

Avec l'idée de substance et avec l'idée de vie, conçues l'une et l'autre sur le mode ingénu, s'introduisent dans les sciences *physiques* d'innombrables valorisations qui viennent faire tort aux véritables valeurs de la pensée scientifique. Nous proposerons | donc des psychanalyses spéciales pour débarrasser l'esprit scientifiques de ces fausses valeurs. **22**

Après les obstacles que doit surmonter la connaissance empirique, nous en viendrons, dans l'avant-dernier chapitre, à montrer les difficultés de l'information géométrique et mathématique, les difficultés de fonder une Physique mathématique susceptible de provoquer des découvertes. Là encore, nous amasserons des exemples pris dans les systèmes maladroits, dans les géométrisations malheureuses. On verra comment la *fausse rigueur* bloque la pensée, comment un premier système mathématique empêche parfois la compréhension d'un système nouveau. Nous nous bornerons d'ailleurs à des remarques assez élémentaires pour laisser à notre livre son aspect facile. D'ailleurs pour achever notre tâche dans cette direction, il nous faudrait étudier, du même point de vue critique, la formation de l'esprit mathématique. Nous avons réservé cette tâche pour un autre ouvrage. A notre avis, cette division est possible parce que la croissance de l'esprit mathématique est bien différente de la croissance de l'esprit scientifique dans son effort pour comprendre les phénomènes physiques. En fait, l'histoire des mathématiques est une merveille de régularité. Elle connaît des périodes d'arrêt. Elle ne connaît pas des périodes d'erreurs. Aucune des thèses que nous soutenons dans ce livre ne vise donc la connaissance mathématique. Elles ne traitent que de la connaissance du monde objectif.

C'est cette connaissance de l'objet que, dans notre dernier chapitre, nous examinerons dans toute sa généralité, en signalant tout ce qui peut en troubler la pureté, tout ce qui peut en diminuer la valeur éducative. Nous croyons travailler ainsi à la moralisation de la science, car nous sommes intimement convaincu que l'homme qui suit les lois du monde obéit déjà à un grand destin.

LE PREMIER OBSTACLE
L'EXPÉRIENCE PREMIÈRE

I

Dans la formation d'un esprit scientifique, le premier obstacle, c'est l'expérience première, c'est l'expérience placée avant et au-dessus de la critique qui, elle, est nécessairement un élément intégrant de l'esprit scientifique. Puisque la critique n'a pas opéré explicitement, l'expérience première ne peut, en aucun cas, être un appui sûr. Nous donnerons de nombreuses preuves de la fragilité des connaissances premières, mais nous tenons tout de suite à nous opposer nettement à cette philosophie facile qui s'appuie sur un sensualisme plus ou moins franc, plus ou moins romancé, et qui prétend recevoir directement ses leçons d'un *donné* clair, net, sûr, constant, toujours offert à un esprit toujours ouvert.

Voici alors la thèse philosophique que nous allons soutenir l'esprit scientifique doit se former *contre* la Nature, contre ce qui est, en nous et hors du nous, l'impulsion et l'instruction de la Nature, contre l'entraînement naturel, contre le fait coloré et divers. L'esprit scientifique doit se former en se réformant. Il ne peut s'instruire devant la Nature qu'en purifiant les substances naturelles et qu'en ordonnant les phénomènes brouillés. La Psychologie elle-même deviendrait scientifique si elle devenait discursive comme la Physique, si elle se rendait

compte qu'en nous-mêmes, comme hors de nous-mêmes, nous comprenons la Nature en lui résistant. A notre point de vue, la seule intuition légitime en Psychologie est l'intuition d'une inhibition. Mais ce n'est pas le lieu de développer cette psychologie essentiellement réactionnelle. Nous voulons
24 simplement faire remarquer que la psychologie | de l'esprit scientifique que nous exposons ici correspond à un type de psychologie qu'on pourrait généraliser.

Il est assez difficile de saisir de prime abord le sens de cette thèse, car l'éducation scientifique élémentaire a, de nos jours, glissé entre la nature et l'observateur un livre assez correct, assez corrigé. Les livres de Physique, patiemment recopiés les uns sur les autres depuis un demi-siècle, fournissent à nos enfants une science bien socialisée, bien immobilisée et qui, grâce à la permanence très curieuse du programme des concours universitaires, arrive à passer pour *naturelle*; mais elle ne l'est point; elle ne l'est plus. Ce n'est plus *la* science de la rue et des champs. C'est *une* science élaborée dans un mauvais laboratoire mais qui porte quand même l'heureux signe du laboratoire. Parfois c'est le secteur de la ville qui fournit le courant électrique et qui vient apporter ainsi les phénomènes de cette *antiphysis* où Berthelot reconnaissait la marque des temps nouveaux (*Cinquantenaire scientifique*, p. 77); les expériences et les livres sont donc maintenant en quelque partie détachés des observations premières.

Il n'en allait pas de même durant la période préscientifique, au XVIIIe siècle. Alors le livre de sciences pouvait être un bon ou un mauvais livre. Il n'était pas *contrôlé* par un enseignement officiel. Quand il portait la marque d'un contrôle, c'était souvent celui d'une de ces Académies de province recrutées parmi les esprits les plus brouillons et les plus mondains. Alors le livre *partait* de la nature, il s'intéressait à la vie quotidienne. C'était un livre de vulgarisation pour la connaissance vulgaire, sans l'arrière-plan spirituel qui fait parfois de nos livres de vulgarisation des livres de haute tenue. Auteur et lecteur pensaient au même niveau. La culture scientifique était comme écrasée par la masse et la variété des livres secondaires, beaucoup plus nombreux que les livres de valeur. Il est au contraire très frappant qu'à notre époque les livres de vulgarisation scientifique soient des livres relativement rares.

Ouvrez un livre de l'enseignement scientifique moderne : la science y est présentée en rapport avec une théorie d'ensemble. Le caractère organique y est si évident qu'il serait bien difficile de sauter des chapitres. A peine les premières pages sont-elles franchies, qu'on ne laisse plus parler le sens commun ; jamais non plus on n'écoute les questions du lecteur. *Ami lecteur* y serait assez volontiers remplacé par un avertissement sévère : fais attention, élève ! Le livre pose ses propres questions. Le livre commande.

| Ouvrez un livre scientifique du XVIIIe siècle, vous vous **25** rendrez compte qu'il est enraciné dans la vie quotidienne. L'auteur converse avec son lecteur comme un conférencier de salon. Il épouse les intérêts et les soucis *naturels*. Par exemple, s'agit-il de trouver la cause du tonnerre ? On en viendra à parler au lecteur de la crainte du tonnerre, on tentera de lui montrer que cette crainte est vaine, on éprouvera le besoin de lui répéter la vieille remarque : quand le tonnerre éclate, le danger est passé, puisque l'éclair seul peut tuer. Ainsi le livre de l'abbé Poncelet[1] porte à la première page de l'Avertissement : « En écrivant sur le Tonnerre, mon intention principale a toujours été de modérer, s'il était possible, les impressions incommodes que ce météore a coutume de faire sur une infinité de Personnes de tout âge, de tout sexe, de toute condition. Combien n'en ai-je pas vu passer les jours dans des agitations violentes, et les nuits dans des Inquiétudes mortelles ? ». L'abbé Poncelet consacre tout un chapitre, qui se trouve être le plus long du livre (p. 133 à 155) à des Réflexions sur la frayeur que cause le tonnerre. Il distingue quatre types de craintes qu'il analyse dans le détail. Un lecteur quelconque a donc quelques chances de trouver dans le livre les éléments de son diagnostic. Ce diagnostic était utile, car l'hostilité de la nature paraissait alors en quelque manière plus directe. Nos causes d'anxiété

1. Abbé Poncelet, *La Nature dans la formation du Tonnerre et la reproduction des Êtres vivants*, Paris, Le Mercier et Saillant, 1766.

dominantes sont actuellement des causes humaines. C'est de l'homme aujourd'hui que l'homme peut recevoir ses plus grandes souffrances. Les phénomènes naturels sont désarmés parce qu'ils sont expliqués. Pour faire saisir la différence des esprits à un siècle et demi d'intervalle, demandons-nous si la page suivante prise dans le *Werther* de Gœthe correspond encore à une réalité psychologique : « Avant la fin de la danse, les éclairs, que nous voyions depuis longtemps briller à l'horizon, mais que j'avais jusque-là fait passer pour des éclairs de chaleur, augmentèrent considérablement ; et le bruit du tonnerre couvrit la musique. Trois dames sortirent précipitamment des rangs, leurs cavaliers les suivirent, le désordre devint général, et les musiciens se turent... C'est à ces causes que j'attribue les grimaces étranges auxquelles je vis se livrer plusieurs de ces dames. La plus raisonnable s'assit dans un coin, tournant le dos à la fenêtre et se bouchant les oreilles. Une autre, agenouillée devant la première, se cachait la tête sur les genoux de celle-ci. Une troisième s'était glissée entre ses deux sœurs, qu'elle embrassait en versant des torrents de larmes. **26** Quelques-unes voulaient retourner | chez elles ; d'autres, encore plus égarées, n'avaient même pas assez de présence d'esprit pour se défendre contre la témérité de quelques jeunes audacieux, qui semblaient fort affairés à recueillir sur les lèvres de ces belles affligées les prières que, dans leur frayeur, elles adressaient au ciel... ». Je crois qu'il semblerait impossible d'inclure un tel récit dans un roman contemporain. Tant de puérilité accumulée paraîtrait irréelle. De nos jours, la peur du tonnerre est dominée. Elle n'agit guère que dans la solitude. Elle ne peut troubler une société car, socialement, la doctrine du tonnerre est entièrement *rationalisée* ; les vésanies individuelles ne sont plus que des singularités qui se cachent. On rirait de l'hôtesse de Gœthe qui ferme les volets et tire les rideaux pour protéger un bal.

Le rang social des lecteurs entraîne parfois un ton particulier au livre préscientifique. L'astronomie pour les gens du monde doit incorporer les plaisanteries des grands. Un érudit d'une très grande patience, Claude Comiers, commence en ces termes son ouvrage sur les Comètes, ouvrage souvent cité au cours du siècle : « Puisqu'à la Cour, on a agité avec chaleur, si Comète était mâle ou femelle, et qu'un des maréchaux de France pour terminer le différent des Doctes, a prononcé qu'il était besoin de lever la queue à cette étoile, pour reconnaître s'il la faut traiter de *la*, ou de *le*... »[1]. Un savant moderne ne citerait sans doute pas l'opinion d'un maréchal de France. Il ne continuerait pas, sans fin, des plaisanteries sur la queue ou la barbe des Comètes : « Comme la queue, suivant le proverbe, est toujours le plus difficile de la bête à écorcher, celle des Comètes a toujours donné autant de peine à expliquer que le nœud Gordien à défaire ».

Au XVIIIe siècle, les dédicaces des livres scientifiques sont, s'il est possible, d'une flatterie plus pesante que celles des livres littéraires. En tout cas, elles choquent davantage un esprit scientifique moderne indifférent aux autorités politiques. Donnons un exemple de ces dédicaces inconcevables. Le sieur de la Chambre dédie à Richelieu son livre sur la Digestion : « Quoi qu'il en soit Monseigneur c'est une chose bien certaine que je vous dois les Connaissances que j'ai eues en cette matière » (sur l'estomac). Et en voici tout de suite la preuve : « Si je n'eusse vu ce que vous avez fait de la France, je ne me fusse jamais imaginé qu'il y eût eu dans nos corps un esprit qui pût amollir les choses dures, | adoucir les amères, et **27** unir les dissemblables, qui pût enfin faire couler la vigueur et la force en toutes les parties, et leur dispenser si justement tout ce qui leur est nécessaire ». Ainsi l'estomac est une sorte de Richelieu, le premier ministre du corps humain.

Souvent il y a échange de vues entre l'auteur et ses lecteurs, entre les *curieux* et les *savants*. Par exemple, on a publié en 1787 toute une correspondance sous le titre suivant : « Expériences faites sur les propriétés des lézards tant en chair qu'en liqueurs, dans le traitement des maladies vénériennes et dartreuses ». Un voyageur retiré à Pontarlier a vu bien des

1. Claude Comiers, *La Nature et présage des Comètes. Ouvrage mathématique, physique, chimique et historique, enrichi des prophéties des derniers siècles, et de la fabrique des grandes lunettes*, Lyon, 1665, p. 7-74.

nègres de la Louisiane se guérir du mal vénérien « en mangeant des anolis ». Il prône cette cure. Le régime de trois lézards par jour amène des résultats merveilleux qui sont signalés à Vicq d'Azyr. Dans plusieurs lettres Vicq d'Azyr remercie son correspondant.

La masse d'érudition que devait charrier un livre scientifique au XVIIIe siècle fait obstacle au caractère organique du livre. Un seul exemple suffira pour marquer ce trait bien connu. Le Baron de Marivetz et Goussier, ayant à traiter du feu dans leur célèbre *Physique du Monde* (Paris, 1780) se font un devoir et une gloire d'examiner 46 théories différentes avant d'en proposer une bonne, la leur. La réduction de l'érudition peut, à juste titre, passer pour la marque d'un bon livre scientifique moderne. Elle peut donner une mesure de la différence psychologique des époques savantes. Les auteurs du XVIIe et du XVIIIe siècles citent davantage Pline que nous-mêmes nous ne citons ces auteurs. La distance est moins grande de Pline à Bacon que de Bacon aux savants contemporains. L'esprit scientifique suit une progression géométrique et non pas une progression arithmétique.

La science moderne, dans son enseignement régulier, s'écarte de toute référence à l'érudition. Et même elle ne fait place que de mauvais gré à l'histoire des idées scientifiques. Des organismes sociaux comme les Bibliothèques universitaires, qui accueillent sans grande critique des ouvrages littéraires ou historiques de maigre valeur, écartent les livres scientifiques du type hermétique ou platement utilitaire. J'ai cherché vainement des livres de cuisine à la Bibliothèque de Dijon. Au contraire les arts du distillateur, du parfumeur, du cuisinier donnaient lieu au XVIIIe siècle à des ouvrages nombreux soigneusement conservés dans les Bibliothèques publiques.

La cité savante contemporaine est si homogène et si bien gardée que les œuvres d'aliénés ou d'esprits dérangés trouvent difficilement un éditeur. Il n'en allait pas de même il y a cent cinquante ans. J'ai sous les yeux un livre intitulé : « *Le*
28 *Microscope moderne*, pour | débrouiller la nature par le filtre

d'un nouvel alambic chymique». L'auteur en est Charles Rabiqueau, avocat en Parlement, ingénieur-opticien du Roi. Le livre a été publié à Paris en 1781. On y voit l'Univers entouré des flammes infernales qui produisent les distillations. Le soleil est au centre, il a seulement cinq lieues de diamètre. « La Lune n'est point un corps, mais un simple reflet du feu solaire dans la voûte aérienne». L'opticien du Roi a ainsi généralisé l'expérience réalisée par un miroir concave : « Les étoiles ne sont que le brisement glapissant de nos rayons visuels sur différentes bulles aériennes ». On reconnaît là une accentuation symptomatique de la *puissance* du regard. C'est le type d'une expérience *subjective* prédominante qu'il faudrait rectifier pour atteindre au concept de l'étoile objective, de l'étoile indifférente au regard qui la contemple. Plusieurs fois, j'ai pu observer, à l'Asile, des malades qui défiaient du regard le Soleil comme le fait Rabiqueau. Leurs vésanies trouveraient difficilement un éditeur. Elles ne trouveraient pas un abbé de La Chapelle qui, après avoir lu par ordre du Chancelier une élucubration comme celle-là, la jugerait en ces termes, en lui donnant l'estampille officielle : on avait toujours pensé « que les objets venaient en quelque sorte trouver les yeux ; M. Rabiqueau renverse la perspective, c'est la faculté de voir qui va trouver l'objet... l'ouvrage de M. Rabiqueau annonce une Métaphysique corrigée, des préjugés vaincus et des mœurs plus épurées, qui mettent le comble à son travail »[1].

Ces remarques générales sur les livres de première instruction suffisent peut-être pour indiquer la différence du premier contact avec la pensée scientifique dans les deux périodes que nous voulons caractériser. Si l'on nous accusait d'utiliser bien des mauvais auteurs et d'oublier les bons, nous répondrions que les bons auteurs ne sont pas nécessairement ceux qui ont du succès et puisqu'il nous faut étudier comment l'esprit scientifique prend naissance sous la forme libre et quasi anarchique – en tout cas non scolarisée – comme ce fut le

1. Charles Rabiqueau, *Le microscope moderne pour débrouiller la nature par le filtre d'un nouvel alambic chymique, où l'on voit un nouveau méchanisme physique universel*, Paris, 1781, p. 228.

cas au XVIIIe siècle, nous sommes bien obligé de considérer toute la fausse science qui écrase la vraie, toute la fausse science *contre* laquelle précisément, le véritable esprit scientifique doit se constituer. En résumé, la pensée préscientifique est « dans le siècle ». Elle n'est pas *régulière* comme la pensée scientifique instruite dans les laboratoires officiels et codifiée dans des livres scolaires. Nous allons voir s'imposer la même conclusion d'un point de vue légèrement différent.

29 | **II**

M. Mornet a en effet bien montré, dans un livre alerte, le caractère mondain de la science du XVIIIe siècle. Si nous revenons sur la question, c'est simplement pour ajouter quelques nuances relatives à *l'intérêt*, en quelque manière puéril, que soulèvent alors les sciences expérimentales, et pour proposer une interprétation particulière de cet intérêt. Notre thèse à cet égard est la suivante : en donnant une satisfaction immédiate à la curiosité, en multipliant les occasions de la curiosité, loin de favoriser la culture scientifique, on l'entrave. On remplace la connaissance par l'admiration, les idées par les images.

En essayant de revivre la psychologie des observateurs amusés, nous allons voir s'installer une ère de facilité qui enlèvera à la pensée scientifique le *sens du problème*, donc le nerf du progrès. Nous prendrons de nombreux exemples dans la science électrique et nous verrons combien furent tardives et exceptionnelles les tentatives de géométrisation dans les doctrines de l'électricité statique puisqu'il faut attendre la science *ennuyeuse* de Coulomb pour trouver les premières lois scientifiques de l'électricité. En d'autres termes, en lisant les nombreux livres consacrés à la science électrique au XVIIIe siècle, le lecteur moderne se rendra compte, selon nous, de la difficulté qu'on a eue à abandonner le pittoresque de l'observation première, à décolorer le phénomène électrique, à débarrasser l'expérience de ses traits parasites, de ses aspects irréguliers. Il apparaîtra alors nettement que la première emprise empirique ne donne même pas le juste *dessin* des phénomènes, même pas une description bien ordonnée, bien hiérarchique des phénomènes.

Le mystère de l'électricité une fois agréé – et il est toujours très vite fait d'agréer un mystère comme tel – l'électricité donnait lieu à une « science » facile, toute proche de l'Histoire naturelle, éloignée des calculs et des théorèmes qui, depuis les Huyghens, les Newton, envahissaient peu à peu la mécanique, l'optique, l'astronomie. Priestley écrit encore dans un livre traduit en 1771, « Les expériences électriques sont les plus claires et les plus agréables de toutes celles qu'offre la Physique ». Ainsi ces doctrines primitives, qui touchaient des phénomènes si complexes, se présentaient comme des doctrines faciles, condition indispensable pour qu'elles soient amusantes, pour qu'elles intéressent un public mondain. Ou encore, pour parler en philosophe, ces doctrines se présentaient | avec la marque d'un *empirisme évident et foncier*. Il est si **30** doux à la paresse intellectuelle d'être cantonnée dans l'empirisme, d'appeler un fait un fait et d'interdire la recherche d'une loi ! Actuellement encore tous les mauvais élèves de la classe de Physique « comprennent » les formules empiriques. Ils croient facilement que toutes les formules, même celles qui découlent d'une théorie fortement organisée, sont des formules empiriques. Ils imaginent qu'une formule n'est qu'un ensemble de nombres en attente qu'il suffit d'appliquer à chaque cas particulier. Au surplus, combien l'empirisme de la première Électricité est séduisant ! C'est un empirisme non seulement évident, c'est un *empirisme coloré*. Il n'y a pas à le comprendre, il faut seulement le voir. Pour les phénomènes électriques, le livre du Monde est un livre d'images. Il faut le feuilleter sans essayer de préparer sa surprise. Dans ce domaine il parait si sûr qu'on n'aurait jamais pu prévoir ce que l'on voit ! Priestley dit justement : « Quiconque aurait été conduit [à prédire la commotion électrique] par quelque raisonnement, aurait été regardé comme un très grand génie. Mais les découvertes électriques sont tellement dues au hasard, que c'est moins l'effet du génie que les forces de la Nature, qui excitent l'admiration que nous leur accordons »; sans doute, c'est une idée fixe chez Priestley que de rapporter toutes les découvertes scientifiques au hasard. Même lorsqu'il s'agit de ses découvertes personnelles, patiemment poursuivies avec une science de l'expérimentation chimique très remarquable, Priestley se donne l'élégance d'effacer les liaisons théoriques qui l'ont conduit à monter des expériences fécondes. Il a une telle volonté de philosophie empirique que la pensée n'est plus guère qu'une sorte de cause occasionnelle de l'expérience. A entendre Priestley, le hasard a tout fait. Pour lui, chance prime raison. Soyons donc tout au spectacle. Ne nous occupons pas du Physicien qui n'est qu'un metteur en scène. Il n'en va plus de même de nos jours où l'astuce de l'expérimentateur, le trait de génie du théoricien soulèvent l'admiration. Et pour bien montrer que l'origine du phénomène provoqué est humaine, c'est le nom de l'expérimentateur qui est attaché – sans doute pour l'éternité – à *l'effet* qu'il a construit. C'est le cas pour l'effet Zeeman, l'effet Stark, l'effet Raman, l'effet Compton, ou encore pour l'effet Cabannes-Daure qui pourrait servir d'exemple d'un *effet* en quelque manière *social*, produit par la collaboration des esprits.

La pensée préscientifique ne s'acharne pas à l'étude d'un phénomène bien circonscrit. *Elle cherche non pas la variation, mais la variété*. Et c'est là un trait particulièrement caractéristique : | 31 la recherche de la variété entraîne l'esprit d'un objet à un autre, sans méthode; l'esprit ne vise alors que l'extension des concepts; la recherche de la variation s'attache à un phénomène particulier, elle essaie d'en objectiver toutes les variables, d'éprouver la sensibilité des variables. Elle enrichit la compréhension du concept et prépare la mathématisation de l'expérience. Mais voyons l'esprit préscientifique en quête de variété. Il suffit de parcourir les premiers livres sur l'électricité pour être frappé du caractère hétéroclite des objets où l'on recherche les propriétés électriques. Non pas qu'on fasse de l'électricité une propriété générale : d'une manière paradoxale, on la tient à la fois pour une propriété exceptionnelle mais attachée aux substances les plus diverses. Au premier rang – naturellement – les pierres précieuses ; puis le soufre, les résidus de calcination et de distillation, les bélemnites, les fumées, la flamme. On cherche à mettre en liaison la propriété électrique et les propriétés de premier aspect. Ayant fait le *catalogue* des substances susceptibles d'être électrisées, Boulanger en tire la conclusion que « les substances les plus cassantes et les plus transparentes sont toujours les plus électriques » [1]. On donne toujours une grande attention à ce qui est *naturel*. L'électricité étant un principe *naturel*, on espéra un instant avoir là un moyen pour distinguer les diamants vrais des diamants faux. L'esprit préscientifique veut toujours que le produit naturel soit plus riche que le produit factice.

À cette construction scientifique tout entière en juxtaposition, chacun peut apporter sa pierre. L'histoire est là pour nous montrer l'engouement pour l'électricité. Tout le monde s'y intéresse, même le Roi. Dans une *expérience de gala* [2] l'abbé Nollet « donna la commotion en présence du Roi, à cent quatre-vingts de ses gardes ; et dans le couvent des Chartreux de Paris, toute la communauté forma une ligne de 900 toises, au moyen d'un fil de fer entre chaque personne… et toute la compagnie, lorsqu'on déchargea la bouteille, fit un tressaillement subit dans le même instant, et tous sentirent le coup également ». L'expérience, cette fois, reçoit son nom du public qui la contemple, « si plusieurs personnes en cercle reçoivent le choc, on appelle l'expérience, les Conjurés » (p. 184). Quand on en vint à volatiliser des diamants, le fait parut étonnant et même dramatique pour les personnes de qualité. Macquer fit l'expérience devant 17 personnes. Quand | Darcet et Rouelle la reprirent, 180 personnes y assistèrent **32** (*Encyclopédie*, Art. Diamant).

La bouteille de Leyde fut l'occasion d'un véritable émerveillement [3] : « Dès la même année où elle fut découverte, il y eut nombre de personnes, dans presque tous les pays de

1. Priestley, *Histoire de l'électricité*, trad., 3 vol., Paris, 1771, t. I, p. 237.
2. *Loc. cit.*, t. I, p. 181.
3. *Loc. cit.*, t. I, p. 156.

l'Europe, qui gagnèrent leur vie à aller de tous côtés pour la montrer. Le vulgaire de tout âge, de tout sexe, et de tous rangs considérait ce prodige de la nature, avec surprise et étonnement »[1]. « Un Empereur pourrait se contenter, pour revenu, des sommes qui ont été données en schellings et en menue monnaie pour voir faire l'expérience de Leyde ». Au cours du développement scientifique, on verra sans doute une utilisation foraine de quelques découvertes. Mais cette utilisation est maintenant insignifiante. Les *démonstrateurs* de rayons X qui, il y a trente ans, se présentaient aux directeurs d'école pour offrir un peu de nouveauté dans l'enseignement ne faisaient certes pas d'impériales fortunes. Ils paraissent avoir complètement disparu de nos jours. Un abîme sépare désormais, du moins dans les sciences physiques, le charlatan et le savant.

Au XVIIIe siècle, la science intéresse tout homme cultivé. On croit d'instinct qu'un cabinet d'histoire naturelle et un laboratoire se montent comme une bibliothèque, au gré des occasions; on a confiance: on attend que les hasards de la trouvaille individuelle se coordonnent d'eux-mêmes. La Nature n'est-elle pas cohérente et homogène? Un auteur anonyme, vraisemblablement l'abbé de Mangin, présente son *Histoire générale et particulière de l'électricité* avec ce sous-titre bien symptomatique: « Ou ce qu'en ont dit de curieux et d'amusant, d'utile et d'intéressant, de réjouissant et de badin, quelques physiciens de l'Europe ». Il souligne l'intérêt tout mondain de son ouvrage, car si l'on étudie ses théories, on pourra « dire quelque chose de net et de précis sur les différentes contestations qui s'élèvent tous les jours dans le monde, et au sujet desquelles les Dames mêmes sont les premières à proposer des questions... Tel cavalier à qui jadis un filet de voix et une belle taille eût pu suffire pour se faire un nom dans les cercles, est obligé à l'heure qu'il est de savoir au moins un peu son Réaumur, son Newton, son Descartes »[2].

1. *Loc. cit.*, t. III, p. 122.

2. Sans nom d'auteur, *Histoire générale et particulière de l'électricité*, 3 parties, Paris, 1752. 2e partie, p. 2 et 3.

| Dans son *Tableau annuel des progrès de la Physique, de l'Histoire naturelle et des Arts*, année 1772, Dubois dit à propos de l'électricité (p. 154-170) : « Chaque Physicien répéta les expériences, chacun voulut s'étonner soi-même… M. le Marquis de X. a, vous le savez, un très joli cabinet de physique, mais l'Électricité est sa folie, et si le paganisme régnait encore, il élèverait sans doute des autels électriques. Il connaissait mon goût, et n'ignorait pas que j'étais aussi travaillé d'*Électromanie*. Il m'invita donc à un souper où devaient se trouver, disait-il, les gros bonnets de l'ordre des électrisants et électrisantes ». On voudrait connaître cette électricité parlée qui révélerait sans doute plus de choses sur la psychologie de l'époque que sur sa science. 33

Nous avons des renseignements plus détaillés sur le *dîner électrique* de Franklin (voir *Letters*, p. 35) ; Priestley le raconte en ces termes[1]. En 1748, Franklin et ses amis « tuèrent un dindon par la commotion électrique, le firent rôtir avec un tournebroche électrique, devant un feu allumé par la bouteille électrique : ensuite ils burent à la santé de tous les électriciens célèbres d'Angleterre, de Hollande, de France et d'Allemagne, dans des verres électrisés, et au bruit d'une décharge d'une batterie électrique ». L'abbé de Mangin raconte, comme tant d'autres, ce prestigieux dîner. Il ajoute (1re partie, p. 185) : « Je pense que si M. Franklin faisait jamais un voyage à Paris, il ne tarderait pas à couronner son magnifique repas par de bon café, bien et fortement électrisé ». En 1938, un ministre inaugure un village *électrifié*. Lui aussi, il absorbe un *dîner électrique* et ne s'en trouve pas plus mal. La presse relate le fait en bonne page, à pleines colonnes, faisant ainsi la preuve que les intérêts puérils sont de tous les temps.

On sent du reste que cette science dispersée sur toute une société cultivée ne constitue pas vraiment une cité savante. Le laboratoire de Mme la Marquise du Châtelet à Cirey-sur-Blaise, vanté dans des lettres si nombreuses, n'a absolument rien de commun, ni de près ni de loin, avec le laboratoire

1. Priestley, *loc. cit.*, t. III, p. 187.

moderne où travaille toute une école sur un programme de recherches précis, tels que les laboratoires de Liebig ou d'Ostwald, le laboratoire du froid de Kammerling Onnes, ou le laboratoire de la Radioactivité de Mme Curie. Le théâtre de Cirey-sur-Blaise est un théâtre; le laboratoire de Cirey-sur-Blaise n'est pas un laboratoire. Rien ne lui donne cohérence, ni 34 le maître, ni l'expérience. Il n'a pas | d'autre cohésion que le bon gîte et la bonne table voisine. C'est un prétexte à conversation pour la veillée ou le salon.

D'une manière plus générale, la science au XVIIIe siècle n'est pas une vie, pas même un métier. A la fin du siècle, Condorcet oppose encore à ce propos les occupations du jurisconsulte et celles du mathématicien. Les premières nourrissent leur homme et reçoivent ainsi une consécration qui manque aux secondes. D'un autre côté, la ligne scolaire est, pour les mathématiques, une ligne d'accès bien échelonnée qui permet au moins de distinguer entre élève et maître, de donner à l'élève l'impression de la tâche ingrate et longue qu'il a à fournir. Il suffit de lire les lettres de Mme du Châtelet pour avoir mille occasions de sourire de ses prétentions à la culture mathématique. A Maupertuis, elle pose, en faisant des grâces, des questions qu'un jeune élève de quatrième résout de nos jours sans difficulté. Ces mathématiques minaudées vont tout à l'inverse d'une saine formation scientifique.

III

Un tel public reste frivole dans le moment même où il croit se livrer à des occupations sérieuses. Il faut l'attacher en illustrant le phénomène. *Loin d'aller à l'essentiel, on augmente le pittoresque* : on plante des fils dans la boule de moelle de sureau pour obtenir une *araignée électrique*. C'est dans un mouvement épistémologique inverse, en retournant vers l'abstrait, en arrachant les pattes de l'araignée électrique, que Coulomb trouvera les lois fondamentales de l'électrostatique.

Cette imagerie de la science naissante amuse les meilleurs esprits. C'est par centaines de pages que Volta décrit à ses correspondants les merveilles de son *pistolet électrique*. Le nom complexe qu'il lui donne est, à lui seul, un signe bien clair du besoin de surcharger le phénomène essentiel. Il l'appelle souvent : « le pistolet électrico-phlogo-pneumatique ». Dans des lettres au marquis François Castelli, il insiste en ces termes sur la nouveauté de son expérience : « S'il est curieux de voir charger un pistolet de verre en y versant et reversant des grains de millet, et de le voir tirer sans mèche, sans batterie, sans poudre et seulement en élevant un petit plateau, il l'est encore plus, et l'étonnement se mêle alors à l'amusement, de voir une seule étincelle électrique | faire d'un seul coup la décharge d'une **35** suite de pistolets qui communiquent les uns aux autres »[1].

Pour intéresser, on cherche systématiquement l'étonnement. On amasse les contradictions empiriques. Un type de belle expérience, style XVIIIe siècle, est celle de Gordon « qui mit le feu à des liqueurs spiritueuses, par le moyen d'un jet d'eau »[2]. De même le Dr Watson, dit Priestley, « alluma de l'esprit de vin… par le moyen d'une goutte d'eau froide, épaissie par un mucilage fait de graine d'herbe aux puces, et même par le moyen de la glace »[3].

Par de telles contradictions empiriques du feu allumé par l'eau froide ou la glace, on croit déceler le caractère mystérieux de la Nature. Pas un livre, au XVIIIe siècle, qui ne se croit obligé de faire trembler la raison devant ce mystérieux abîme de l'inconnaissable, qui ne joue avec le vertige qui nous prend devant les profondeurs de l'inconnu ! C'est l'attrait premier qui doit nous fasciner. « Avec le naturel et l'utile de l'histoire, dit l'abbé de Mangin, l'électricité parait rassembler en elle tous les agréments de la fable, du conte, de la féerie, du roman, du comique ou du tragique ». Pour expliquer l'origine de l'intérêt prodigieux que l'électricité a tout de suite rencontré,

1. *Lettres* d'Alexandre Volta *sur l'air inflammable des marais*, trad. Osorbier, 1778, p. 188.

2. *Philosophical Transaction*, Abridged, vol. 10, p. 276.

3. Priestley, *loc. cit.*, t. I, p. 142.

Priestley écrit: «Ici nous voyons le cours de la Nature, en apparence, entièrement renversé dans ses lois fondamentales, et par des causes qui paraissent les plus légères. Et non seulement les plus grands effets sont produits par des causes qui paraissent peu considérables, mais encore par celles avec lesquelles ils semblent n'avoir aucune liaison. Ici, contre les principes de la gravitation, on voit des corps attirés, repoussés et tenus suspendus par d'autres, que l'on voit n'avoir acquis cette puissance que par un très léger frottement tandis qu'un autre corps par le même frottement, produit des effets tout opposés. Ici l'on voit un morceau de métal froid, ou même l'eau ou la glace lancer de fortes étincelles de feu, au point d'allumer plusieurs substances inflammables...»[1]. Cette dernière observation prouve bien l'inertie de l'intuition substantialiste que nous étudierons par la suite. Elle la désigne assez clairement comme un obstacle à la compréhension d'un phénomène nouveau : quelle stupeur, en effet, de voir la glace qui ne « contient » pas de feu dans sa substance, lancer quand **36** même | des étincelles! Retenons donc cet exemple où la surcharge *concrète* vient masquer la forme correcte, la forme abstraite du phénomène.

Une fois partie pour le règne des images contradictoires, la rêverie condense facilement les merveilles. Elle fait converger les possibilités les plus inattendues. Quand on eut utilisé l'amiante incombustible pour faire des mèches de lampes inusables, on espéra trouver des « lampes éternelles ». Il suffisait pour cela, pensait-on, d'isoler *l'huile d'amiante* qui ne se consumerait sans doute pas davantage que la *mèche d'amiante*. On trouverait de nombreux exemples de convergences aussi rapides et aussi inconsistantes à l'origine de certains projets d'adolescents. Les anticipations scientifiques, si en faveur près d'un public littéraire qui croit y trouver des œuvres de vulgarisation positive, procèdent suivant les mêmes artifices, en juxtaposant des possibilités plus ou moins disparates. Tous ces mondes augmentés ou diminués par simple

1. Priestley, *loc. cit.*, t. III, p. 123.

variation d'échelle s'attachent, comme le dit Régis Messac dans sa jolie étude sur Micromégas[1], à des « lieux communs qui, pourtant, correspondent à des pentes si naturelles de l'esprit humain qu'il sera permis de les ressasser à plaisir, et qu'on pourra toujours les répéter avec succès à un public complaisant, pour peu que l'on y mette quelque habileté, ou que l'on apporte une apparence de nouveauté dans la présentation ». Ces anticipations, ces voyages dans la Lune, ces fabrications de géants et de monstres sont, pour l'esprit scientifique, de véritables régressions infantiles. Elles amusent quelquefois, mais elles n'instruisent jamais.

Parfois on peut voir l'explication se fonder tout entière sur les traits parasites mis en surcharge. Ainsi se préparent de véritables aberrations. Le pittoresque de l'image entraîne l'adhésion à une hypothèse non vérifiée. Par exemple, le mélange de limaille de fer et de fleur de soufre est recouvert de terre sur laquelle on plante du gazon : alors vraiment il saute aux yeux qu'on a affaire à un volcan ! Sans cette garniture, sans cette végétation, l'imagination serait, semble-t-il, déroutée. La voilà guidée ; elle n'aura plus qu'à dilater les dimensions et elle « comprendra » le Vésuve projetant lave et fumée. Un esprit sain devra confesser qu'on ne lui a montré qu'une réaction exothermique, la simple synthèse du sulfure de fer. Tout cela et rien que cela. La physique du globe n'a rien à voir à ce problème de chimie.

Voici encore un autre exemple où le détail pittoresque vient donner l'occasion d'une explication intempestive. On trouve | en note (p. 200) du livre de Cavallo, qui relate des **37** expériences souvent ingénieuses, la remarque suivante[2] : Après avoir étudié « l'effet du coup électrique lorsqu'il passe sur une carte ou sur un autre corps », il ajoute : « Si on charge le carreau de glace de petits modèles en relief, de maisonnettes, ou autres édifices, l'ébranlement que le choc électrique y occasionnera, représentera assez naturellement un tremblement de terre ». On trouve la même imagerie apportée cette fois comme

1. Régis Messac, *Micromégas*, Nîmes, 1835, p. 20.
2. Tibère Cavallo, *Traité complet d'électricité*, trad., Paris, 1785.

une *preuve* de l'efficacité des paratremblements de terre et des paravolcans à l'article de l'*Encyclopédie* : tremblements de terre. « J'ai imaginé, dit l'abbé Bertholon, et fait exécuter une petite machine qui représente une ville qu'un tremblement de terre agite, et qui en est préservée dès que le paratremblement de terre, ou le préservateur est placé ». On voit de reste comment chez Cavallo et chez l'abbé Bertholon le phénomène, trop illustré, d'une simple vibration physique produite par une décharge électrique conduit à des explications aventureuses.

On arrive par des images aussi simplistes à d'étranges synthèses. Carra est l'auteur d'une explication générale qui rattache l'apparition des végétaux et des animaux à la force centrifuge qui a, d'après lui, une parenté avec la force électrique. C'est ainsi que les quadrupèdes primitivement confinés dans une chrysalide « furent soulevés sur leurs pieds par la même force électrique qui les sollicitait depuis longtemps et commencèrent à marcher sur le sol desséché » [1]. Carra ne va pas loin pour légitimer cette théorie. « L'expérience du petit homme de carte redressé et balancé dans l'air ambiant par les vibrations de la machine électrique, explique assez clairement comment les animaux à pieds et à pattes ont été soulevés sur leurs jambes, et pourquoi ils continuent, les uns de marcher, ou de courir, et les autres de voler. Ainsi la force électrique de l'atmosphère, continuée par la rotation de la terre sur elle-même, est la véritable cause de faculté que les animaux ont de se tenir sur les pieds ». On imagine assez facilement qu'un enfant de huit ans, à la seule condition d'avoir à sa disposition un vocabulaire pédant, pourrait développer de telles billevesées. C'est plus étonnant chez un auteur qui a retenu parfois l'attention des sociétés savantes et qui est cité par les meilleurs auteurs [2].

38 | En réalité nous imaginons mal l'importance que le XVIIIe siècle attribuait aux automates. Des figurines de carton qui « dansent » dans un champ électrique semblaient, par leur

1. Carra, *Nouveaux Principes de Physique, dédiés au Prince Royal de Prusse*. 4 vol., 1781 (2 premiers), 3e vol. 1782, 4e 1783, t. IV, p. 258.

2. Baron de Marivetz et Goussier, *Physique du Monde*, Paris, 1780, 9 vol., t. V, p. 56.

mouvement sans cause mécanique évidente, se rapprocher de la vie. Voltaire va jusqu'à dire que le flûteur de Vaucanson est plus près de l'homme que le polype ne l'est de l'animal. Pour Voltaire lui-même, la représentation extérieure, imagée, pittoresque prime des ressemblances intimes et cachées.

Un auteur important, de Marivetz, dont l'œuvre a exercé une grande influence au XVIIIe siècle développe de grandioses théories en s'appuyant sur des images aussi inconsistantes. Il propose une cosmogonie fondée sur la rotation du soleil sur lui-même. C'est cette rotation qui détermine le mouvement des planètes. De Marivetz considère les mouvements planétaires comme des mouvements en spirale « d'autant moins courbes que les planètes s'éloignent davantage du Soleil ». Il n'hésite donc pas, à la fin du XVIIIe siècle, à s'opposer à la science newtonienne. Là encore, on ne cherche pas bien loin les preuves qu'on estime suffisantes. « Les soleils que font les artificiers offrent une image sensible des précessions et des lignes spirales dont nous parlons. Pour produire ces effets, il faut que les fusées dont les circonférences de ces soleils sont garnies ne soient pas dirigées vers leur centre ; car dans ce cas le soleil ne pourrait tourner sur son axe, et les jets de chaque fusée formeraient des rayons rectilignes ; mais lorsque les fusées sont obliques à la circonférence, le mouvement de rotation se joint à celui de l'explosion des fusées, le jet devient une spirale qui est d'autant moins courbe qu'elle plonge plus loin du centre ».

Quel curieux va-et-vient des images ! Le soleil des artificiers a reçu son nom de l'astre solaire. Et voici, par une étrange récurrence, qu'il fournit une image pour illustrer une théorie du soleil ! De tels chassés-croisés entre les images sont fréquents quand on ne psychanalyse pas l'imagination. Une science qui accepte les images est, plus que toute autre, victime des métaphores. Aussi l'esprit scientifique doit-il sans cesse lutter contre les images, contre les analogies, contre les métaphores.

IV

Dans nos classes élémentaires, le pittoresque et les images exercent les mêmes ravages. Dès qu'une expérience se présente avec un appareil bizarre, en particulier, si elle vient, sous un nom inattendu, des lointaines origines de la science, comme 39 par exemple | l'harmonica chimique, la classe est attentive aux événements : elle omet seulement de regarder les phénomènes essentiels. Elle entend les beuglements de la flamme, elle n'en voit pas les stries. S'il se produit quelque accident – triomphe du singulier – l'intérêt est à son comble. Par exemple, pour illustrer la théorie des radicaux en Chimie minérale, le professeur a fait de l'iodure d'ammonium en passant plusieurs fois de l'ammoniaque sur un filtre couvert de paillettes d'iode. Le papier filtre séché avec précaution explose ensuite au moindre froissement tandis que s'écarquillent les yeux des jeunes élèves. Un professeur de chimie psychologue pourra alors se rendre compte du caractère impur de l'intérêt des élèves pour l'*explosion*, surtout quand la matière explosive est obtenue si facilement. Il semble que toute explosion suggère chez l'adolescent la vague intention de nuire, d'effrayer, de détruire. J'ai interrogé bien des personnes sur leurs souvenirs de classe. À peu près une fois sur deux, j'ai retrouvé le souvenir de l'explosion en Chimie. La plupart du temps les causes objectives étaient oubliées mais l'on se rappelait la « tête » du professeur, la frayeur d'un voisin timide; jamais la frayeur du narrateur n'était évoquée. Tous ces souvenirs, par leur alacrité, désignaient assez la volonté de puissance refoulée, les tendances anarchiques et sataniques, le besoin d'être maître des choses pour opprimer les gens. Quant à la formule de l'iodure d'ammonium et à la théorie si importante des radicaux que cet explosif illustre, elles n'entrent point, est-il besoin de le dire, dans le bagage d'un homme cultivé, fût-ce par le moyen de l'intérêt très spécial que suscite son explosion.

Il n'est d'ailleurs pas rare de voir les jeunes gens s'attacher aux expériences dangereuses. Dans leurs récits à leur famille, un grand nombre d'élèves exagèrent les dangers qu'ils ont couru au laboratoire. Bien des doigts sont jaunis avec une savante maladresse. Les blouses sont percées par l'acide sulfurique avec une étrange fréquence. Il faut bien, en pensée, vivre le roman de la victime de la science.

Bien des vocations de chimistes commencent par un accident. Le jeune Liebig mis en apprentissage, à quinze ans, chez un pharmacien, est bientôt renvoyé : au lieu de pilules, il fabriquait du fulminate de mercure. Les fulminates firent d'ailleurs l'objet d'un de ses premiers travaux scientifiques. Faut-il voir dans ce choix, un intérêt purement objectif ?[1]. La patience dans la recherche est-elle suffisamment expliquée par une cause psychologique | occasionnelle ? Dans *le Fils de* 40 *la Servante* qui est, par bien des côtés, une autobiographie, Auguste Strindberg nous donne ce souvenir d'adolescent. « Pour avoir sa revanche dans la maison où on le raillait de sa malheureuse expérience, il prépara des gaz fulminants ». Strinberg fut d'ailleurs longtemps obsédé par le problème chimique. Dans l'interview d'un professeur contemporain, Pierre Devaux écrit : « Il eut, comme tous les chimistes en herbe, la passion des explosifs, des poudres chloratées, des mèches de bombe fabriquées avec un lacet de soulier ». Parfois de telles impulsions déterminent de belles vocations. On le voit du reste dans les exemples précédents. Mais le plus souvent l'expérience violente se suffit à elle-même et donne des souvenirs indûment valorisés.

En résumé, dans l'enseignement élémentaire, les expériences trop vives, trop imagées, sont des centres de faux intérêt. On ne saurait trop conseiller au professeur d'aller sans cesse de la table d'expériences au tableau noir pour extraire aussi vite que possible l'abstrait du concret. Il reviendra à l'expérience mieux outillé pour dégager les caractères organiques du phénomène. L'expérience est faite pour illustrer un théorème. Les réformes de l'enseignement secondaire en France, dans ces dix dernières années, en diminuant la difficulté des problèmes de Physique, en instaurant même, dans

1. Cf. Ostwald, *Les grands Hommes*, trad. par le Dr Marcel Dufour, Paris, Flammarion, 1912, p. 102.

certains cas, un enseignement de la Physique sans problèmes, tout en questions orales, méconnaissent le sens réel de l'esprit scientifique. Mieux vaudrait une ignorance complète qu'une connaissance privée de son principe fondamental.

V

Sans la mise en forme rationnelle de l'expérience que détermine la position d'un problème, sans ce recours constant à une construction rationnelle bien explicite, on laissera se constituer une sorte d'*inconscient de l'esprit scientifique* qui demandera ensuite une lente et pénible psychanalyse pour être exorcisé. Comme le note Édouard Le Roy en une belle et dense formule : « La connaissance commune est inconscience de soi »[1]. Mais cette inconscience peut saisir aussi des pensées scientifiques. Il faut alors réanimer la critique et ramener la connaissance au contact des | conditions qui lui ont donné naissance, revenir sans cesse à cet « état naissant » qui est l'état de vigueur psychique, au moment même où la réponse est sortie du problème. Pour qu'on puisse vraiment parler de *rationalisation* de l'expérience, il ne suffit pas qu'on trouve *une raison* pour *un fait*. La raison est une activité psychologique essentiellement polytrope : elle veut retourner les problèmes, les varier, les greffer les uns sur les autres, les faire proliférer. Une expérience, pour être vraiment rationalisée, doit donc être insérée dans un *jeu de raisons multiples*.

Une telle théorie de la *rationalisation discursive et complexe* a, contre elle, les convictions premières, le besoin d'immédiate certitude, le besoin de *partir* du certain et la douce croyance en la réciproque que la connaissance d'où l'on est parti était certaine. Aussi, quelle n'est pas notre mauvaise humeur quand on vient contredire nos connaissances élémentaires, quand on vient toucher ce *trésor puéril* gagné par nos

1. Edouard Le Roy, Art. : « Science et Philosophie », *Revue de Métaphysique et Morale*, 1899, p. 505.

efforts scolaires ! Et quelle prompte accusation d'irrespect et de fatuité atteint celui qui porte le doute sur le don d'observation des anciens ! Dès lors, comment une affectivité si mal placée n'éveillerait-elle pas l'attention du psychanalyste ? Aussi Jones nous parait bien inspiré dans son examen psychanalytique des convictions premières indurées. Il faut examiner ces « rationalisations » prématurées qui jouent, dans la formation de l'esprit préscientifique, le rôle joué par les sublimations de la libido dans la formation artistique. Elles sont la marque d'une volonté d'avoir raison en dehors de toute preuve explicite, d'échapper à la discussion en se référant à un fait qu'on croit ne pas interpréter alors même qu'on lui donne une valeur *déclarative* primordiale. Le P. Louis Castel disait fort bien : « La méthode des faits, pleine d'autorité et d'empire, s'arroge un air de divinité qui tyrannise notre créance, et impose à notre raison. Un homme qui raisonne, qui démontre même, me prend pour un homme : je raisonne avec lui ; il me laisse la liberté du jugement ; et ne me force que par ma propre raison. Celui qui crie voilà un fait, me prend pour un esclave »[1].

Contre l'adhésion au « fait » primitif, la psychanalyse de la connaissance objective est particulièrement difficile. Il semble qu'aucune expérience nouvelle, qu'aucune critique ne puissent dissoudre certaines affirmations premières. On concède tout au plus que les expériences premières peuvent être rectifiées et précisées | par des expériences nouvelles. Comme si l'observation première pouvait livrer autre chose qu'une *occasion* de recherche ! Jones donne un exemple très pertinent de cette rationalisation trop rapide et mal faite qui construit sur une base expérimentale sans solidité. « L'usage courant de la valériane à titre de médicament spécifique contre l'hystérie nous fournit un exemple de mise en œuvre du mécanisme de rationalisation. Il convient de rappeler que l'*assa fœtida* et la valériane ont été administrées pendant des siècles, parce qu'on

1. R. P. Castel, Jésuite, *L'Optique des couleurs, fondée sur les simples observations, et tournée surtout à la pratique de la Peinture, de la Teinture et des autres Arts coloristes*, Paris, 1740, p. 411.

croyait que l'hystérie résultait des migrations de l'utérus à travers le corps, et on attribuait à ces remèdes malodorants la vertu de pouvoir remettre l'organe dans sa position normale, ce qui devait avoir pour effet la disparition des symptômes hystériques. Bien que l'expérience n'ait pas confirmé cette manière de voir, on n'en continue pas moins de nos jours de traiter de la même manière la plupart des maladies hystériques. Il est évident que la persistance de l'emploi de ces remèdes résulte d'une acceptation aveugle d'une tradition profondément enracinée et dont les origines sont aujourd'hui complètement oubliées. Mais la nécessité d'expliquer aux étudiants les raisons de l'emploi des substances en question a conduit les neurologistes à les décorer du nom d'antispasmodiques et à expliquer leur action d'une façon quelque peu raffinée, qui est la suivante : un des éléments constitutifs de la valériane, l'acide valérianique a reçu le nom de principe actif et est administré, généralement, tous la forme d'un sel de zinc et enrobé dans du sucre destiné à masquer son goût désagréable. Quelques autorités modernes, au courant des origines de ce traitement, proclament leur admiration devant le fait que les anciens, malgré leur fausse conception de l'hystérie, avaient pu découvrir une méthode de traitement aussi précieuse, tout en donnant de son action une explication absurde. Cette rationalisation persistante d'un processus dont on sait cependant qu'il a été autrefois irrationnel s'observe fréquemment... »[1].

De cette page *scientifique*, il nous paraît très instructif de rapprocher une page *littéraire*, née de la rêverie d'un auteur étrange et profond. Dans *Axel Borg*, Auguste Strindberg prétend, lui aussi, guérir l'hystérie. Il est conduit à utiliser l'*assa fœtida* par une suite de réflexions qui n'ont évidemment aucun sens objectif et qui doivent être interprétées du seul point de vue subjectif (trad., p. 163). « Cette femme se sentait 43 malade de corps, sans | l'être directement. Il se composa donc une série de médicaments dont le premier devait susciter un réel malaise physique, ce qui forcerait la patiente à quitter

1. Jones, *Traité théorique et pratique de Psychanalyse*, trad. S. Jankelevitch, Paris, Payot, 1925, p. 25.

l'état d'âme maladif et localiserait simplement le mal dans le corps. Dans ce but, il prit dans sa pharmacie domestique la plus repoussante de toutes les drogues, l'*assa fœtida*, et la jugeant plus apte qu'aucune autre à faire naître un état de malaise général, il en prit une dose assez forte pour pouvoir produire de véritables convulsions. C'est-à-dire que tout l'être physique devait se soulever, se révolter contre cette substance étrangère, et que toutes les fonctions de l'âme concentreraient leurs forces pour la repousser. Par suite, les souffrances imaginaires seraient oubliées. Ensuite, il ne s'agirait plus que de provoquer des transitions, de l'unique sensation rebutante à travers d'autres plus faibles, jusqu'à parfaite libération, en remontant par degrés une gamme de remèdes rafraîchissants, balsamiques, amollissants, apaisants ; de réveiller un complet sentiment de bien-être, comme après des peines et des dangers subis qu'il est doux de se rappeler. Il s'habilla d'une jaquette de cachemire blanc... ». Nous voudrions avoir le loisir de psychanalyser tout le long récit de Strindberg qui nous permettrait d'étudier un curieux mélange d'*a priori* subjectif de valeurs soi-disant objectives. Mais dans cette page les valeurs affectives apparaissent avec une telle évidence que nous n'avons pas besoin de les souligner. Nous saisissons donc bien, soit chez les savants, soit chez les rêveurs, les mêmes procédés de démonstration impure. Nous ne saurions trop engager nos lecteurs à rechercher systématiquement des convergences scientifiques, psychologiques, littéraires. Qu'on arrive au même résultat par des rêves ou par des expériences c'est, pour nous, la preuve que l'expérience n'est qu'un rêve. Le simple apport d'un exercice littéraire parallèle réalise déjà une psychanalyse d'une connaissance objective.

Cependant la rationalisation immédiate et fautive d'un phénomène incertain serait peut-être plus visible sur des exemples plus simples. Est-il vrai que les feux follets disparaissent vers minuit ? Avant qu'on authentifie le fait, on l'explique. Un auteur sérieux, Saury, écrit en 1780 : cette disparition « vient peut-être de ce que le froid étant alors plus grand, les exhalaisons qui produisent [les feux follets] sont alors trop condensées pour se soutenir dans l'air; et peut-être sont-elles aussi dépouillées d'électricité, ce qui les empêche de fermenter, de produire de la lumière, et les fait retomber sur la terre »[1]. 44 Les feux follets poursuivent-ils | la personne qui tente de les fuir? « C'est qu'ils sont poussés par l'air qui vient remplir l'espace que cette personne laisse derrière elle ». On voit clairement que dans toutes ces rationalisations imprudentes, la *réponse* est beaucoup plus nette que la *question*, mieux, la réponse a été donnée avant qu'on éclaircisse la question. Cela nous justifie peut-être de dire que le sens du problème est caractéristique de l'esprit scientifique.

Enfin, si nous parvenions à prendre, à propos de toute connaissance objective, une juste mesure de l'empirisme d'une part et du rationalisme d'autre part, nous serions étonnés de l'immobilisation de la connaissance produite par une adhésion immédiate à des observations particulières. Nous verrions que, dans la connaissance vulgaire, les faits sont *trop tôt* impliqués dans des raisons. Du fait à l'idée, le circuit est trop court. On croit pouvoir s'en tenir au fait. On dit volontiers que les anciens ont pu se tromper sur *l'interprétation* des faits, mais que, du moins, ils ont vu – et bien vu – les faits. Or il faut, pour qu'un fait soit défini et précisé, un minimum d'interprétation. Si cette interprétation minima correspond à une erreur fondamentale, que reste-t-il du fait? Évidemment, quand il s'agit d'un fait défini en quelque sorte extrinsèquement, dans un domaine manifestement étranger à son essence, cette pauvre définition – qui n'engage à rien – pourra ne pas être fautive (Elle n'est pas assez organique pour cela!). Par exemple, s'il s'agit de voir, de dire et de répéter que l'ambre frotté attire les corps légers, cette action *mécanique*, tout extrinsèque à l'égard des lois électriques cachées, donnera sans doute l'occasion d'une observation exacte, à condition encore qu'on ne mette aucune *valeur* sous le vocable *attraction*. Mais cette observation exacte sera une expérience fermée. On ne devra guère

1. Saury, Docteur en Médecine, *Précis de Physique*, 2 vol., Paris, 1780, t. II, p. 87.

s'étonner qu'elle traverse de longs siècles sans fructifier, sans susciter des expériences de variation.

VI

On commettrait d'ailleurs une grave erreur si l'on pensait que la connaissance empirique peut demeurer dans le plan de la connaissance rigoureusement assertorique en se cantonnant dans la simple affirmation des faits. Jamais la description ne respecte les règles de la *saine platitude*. Buffon lui-même a désiré cette expression prudemment plate dans les livres scientifiques. Il s'est fait gloire d'écrire avec uniformité, sans éclat, en laissant aux | objets leurs aspects *directs*. Mais cette volonté **45** si constante de simplicité a des accidents. Soudain un mot retentit en nous et trouve un écho trop prolongé dans des idées anciennes et chères ; une image s'illumine et nous convainc, avec brusquerie, d'un seul coup, en bloc. En réalité le mot *grave*, le mot clef n'entraîne que la conviction commune, conviction qui relève du passé linguistique ou de la naïveté des images premières plus que de la vérité objective, comme nous le montrerons dans un chapitre ultérieur. Toute description est aussi noyautée autour de centres trop lumineux. La pensée inconsciente s'agglomère autour de ces noyaux et ainsi l'esprit s'introvertit et s'immobilise. Buffon a bien reconnu la nécessité de maintenir les esprits en suspens, pour une adhésion future à une connaissance réflexive. « L'essentiel est de leur meubler la tête d'idées et de faits, de les empêcher, s'il est possible, d'en tirer trop tôt des raisonnements et des rapports »[1]. Mais Buffon vise surtout un déficit d'information, il ne voit pas la déformation quasi immédiate que reçoit une connaissance objective interprétée par l'inconscient, agglomérée autour des noyaux d'inconscience. Il croit que sur une base empirique trop étroite, l'esprit s'épuise « en fausses combinaisons ». En réalité la puissance de rapprochement n'a pas sa

1. Buffon, *Œuvres complètes*, An VII, Premier discours, t. I, p. 4.

source à la surface, sur le terrain même de l'observation, elle jaillit de réactions plus intimes. Les tables baconiennes ne désignent pas *directement* une réalité majorée. Il ne faut pas oublier que les instances, avant d'être cataloguées, sont cherchées. Elles sont donc les résultats d'idées de recherche plus ou moins sourdes, plus ou moins valorisées. Avant d'enseigner à décrire objectivement, il aurait donc fallu psychanalyser l'observateur, mettre soigneusement au jour les explications irrationnelles refoulées. Il suffira de lire les parties de l'œuvre de Buffon où *l'objet* ne se désigne pas naturellement à l'observateur pour reconnaître l'influence des *concepts préscientifiques à noyaux inconscients.* C'est dans ses recherches sur les minéraux que cette remarque pourra le plus nettement s'illustrer. On y verra en particulier une sorte de *hiérarchie* des minéraux, en contradiction flagrante avec les prétentions de plat empirisme. On pourra alors relire l'*Histoire naturelle* de Buffon d'un œil plus perspicace, en observant l'observateur, en adoptant l'attitude d'un psychanalyste à l'affût des raisons irraisonnées. On comprendra que les portraits des animaux, marqués au signe d'une fausse hiérarchie biologique, sont chargés des traits imposés par la rêverie inconsciente du narrateur. Le lion est le roi des animaux | parce qu'il convient à un partisan de l'ordre que tous les êtres, fussent les bêtes, aient un roi. Le cheval reste noble dans sa servitude parce que Buffon, dans ses fonctions sociales, veut rester un grand seigneur.

46

VII

Mais pour bien prouver que ce qu'il y a de plus immédiat dans l'expérience première, c'est encore nous-mêmes, nos sourdes passions, nos désirs inconscients, nous allons étudier un peu longuement certaines rêveries touchant la matière. Nous essaierons d'en montrer les bases affectives et le dynamisme tout subjectif. Pour faire cette démonstration, nous étudierons ce que nous appellerons le caractère *psychologiquement concret* de l'Alchimie. L'expérience alchimique, plus que toute autre, est double : elle est objective ; elle est subjective. C'est sur les vérifications subjectives, immédiates et directes, que nous allons ici attirer l'attention. Nous aurons ainsi donné un exemple un peu développé des problèmes que devrait se poser une psychanalyse de la connaissance objective. Dans d'autres chapitres de cet ouvrage, nous aurons d'ailleurs l'occasion de revenir sur la question pour dégager l'influence de passions particulières sur le développement de l'Alchimie.

La condamnation de l'Alchimie a été portée par des chimistes et par des écrivains.

Au XIXᵉ siècle, tous les historiens de la Chimie se sont plu à reconnaître la fureur expérimentale des alchimistes ; ils ont rendu hommage à quelques-unes de leurs découvertes positives ; enfin ils ont montré que la Chimie moderne était sortie lentement du laboratoire des alchimistes. Mais, à lire les historiens, il semble que les *faits* se soient péniblement imposés *malgré les idées*, sans qu'on donne jamais une raison et une mesure de cette résistance. Les chimistes du XIXᵉ siècle, animés par l'esprit positif, ont été entraînés à un jugement sur la valeur objective, jugement qui ne tient aucun compte de la cohésion psychologique remarquable de la culture alchimiste.

Du côté des littérateurs, de Rabelais à Montesquieu, le jugement est encore plus superficiel. L'alchimiste est représenté comme un esprit dérangé au service d'un cœur avide.

| Finalement, l'histoire savante et le récit pittoresque nous 47 dépeignent une expérience fatalement malheureuse. Nous imaginons l'alchimiste ridicule comme un vaincu. Il est, pour nous, l'amant, jamais comblé, d'une Chimère.

Une interprétation aussi négative devrait cependant éveiller nos scrupules. Nous devrions au moins nous étonner que des doctrines si vaines pussent avoir une si longue histoire, qu'elles pussent continuer à se propager, au cours même du progrès scientifique, jusqu'à nos jours. En fait, leur persistance au XVIIIᵉ siècle n'a pas échappé à la perspicacité de M. Mornet. M. Constantin Bila a consacré sa thèse à en suivre aussi l'action dans la vie littéraire du XVIIIᵉ siècle ; mais il n'y voit qu'une mesure de la crédulité des adeptes et de la rouerie des maîtres. On pourrait cependant poursuivre cet examen tout le long du XIXe siècle. On verrait l'attrait de l'Alchimie sur des âmes nombreuses, à la source d'œuvres psychologiquement profondes comme l'œuvre de Villiers de l'Isle-Adam. Le centre de résistance doit donc être plus caché que ne l'imagine le *rationalisme naïf.* L'Alchimie doit avoir, dans l'inconscient, des sources plus profondes.

Pour expliquer la persistance des doctrines alchimiques, certains historiens de la Franc-Maçonnerie, tout férus de mystères, ont dépeint l'Alchimie comme un système d'initiation politique, d'autant plus caché, d'autant plus obscur, qu'il paraissait avoir, dans l'œuvre chimique, un sens plus manifeste. Ainsi M. G. Kolpaktchy, dans un intéressant article sur l'Alchimie et la Franc-Maçonnerie, écrit : « Il y avait donc *derrière* une façade purement alchimique (ou chimique) *très réelle*, un système initiatique non moins réel… ce système initiatique se retrouve à la base de tout ésotérisme européen, à partir du XIe siècle, par conséquent à la base de l'initiation rosicrucienne et à la base de la franc-maçonnerie ».

Mais cette interprétation, encore que M. Kolpaktchy reconnaisse que l'Alchimie n'est pas simplement « une immense mystification destinée à tromper les autorités écclésiastiques », reste trop intellectualiste. Elle ne peut nous donner une vraie mesure de la résistance psychologique de *l'obstacle* alchimique devant les attaques de la pensée scientifique objective.

Après toutes ces tentatives d'explication qui ne tiennent pas compte de *l'opposition* radicale de la Chimie à l'Alchimie, il faut donc en venir à examiner des conditions psychologiques plus intimes pour expliquer un symbolisme aussi puissant, aussi complet, aussi durable. Ce symbolisme ne pouvait se transmettre comme de simples formes allégoriques, sans recouvrir une réalité | psychologique incontestable. Précisément, d'une manière générale, le psychanalyste Jones a montré que le symbolisme ne s'enseigne pas comme une simple vérité objective. Pour être enseigné, il faut qu'un sym-

48

bolisme s'attache à des forces symbolisantes qui préexistent dans l'inconscient. On peut dire avec Jones que « chacun recrée… le symbolisme avec les matériaux dont il dispose et que la stéréotypie tient à l'uniformité de l'esprit humain quant aux tendances particulières qui forment la source du symbolisme, c'est-à-dire à l'uniformité des intérêts fondamentaux et permanents de l'humanité »[1]. C'est *contre* cette stéréotypie d'origine affective et non pas perceptive que l'esprit scientifique doit agir.

Examinée au foyer de la conviction personnelle, la culture de l'alchimiste se révèle alors comme une pensée *clairement achevée* qui reçoit, tout le long du cycle expérimental, des confirmations *psychologiques* bien révélatrices de l'intimité et de la solidité de ses symboles. En vérité, l'amour d'une Chimère est le plus fidèle des amours. Pour bien juger du caractère *complet* de la conviction de l'alchimiste, nous ne devons pas perdre de vue que la doctrine philosophique qui affirme la science comme essentiellement *inachevée* est d'inspiration moderne. Il est moderne aussi, ce type de pensée en attente, de pensée se développant en partant d'hypothèses longtemps tenues en suspicion et qui restent toujours révocables. Au contraire, dans les âges préscientifiques, une hypothèse s'appuie sur une conviction profonde : elle illustre un état d'âme. Ainsi, *avec son échelle de symboles, l'alchimie est un memento pour un ordre de méditations intimes.* Ce ne sont pas les choses et les substances qui sont mises à l'essai, ce sont des symboles psychologiques correspondant aux choses, ou mieux encore, les différents degrés de la symbolisation intime dont on veut éprouver la hiérarchie. Il semble en effet que l'alchimiste « symbolise » de tout son être, de toute son âme, avec son expérience du monde des objets. Par exemple, après avoir rappelé que les cendres gardent toujours la marque de leur origine substantielle, Becker fait ce souhait singulier (qui est d'ailleurs encore enregistré par l'*Encyclopédie* à l'article : *Cendre*) : « Plût à Dieu… que j'eusse des amis qui me

1. Jones, *loc. cit.*, p. 218.

rendissent ce dernier devoir; qui, dis-je, convertissent un jour mes os secs et épuisés par de longs travaux, en une substance diaphane, que la plus longue suite de siècles ne saurait altérer, et qui conserve sa couleur générique, non la verdure des végétaux, mais cependant la couleur de l'air du tremblant narcisse; ce qui pourrait être exécuté en peu d'heures ». Libre à un historien de | la Chimie positive de voir là surtout une expérience de Chimie plus ou moins claire sur le phosphate de calcium ou, comme le disait un auteur du XVIIIe siècle, sur le « verre animal ». Nous croyons que le souhait de Becker a une autre tonalité. C'est plus que les biens terrestres que poursuivent ces rêveurs, c'est le bien de l'âme. Sans cette inversion de l'intérêt, on juge mal le sens et la profondeur de la mentalité alchimique.

49

Dès lors, si l'action matérielle attendue venait à manquer, cet accident opératoire ne ruinerait pas la valeur psychologique de la tension qu'est cette attente. On n'hésiterait guère à négliger cette expérience *matérielle* malheureuse : les forces de l'espérance resteraient intactes car la vive conscience de l'espérance est déjà une réussite. Il n'en va naturellement plus de même pour l'esprit scientifique : pour lui, un échec *matériel* est aussitôt un échec *intellectuel* puisque l'empirisme scientifique, même le plus modeste, se présente comme impliqué dans une contexture d'hypothèses rationnelles. L'expérience de Physique de la science moderne est un cas particulier d'une pensée générale, le moment particulier d'une méthode générale. Elle est libérée du besoin de la réussite personnelle dans la mesure, précisément, où elle a été vérifiée par la cité savante. Toute la science dans son intégralité n'a pas besoin d'être *éprouvée* par le savant. Mais qu'arrive-t-il quand l'expérience dément la théorie? On peut alors s'acharner à refaire l'expérience négative, on peut croire qu'elle n'est qu'une expérience manquée. Ce fut le cas pour Michelson qui reprit si souvent l'expérience qui devait, selon lui, montrer l'immobilité de l'éther. Mais enfin quand l'échec de Michelson est devenu indéniable, la science a dû modifier ses principes fondamentaux. Ainsi prit naissance la science relativiste.

Qu'une expérience d'Alchimie ne réussisse pas, on en conclut tout simplement qu'on n'a pas mis en expérience la juste matière, les germes requis, ou même que les temps de la production ne sont pas encore arrivés. On pourrait presque dire que l'expérience alchimique se développe dans une durée bergsonienne, dans une durée biologique et psychologique. Un œuf qui n'a pas été fécondé n'éclôt pas ; un œuf mal couvé ou couvé sans continuité se corrompt ; une teinture éventée perd son mordant et sa force générante. Il faut à chaque être, pour qu'il croisse, pour qu'il produise, son juste temps, sa durée concrète, sa durée individuelle. Dès lors, quand on peut accuser le temps qui languit, la vague ambiance qui manque à mûrir, la molle poussée intime qui paresse, on a tout ce qu'il faut pour expliquer, par l'interne, les accidents de l'expérience.

| Mais il y a une façon encore plus intime d'interpréter **50** l'échec matériel d'une expérience alchimique. C'est de mettre en doute la pureté morale de l'expérimentateur. Manquer à produire le phénomène attendu en s'appuyant sur les justes symboles, ce n'est pas un simple échec, c'est un déficit psychologique, c'est une faute morale. C'est le signe d'une méditation moins profonde, d'une lâche détente psychologique, d'une prière moins attentive et moins fervente. Comme l'a très bien dit Hitchcock, en des ouvrages trop ignorés, dans les travaux des alchimistes, il s'agit bien moins de manipulations que de complication.

Comment l'alchimiste purifierait-il la matière sans purifier d'abord sa propre âme ! Comment l'ouvrier entrerait-il tout entier, comme le veulent les prescriptions des maîtres, dans le cycle de l'ouvrage s'il se présentait avec un corps impur, avec une âme impure, avec un cœur avide ? Il n'est pas rare de trouver sous la plume d'un alchimiste une diatribe contre l'or. Le Philalethe écrit : « Je méprise et je déteste avec raison cette idolâtrie de l'or et de l'argent »[1]. Et « J'ai même de

1. Abbé N. Lenglet Dufresnoy, *Histoire de la philosophie hermétique, avec le véritable Philalethe*, Paris, Coustelier, 1742, 3 vol., t. III, p. 113.

l'aversion pour l'or, l'argent et les pierres précieuses, non pas comme créatures de Dieu, je les respecte à ce titre, mais parce qu'elles servaient à l'idolâtrie des Israélites, aussi bien que du reste du monde »[1]. Souvent, l'alchimiste devra, pour réussir son expérience, pratiquer de longues austérités. Un Faust, hérétique et pervers, a besoin de l'aide du démon pour assouvir ses passions. Au contraire, un cœur honnête, une âme blanche, animée de forces saines, réconciliant sa nature particulière et la nature universelle, trouvera naturellement la vérité. Il la trouvera dans la nature parce qu'il la sent en lui-même. La vérité du cœur est la vérité du Monde. Jamais les qualités d'abnégation, de probité, de patience, de méthode scrupuleuse, de travail acharné, n'ont été si intimement intégrées au métier que dans l'ère alchimique. Il semble que, de nos jours, l'homme de laboratoire puisse plus facilement se détacher de sa fonction. Il ne mêle plus sa vie sentimentale à sa vie scientifique. Son laboratoire n'est plus dans sa maison, dans son grenier, dans sa cave. Il le quitte le soir comme on quitte un bureau et il retourne à la table de famille où l'attendent d'autres soucis, d'autres joies.

Selon nous, en passant en revue tous les conseils qui abondent dans la pratique alchimique, en les interprétant, comme il semble qu'on puisse toujours le faire, dans leur 51 ambivalence objective | et subjective, on arriverait à constituer une pédagogie plus proprement humaine, par certains côtés, que la pédagogie purement intellectualiste de la science positive. En effet, l'Alchimie, tout bien considéré, n'est pas tant une initiation intellectuelle qu'une initiation morale. Aussi, avant de la juger du point de vue objectif, sur les résultats expérimentaux, il faut la juger, du point de vue subjectif, sur les résultats moraux. Cet aspect n'a pas échappé à Mme Hélène Metzger qui écrit à propos de Van Helmont : « Cette interprétation de la pensée de Van Helmont n'apparaîtra pas comme étrange si l'on se souvient que notre philosophe ne considérait le travail de laboratoire, aussi bien que les prières et les jeûnes,

1. *Ibid*, p. 115.

que comme une préparation à l'illumination de notre esprit ! »[1]. Ainsi, au-dessus de l'interprétation matérialiste de l'Alchimie doit trouver place une psychanalyse anagogique de l'Alchimiste.

Cette illumination spirituelle et cette initiation morale ne constituent pas une simple propédeutique qui doit aider à des progrès positifs futurs. C'est au travail même, dans les lentes et douces manœuvres des matières, dans les dissolutions et les cristallisations alternatives comme le rythme des jours et des nuits, que se trouvent les meilleurs thèmes de la contemplation morale, les plus clairs symboles d'une échelle de perfection intime. La nature peut être admirée en extension, dans le Ciel et la terre. La nature peut être admirée en compréhension, dans sa profondeur, dans le jeu de ses mutations substantielles. Mais cette admiration en profondeur, comme elle est, de toute évidence, solidaire d'une intimité méditée ! Tous les symboles de l'expérience objective se traduisent immédiatement en symboles de la culture subjective. Infinie simplicité d'une intuition pure ! Le soleil joue et rit sur la surface d'un vase d'étain. Le jovial étain, coordonné à Jupiter, est contradictoire comme un dieu : il absorbe et réfléchit la lumière ; sa surface est opaque et polie, claire et sombre. L'étain est une matière terne qui jette soudain un bel éclat. Il ne faut pour cela qu'un rayon bien placé, qu'une sympathie de la lumière, alors il se révèle. N'est-ce pas là pour un Jacob Boehme, comme le dit si bien M. Koyré en un livre auquel il faut toujours revenir pour comprendre le caractère intuitif et prenant de la pensée symbolique[2], n'est-ce pas là « le vrai symbole de Dieu, de la lumière divine qui, pour se révéler et se manifester, avait besoin d'un *autre*, d'une résistance, d'une opposition ; qui, pour tout dire, avait | besoin du monde pour s'y réfléchir, s'y **52** exprimer, s'y opposer, s'en séparer ».

Si la contemplation d'un simple objet, d'un vase oublié aux rayons du couchant, nous procure tant de lumière sur Dieu

1. Hélène Metzger, *Les Doctrines chimiques en France, du début du* XVIIe *à la fin du* XVIIIe *siècle*, Paris, 1923, p. 174.

2. Koyré, *La philosophie de Jacob Boehme*, Paris, Vrin, 1929.

et sur notre âme, combien plus détaillée et plus évocatrice sera la contemplation des phénomènes successifs dans les expériences précises de la transmutation alchimique ! Ainsi comprise, la déduction des symboles ne se déroule plus sur un plan logique ou expérimental, mais bien sur le plan de l'intimité toute personnelle. Il s'agit bien moins de *prouver* que d'*éprouver*. Qui saura jamais ce qu'est une renaissance spirituelle et quelle valeur de purification a toute renaissance, s'il n'a dissout un sel grossier dans son juste mercure et s'il ne l'a rénové en une cristallisation patiente et méthodique, en épiant la première moire cristalline avec un cœur anxieux ? Alors retrouver l'objet c'est vraiment retrouver le sujet : c'est se retrouver à l'occasion d'une renaissance matérielle. On avait la matière dans le creux de la main. Pour qu'elle soit plus pure et plus belle, on l'a plongée dans le sein perfide des acides ; on a risqué son bien. Un jour l'acide adouci a rendu le cristal. Toute l'âme est en fête pour le retour du fils prodigue. Le psychanalyste Herbert Silberer a montré ainsi, en mille remarques d'une singulière pénétration, la valeur morale des différents symboles alchimiques. Il est frappant que toutes les expériences alchimiques se laissent interpréter de deux manières, chimiquement et moralement. Mais alors une question surgit : Où est l'or ? Dans la matière ou dans le cœur ? Aussitôt, comment hésiter sur la valeur dominante de la culture alchimique ? L'interprétation des écrivains qui dépeignent l'alchimiste à la recherche de la fortune est un non-sens psychologique. L'Alchimie est une culture intime. C'est dans l'intimité du sujet, dans l'expérience *psychologiquement concrète* qu'elle trouve la première leçon magique. Comprendre ensuite que la nature opère magiquement, c'est appliquer au monde l'expérience intime. Il faut passer par l'intermédiaire de la magie spirituelle où l'être intime éprouve sa propre ascension pour comprendre la valorisation active des substances primitivement impures et souillées. Un alchimiste, cité par Silberer, rappelle qu'il ne fit de progrès importants dans son art que le jour où il s'aperçut que la Nature agit magiquement. Mais c'est là une découverte tardive ; il faut la mériter moralement pour qu'elle éblouisse, après l'esprit, l'expérience.

Cette magie n'est pas une thaumaturgie. La lettre ne commande pas l'esprit. Il faut une adhésion du cœur, non des lèvres. Et toutes les plaisanteries faciles sur les mots cabalistiques que murmurait | l'expérimentateur méconnaissent **53** précisément l'expérience psychologique qui accompagnait l'expérience matérielle. L'expérimentateur se donne tout entier, et lui d'abord. Silberer remarque encore « que ce qui doit être semé dans la terre nouvelle, est appelé habituellement Amour ». L'Alchimie règne dans un temps où l'homme aime plus la nature qu'il ne l'utilise. Ce mot Amour entraîne tout. Il est le mot de passe entre l'ouvrage et l'ouvrier. On ne peut, sans douceur et sans amour, étudier la psychologie des enfants. Exactement dans le même sens, on ne peut, sans douceur et sans amour, étudier la naissance et le comportement des substances chimiques. Briller d'un tendre amour est à peine une image pour qui sait chauffer un mercure à feu doux. Lenteur, douceur, espoir, voilà la secrète force de la perfection morale et de la transmutation matérielle. Comme le dit Hitchcock, « le grand effet de l'Amour est de tourner toute chose en sa propre nature, qui est toute bonté, toute douceur et toute perfection. C'est cette puissance divine qui change l'eau en vin ; le chagrin et l'angoisse en joie exultante et triomphante »[1]. Si l'on accepte ces images d'un amour plus sacré que profane, on ne s'étonnera plus que la Bible ait été un ouvrage de pratique constante dans les laboratoires des alchimistes. On pourrait sans peine trouver, dans les paroles des Prophètes, des milliers d'exemples où le plomb, la terre, l'or, le sel disent les vertus et les vices des hommes. L'Alchimie n'a fait souvent que codifier cette homologie. En effet tous les degrés de la transmutation magique et matérielle apparaissent à certains comme homologues aux degrés de la contemplation mystique : « Dans le *Rosarium* de Johannes Daustenius, les sept degrés sont l'objet de la description suivante : ... Et de la

1. Hitchcock, *Remarks upon Alchemy and the Alchemists*, Boston, 1857, p. 138.

sorte le corps (1) est cause que l'eau se conserve. L'eau (2) est cause que l'huile se conserve, et qu'elle ne s'allume pas au-dessus du feu. Et l'huile (3) est cause que la teinture est fixée, et la teinture (4) est cause que les couleurs apparaissent, et la couleur (5) est cause que la blancheur se montre; et la blancheur (6) est cause que tout ce qui est fugace (7) est fixé et cesse d'être fugace. Il en est absolument de même quand Bonaventure décrit *septem gradus contemplationis*, et David d'Augsbourg les 7 échelons de la prière. Bœhme connaît 7 *Quellgeister*… ». Ces échelles homologues nous indiquent assez clairement qu'une idée de valeur est associée aux produits successifs des manipulations alchimiques. Par la suite, nous aurons bien des occasions de montrer que *toute valorisation dans l'ordre de la connaissance objective doit* 54 *donner lieu à une psychanalyse*. Ce sera | un des thèmes principaux de cet ouvrage. Pour l'instant, nous n'avons à retenir que le caractère direct et immédiat de cette valorisation. Elle est faite de l'adhésion passionnée à des idées premières qui ne trouvent dans le monde objectif que des prétextes.

Dans ce long paragraphe, nous avons tenu à totaliser les caractères psychologiques et les prétextes plus ou moins objectifs de la culture alchimique. Cette masse totalisée nous permet en effet de bien comprendre ce qu'il y a de *trop concret*, de trop intuitif, de trop personnel dans une mentalité préscientifique. Un éducateur devra donc toujours penser à détacher l'observateur de son objet, à défendre l'élève contre la masse d'affectivité qui se concentre sur certains phénomènes trop rapidement symbolisés et, en quelque manière, *trop intéressants*. De tels conseils ne sont peut-être pas aussi dépourvus d'actualité qu'il semblerait à première vue. Quelquefois, en enseignant la Chimie, j'ai eu l'occasion de suivre les *traînées d'Alchimie* qui cheminent encore dans de jeunes esprits. Par exemple, tandis que je faisais, durant une matinée d'hiver, de l'amalgame d'ammonium, du beurre d'ammonium comme disait encore mon vieux maître, tandis que je pétrissais le mercure foisonnant, je lisais des passions dans les yeux attentifs. Devant cet intérêt pour tout ce qui foisonne et grandit, pour tout ce qu'on pétrit, je me souvenais de ces anciennes paroles d'Eyrénée Philalèthe[1] : « Réjouissez-vous donc si vous voyez votre matière s'enfler comme de la pâte ; parce que l'esprit de vie y est enfermé et dans son temps, par la permission de Dieu, il rendra la vie aux cadavres ». Il m'a semblé aussi que la classe était d'autant plus heureuse de ce petit roman de la Nature qu'il finit bien, en restituant au mercure, si sympathique aux élèves, son aspect naturel, son mystère primitif.

Ainsi dans la classe de chimie moderne comme dans l'atelier de l'Alchimiste, l'élève et l'adepte ne se présentent pas de prime abord comme de purs esprits. La matière elle-même ne leur est pas une raison suffisante de calme objectivité. Au spectacle des phénomènes les plus intéressants, les plus frappants, l'homme va naturellement avec tous ses désirs, avec toutes ses passions, avec toute son âme. On ne doit donc pas s'étonner que la première connaissance objective soit une première erreur.

1. Abbé N. Lenglet Dufresnoy, *Histoire de la philosophie hermétique, avec le véritable Philalethe*, *loc. cit.*, t. II, p. 230.

LA CONNAISSANCE GÉNÉRALE COMME OBSTACLE À LA CONNAISSANCE SCIENTIFIQUE

I

Rien n'a plus ralenti les progrès de la connaissance scientifique que la fausse doctrine du *général* qui a régné d'Aristote à Bacon inclus et qui reste, pour tant d'esprits, une doctrine fondamentale du savoir. Entendez encore les philosophes parler, entre eux, de la science. Vous aurez bien vite l'impression que E. Mach ne manquait pas de malice quand il répondait à l'affirmation de W. James : « Tout savant a sa philosophie » par la constatation réciproque : « Tout philosophe a sa science à lui ». Nous dirions plus volontiers encore : la philosophie a une science qui n'est qu'à elle, la science de la généralité. Nous allons nous efforcer de montrer que cette science du général est toujours un arrêt de l'expérience, un échec de l'empirisme inventif. Connaître le phénomène général, s'en prévaloir pour tout comprendre, n'est-ce point, à la mode d'une autre décadence, « jouir comme la foule du mythe inclus dans toute banalité ? » (Mallarmé, *Divagations*, p. 21). Il y a en effet une jouissance intellectuelle dangereuse dans une généralisation hâtive et facile. Une psychanalyse de la connaissance objective doit examiner soigneusement toutes les séductions de *la facilité*. C'est à cette condition qu'on aboutira à une théorie de l'abstraction scientifique vraiment saine, vraiment dynamique.

Pour bien montrer l'immobilité des résumés trop généraux, prenons tout de suite un exemple. Bien souvent, afin d'indiquer d'une manière simple comment le raisonnement inductif, fondé sur une collection de faits particuliers, conduit à la loi scientifique générale, les professeurs de philosophie **56** décrivent rapidement la | chute de divers corps et concluent : tous les corps tombent. Pour s'excuser de cette banalité, ils prétendent montrer qu'avec un tel exemple, ils ont tout ce qu'il faut pour marquer un progrès décisif de la pensée scientifique. En effet, sur ce point, la pensée moderne se présente vis-à-vis de la pensée aristotélicienne comme une généralité rectifiée, comme une généralité amplifiée. Aristote enseignait que les corps légers, fumées et vapeurs, feu et flamme, rejoignaient à l'empyrée leur lieu naturel, tandis que les graves cherchaient *naturellement* la terre. Au contraire, nos professeurs de philosophie enseignent que tous les corps tombent *sans exception*. Et voilà fondée, croient-ils, la saine doctrine de la gravitation.

En effet, sur ce point, on tient une généralité bien placée et c'est pourquoi nous commençons par cet exemple pour donner à notre polémique toute sa loyauté. Nous aurons par la suite un combat beaucoup plus facile quand nous pourrons montrer que la recherche hâtive du général conduit le plus souvent à des généralités mal placées, sans lien avec les fonctions mathématiques essentielles du phénomène. Commençons donc par le débat le plus dur.

Au gré de nos adversaires, au gré des philosophes, nous devrions mettre à la base de la culture scientifique, les généralités les plus grandes. A la base de la mécanique : tous les corps tombent. A la base de l'optique : tous les rayons lumineux se propagent en ligne droite. A la base de la biologie : tous les êtres vivants sont mortels. On mettrait ainsi, au seuil de chaque science, de grandes vérités premières, des définitions intangibles qui éclairent toute une doctrine. En fait, le début des livres préscientifiques est embarrassé par cet effort de définition préliminaire, comme on peut s'en rendre compte aussi bien pour la Physique du XVIIIe siècle que pour la Sociologie du XXe siècle. Et pourtant, on peut se demander si ces grandes lois constituent des pensées vraiment scientifiques, ou, ce qui est pour nous la même chose, des pensées suggérant d'autres pensées.

Si l'on prend la mesure de la valeur épistémologique de ces grandes vérités en les comparant aux connaissances fautives qu'elles ont remplacées, il ne fait pas de doute que ces lois générales ont été agissantes. Mais elles ne le sont plus. Et c'est en cela que les stades pédagogiques ne sont pas entièrement homologues aux stades historiques. L'on peut en effet voir que de telles lois générales *bloquent* actuellement la pensée. Elles répondent en bloc, ou mieux, elles répondent sans qu'on questionne, puisque la *question* aristotélicienne, depuis longtemps, s'est tue. Et voici | la séduction de cette réponse **57** trop prompte : pour l'esprit préscientifique, le verbe *tomber* est suffisamment descriptif; il donne l'essence du phénomène de chute. Au fond, comme on l'a dit souvent, ces lois générales définissent des mots plus que les choses; la loi générale de la chute des graves définit le mot *grave*; la loi générale de la rectitude du rayon lumineux définit à la fois le mot *droite* et le mot *rayon*, dans une telle ambiguïté de l'*a priori* et de l'*a posteriori* qu'elle nous donne personnellement une sorte de vertige logique; la loi générale de la croissance et de la mort des êtres vivants définit le mot *vie* en une sorte de pléonasme. Alors tout est clair; tout est *identité*. Mais, à notre avis, plus court est le procédé d'identification, plus pauvre est la pensée expérimentale.

La pédagogie est là pour prouver l'inertie de la pensée qui vient d'avoir une satisfaction dans l'accord verbal des définitions. Pour le montrer, suivons un instant la leçon de mécanique élémentaire qui étudie la chute des corps. On vient donc de dire que tous les corps tombent, sans exception. En faisant l'expérience dans le vide, avec l'aide du tube de Newton, on arrive à une loi plus riche : *dans le vide, tous les corps tombent avec la même vitesse*. On tient cette fois un énoncé utile, base réelle d'un empirisme exact. Toutefois, cette forme générale bien constituée peut arrêter la pensée. En fait, dans l'enseignement élémentaire, cette loi est le stade où s'arrêtent les esprits essoufflés. Cette loi est si claire, si complète, si bien fermée sur soi, qu'on ne sent pas le besoin d'étudier la chute de plus près. Avec cette satisfaction de la pensée généralisante, l'expérience a perdu son aiguillon. Faut-il étudier seulement le jet d'une pierre sur la verticale ? On a tout de suite l'impression que les éléments de l'analyse font défaut. On ne sait pas distinguer entre la force de pesanteur agissant positivement dans le mouvement de haut en bas et la force de pesanteur agissant négativement dans le mouvement de bas en haut. Autour d'une connaissance trop générale, la zone d'inconnu ne se résout pas en problèmes précis.

En résumé, même en suivant un cycle d'*idées exactes*, on peut se rendre compte que la généralité immobilise la pensée, que les variables relatant l'aspect général portent ombre sur les variables mathématiques essentielles. En gros, ici, la notion de vitesse cache la notion d'accélération. C'est pourtant la notion d'accélération qui correspond à la réalité dominante. Ainsi, la mathématique des phénomènes est elle-même hiérarchisée et ce n'est pas toujours la première *forme* mathématique qui est la bonne, ce n'est pas toujours la première forme qui est réellement formative.

58 | II

Mais nos remarques paraîtront peut-être plus démonstratives si nous étudions les cas nombreux où la *généralité* est de toute évidence mal placée. C'est presque toujours le cas pour les généralités de premier aspect, pour les généralités désignées par les *tables* de l'observation naturelle, dressées par une sorte d'enregistrement automatique en s'appuyant sur les *données* des sens. Au fond, l'idée de *table*, qui paraît bien être une idée constitutive de l'empirisme classique, fonde une connaissance toute statique qui entrave tôt ou tard la recherche scientifique. Quoi qu'on pense sur la valeur, de toute évidence plus grande, de la table de degrés ou de la méthode des variations concomitantes, il ne faut pas oublier que ces méthodes, sans doute enrichies d'un certain dynamisme, restent solidaires de la table de présence. On a d'ailleurs toujours tendance à revenir à la table de présence, en évinçant les perturbations, les variations, les anomalies. Or, un des aspects les plus frappants de la Physique contemporaine, c'est qu'elle travaille presque uniquement dans la zone des *perturbations.* Ce sont les perturbations qui posent actuellement les problèmes les plus intéressants. Bref, il arrive toujours un instant où il faut briser les premières tables de la loi empirique.

Il serait trop facile de montrer que tous les faits généraux isolés par Bacon se sont révélés, dès les premiers progrès de la pensée empirique, sans consistance. Liebig a apporté contre le baconisme un jugement qui, pour être passionné, n'en est pas moins foncièrement juste. Du petit livre de Liebig nous n'invoquerons qu'une page, celle où Liebig donne une *interprétation* de la méthode baconienne en fonction des préoccupations dominantes de Bacon. L'inversion de *valeurs d'explication* que Liebig signale nous paraît en effet relever d'une véritable psychanalyse. « La méthode de Bacon cesse d'être incompréhensible quand on se rappelle qu'il est jurisconsulte et juge, et que, par suite, il applique à la nature les procédés d'une enquête civile et criminelle.

« Se plaçant à ce point de vue, on comprend immédiatement sa division en *Instances* et les valeurs relatives qu'il leur attribue ; ce sont des témoins qu'il entend et sur les dispositions desquels il fonde son jugement… Relativement à la chaleur, voici donc à peu près la manière dont raisonne Bacon, selon ses habitudes de juriste :

« Il n'y a rien à faire avec la chaleur du soleil à cause de la présence des neiges perpétuelles sur les montagnes élevées, bien | qu'elles soient rapprochées du soleil… La chaleur des **59** plumes, de la laine, de la fiente de cheval, sont en relation avec la chaleur animale, très mystérieuse quant à son origine (Bacon ne perdra donc pas son temps à chercher dans cette voie)… Comme le fer ne se *dilate* point sous l'action d'une température très élevée (c'est, paraît-il, une des affirmations de Bacon[1]) et comme l'eau bouillante est très chaude sans être lumineuse, cela permet de lancer contre les phénomènes de la dilatation et de la lumière un jugement d'alibi. Les sens peuvent tromper à l'égard de la chaleur, puisqu'à une main froide l'eau tiède parait chaude, et que la main chaude peut trouver froide la même eau. Le goût est encore moins concluant. Le vitriol *brûle* les étoffes, mais étendu d'eau il a le goût acide et ne fait pas éprouver à la langue une sensation de chaleur; le *spiritus origani* a une saveur brûlante, mais il ne brûle pas la main. Il ne reste donc plus que ce que les yeux peuvent voir et les oreilles entendre, c'est-à-dire la trépidation ainsi que le mouvement intérieur de la flamme et le murmure de l'eau bouillante. Voilà des aveux qu'on peut renforcer par l'application de la torture, et cette torture c'est le soufflet, à l'aide duquel l'agitation et le mouvement de la flamme deviennent si violents qu'on entend celle-ci bruire exactement comme le fait l'eau qui bout. Qu'on y ajoute enfin la pression du pied qui expulse tout ce qui reste de calorique, et la malheureuse chaleur, serrée ainsi par le juge, est forcée de se laisser arracher l'aveu qu'elle est un être inquiet, tumultueux et fatal à l'existence civile de tous les corps». Finalement, la constitution d'une table ne fait que généraliser une intuition particulière, majorée par une enquête tendancieuse.

Sans nous attarder davantage à Bacon, et pour bien montrer l'influence néfaste du baconisme, à 150 ans d'intervalle, donnons un seul exemple où l'usage des tables de présence et d'absence a conduit à des affirmations insensées. Un auteur important, l'abbé Bertholon, professeur de physique expérimentale des États-Généraux du Languedoc, membre d'une dizaine d'Académies royales de province et de plusieurs Académies étrangères, écrit en 1786: «Le génie de Milton brillait du mois de septembre jusqu'à l'équinoxe du printemps, temps où l'électricité de l'air est plus abondante et plus

1. Justus de Liebig, *Lord Bacon*, trad. de l'allemand par P. de Tchihatchef, Paris, Morgand, 1866, p. 58.

continuelle, et pendant le reste de l'année, on ne trouvait plus Milton dans Milton même »[1]. On | voit de suite comment, en **60** s'appuyant sur une telle table, on développera une théorie électrique du génie. Bien entendu, Montesquieu aidant, l'abbé Bertholon n'hésite pas à mettre la diversité des caractères nationaux sous la dépendance des variations de l'électricité atmosphérique. Ce qu'il faut bien souligner, c'est que les physiciens du XVIIIe siècle, en usant d'une telle méthode, se croient prudents. L'abbé Bertholon dit incidemment : « En physique comme en trigonométrie il faut établir une base certaine de toutes ses opérations ». L'usage des tables baconiennes donne-t-il vraiment une triangulation initiale qui puisse servir de base à la description du réel ? Il ne le semble guère quand on lit dans le détail les livres de l'abbé Bertholon.

Mais plutôt que de disperser nos remarques, nous allons étudier quelques faux concepts scientifiques, formés dans l'examen naturel et empirique des phénomènes. Nous verrons l'action de ces faux concepts dans la culture du XVIIe et du XVIIIe siècles. Nous saisirons aussi toutes les occasions que nous rencontrerons pour montrer la formation quasi naturelle des fausses tables. Notre condamnation du baconisme sera donc cette fois toute psychologique, bien dégagée des conditions historiques.

III

Avant d'exposer nos exemples, il serait peut-être bon que nous indiquions, d'une page rapide, quelle est, d'après nous, la véritable attitude de la pensée scientifique moderne dans la formation des concepts. Alors l'état sclérosé des concepts formés par la méthode baconienne serait plus apparent.

Comme nous le disions dans notre premier chapitre, l'esprit scientifique peut se fourvoyer en suivant deux tendances

1. Abbé Bertholon, *De l'électricité du corps humain dans l'état de santé et de maladie*, 2 vol., Paris, 1788, t. I, p. 107.

contraires : l'attrait du singulier et l'attrait de l'universel. Au niveau de la conceptualisation, nous définirons ces deux tendances comme caractéristiques d'une connaissance en compréhension et d'une connaissance en extension. Mais si la compréhension et l'extension d'un concept sont, l'une et l'autre, des occasions d'arrêt épistémologique, où se trouvent les sources du mouvement spirituel ? Par quel redressement la pensée scientifique peut-elle trouver une issue ?

Il faudrait ici créer un mot nouveau, entre compréhension et extension, pour désigner cette activité de la pensée empirique inventive. Il faudrait que ce mot pût recevoir une acception 61 | dynamique particulière. En effet, d'après nous, la richesse d'un concept scientifique se mesure à sa puissance de déformation. Cette richesse ne peut s'attacher à un phénomène isolé qui serait reconnu de plus en plus riche en caractères, de plus en plus riche en compréhension. Cette richesse ne peut s'attacher davantage à une collection qui réunirait les phénomènes les plus hétéroclites, qui s'étendrait, *d'une manière contingente*, à des cas nouveaux. La nuance intermédiaire sera réalisée si l'enrichissement en extension devient *nécessaire*, aussi coordonné que la richesse en compréhension. Pour englober des preuves expérimentales nouvelles, il faudra alors *déformer* les concepts primitifs, étudier les conditions d'application de ces concepts et surtout incorporer *les conditions d'application d'un concept dans le sens même du concept.* C'est dans cette dernière nécessité que réside, d'après nous, le caractère dominant du nouveau rationalisme, correspondant à une forte union de l'expérience et de la raison. La division classique qui séparait la théorie de son application ignorait cette nécessité d'incorporer les conditions d'application dans l'essence même de la théorie.

Comme l'application est soumise à des approximations successives, on peut dire que le concept scientifique correspondant à un phénomène particulier est le *groupement* des approximations successives bien ordonnées. La conceptualisation scientifique a besoin d'une série de concepts en voie de perfectionnement pour recevoir le dynamisme que nous visons, pour former un axe de pensées inventives.

Cette conceptualisation totalise et actualise l'histoire du concept. Au-delà de l'histoire, poussée par l'histoire, elle suscite des expériences pour déformer un stade historique du concept. Dans l'expérience, elle cherche des occasions pour *compliquer* le concept, pour *l'appliquer* en dépit de la résistance du concept, pour réaliser les conditions d'application que la réalité ne réunissait pas. C'est alors qu'on s'aperçoit que la science *réalise* ses objets, sans jamais les trouver tout faits. La phénoménotechnique *étend* la phénoménologie. Un concept est devenu scientifique dans la proportion où il est devenu technique, où il est accompagné d'une technique de réalisation. On sent donc bien que le problème de la pensée scientifique moderne est, de nouveau, un problème philosophiquement intermédiaire. Comme aux temps d'Abélard, nous voudrions nous fixer nous-même dans une position moyenne, entre les réalistes et les nominalistes, entre les positivistes et les formalistes, entre les partisans des faits et les partisans des signes. C'est donc de tous côtés que nous nous offrons à la critique.

| IV

62

En opposition avec ce léger dessin d'une théorie des concepts proliférants, donnons maintenant deux exemples de concepts sclérosés, formés dans une adhésion trop prompte à une connaissance générale. Ces deux exemples sont relatifs à la *coagulation* et à la *fermentation*.

Le phénomène si spécial de la coagulation va nous montrer comment se constitue un mauvais thème de généralité. En 1669, l'Académie propose en ces termes une étude du fait général de la coagulation : « Il n'appartient pas à tout le monde d'être étonné de ce que le lait se caille. Ce n'est point une expérience curieuse… c'est une chose si peu extraordinaire qu'elle en en est presque méprisable. Cependant un Philosophe y peut trouver beaucoup de matière de réflexion; plus la chose est examinée, plus elle devient merveilleuse, et c'est la science qui est alors la mère de l'admiration. L'Académie ne jugea donc pas indigne d'elle d'étudier comment la coagulation se fait; mais elle en voulut embrasser toutes les différentes espèces pour tirer plus de lumières de la comparaison des unes aux autres »[1]. L'idéal baconien est ici assez net pour nous dispenser d'insister. Nous allons donc voir les phénomènes les plus divers, les plus hétéroclites s'incorporer sous la rubrique : coagulation. Parmi ces phénomènes, les produits complexes tirés de l'économie animale joueront, comme c'est souvent le cas, le rôle de premiers instructeurs. C'est là un des caractères de l'*obstacle animiste*, que nous signalons au passage, mais sur lequel nous reviendrons par la suite. L'Académie étudie donc la coagulation sur le lait, le sang, le fiel, les graisses. Pour les graisses, qui figent dans nos assiettes, le refroidissement est une cause assez visible. L'Académie va alors s'occuper de la solidification des métaux fondus. La congélation de l'eau est ensuite mise au rang d'une coagulation. Le passage est si naturel, il soulève si peu d'embarras, qu'on ne peut méconnaître l'action persuasive du langage. On glisse insensiblement de la coagulation à la congélation.

Pour mieux connaître les congélations naturelles, on trouve « bon d'en considérer quelques-unes qui se font par art ». Du Clos rappelle, sans toutefois s'en porter garant, que « Glauber… parle d'un certain sel, qui a la vertu de congeler en **63** forme de glace, | non seulement l'eau commune, mais les aquosités des huiles, du vin, de la bière, de l'eau-de-vie, du vinaigre, etc. Il réduit même le bois en pierre » (p. 88-89). Cette référence à des expériences non précisées est très caractéristique de l'esprit préscientifique. Elle marque précisément
la solidarité détestable de l'érudition et de la science, de l'opinion et de l'expérience.

1. *Histoire de l'Académie des Sciences*, t. 1, p. 87.

Mais voici maintenant la généralité extrême, la généralité pédante, type évident d'une pensée qui s'admire (p. 88). « Quand la sève des arbres devient bois, et que le chyle prend dans les animaux la solidité de leurs membres, c'est par une espèce de coagulation. Elle est la plus étendue de toutes, et peut, selon M. du Clos, s'appeler transmutative ». On le voit, c'est dans la région de l'extension maxima que se produisent les erreurs les plus grossières.

Ainsi l'on est parti des liquides organiques. Après un détour dans le monde inanimé, on revient à des phénomènes organiques, bonne preuve que le problème n'a pas avancé, qu'il ne s'est pas précisé et qu'on n'a pas trouvé une ordination des formes conceptuelles. On peut d'ailleurs juger, sur cet exemple, des ravages produits par une application trop rapide du principe d'identité. Il est loisible de dire que l'Académie, en appliquant si aisément le principe d'identité à des faits disparates plus ou moins bien précisés, *comprenait* le phénomène de la coagulation. Mais il faut ajouter tout de suite que cette manière de *comprendre* est antiscientifique.

Inversement, l'unité phénoménale de la coagulation une fois constituée de si libre façon, on n'éprouvera que méfiance devant toute question qui proposerait des diversifications subséquentes. Cette méfiance des variations, cette paresse de la distinction, voilà précisément des marques de concept sclérosé ! Par exemple, on partira désormais de cette proposition bien typique d'une identification par l'aspect général : « Qu'y a-t-il de plus semblable que le lait et le sang ? » et quand, à propos de la coagulation on trouvera une légère différence entre ces deux liquides, on n'estimera pas nécessaire de s'y arrêter. « De déterminer quelle est cette qualité, c'est un détail et une précision où l'on ne peut guère entrer ». Un tel dédain pour le détail, un tel mépris de la précision disent assez clairement que la pensée préscientifique s'est enfermée dans la connaissance générale et qu'elle veut y demeurer. Ainsi, par ses « expériences » sur la coagulation, l'Académie arrêtait les recherches fécondes. Elle ne suscitait aucun problème scientifique bien défini.

La coagulation, par la suite, sera souvent prise comme un thème d'explication universelle, pour des problèmes cosmogoniques. | On pourrait étudier ici une tendance très curieuse qui conduit insensiblement de l'explication par le général à l'explication par le grand. C'est une tendance que M. Albert Rivaud a signalée avec une grande finesse en montrant que dans l'explication mythologique c'est l'Océan qui joue le rôle de principe et non pas l'eau comme on le prétend le plus souvent[1]. Voici comment Wallerius, dans un livre traduit en 1780, fait de la coagulation un motif d'explication cosmogonique : « Les eaux [sont] assez portées à se coaguler avec d'autres matières et à se réunir en un corps solide… Cette disposition de l'eau à la solidité, nous l'observons encore dans l'écume excitée par le mouvement seul. L'écume est beaucoup moins fluide que l'eau, puisqu'on peut la prendre avec la main… Le mouvement seul change donc l'eau en corps solide »[2]. Suivent de longues pages pour décrire divers processus de la coagulation de l'eau. Aux dires du célèbre géologue, la coagulation est suffisante pour expliquer la formation de l'animal (p. 111). « Tout le monde sait d'ailleurs que les animaux proviennent d'une matière liquide, qui devient solide par une sorte de coagulation ». Nous retrouvons ainsi l'intuition première du siècle précédent. Enfin, pour parfaire la conviction sur l'action générique du principe coagulant, Wallerius cite Job : « *Instar lactis me mulxisti, et instar casei coagulari permisisti* ».

Les Alchimistes sont aussi très nombreux qui ont rêvé devant une coagulation. Crosset de la Heaumerie écrit en 1722 : « Il n'est pas plus difficile à un Philosophe hermétique de fixer le vif argent, qu'à une simple bergère de coaguler le lait pour en faire du fromage… Pour changer le vif-argent en vrai argent, par la semence de l'argent, il n'est pas plus

1. Albert Rivaud, *Le problème du devenir et la notion de la matière dans la philosophie grecque depuis les origines jusqu'à Théophraste*, Paris, Alcan, 1906, p. 24.

2. Wallerius, *De l'origine du Monde et de la Terre en particulier*, trad., Varsovie, 1780, p. 83, 85.

difficile que d'épaissir le lait en fromage par la présure, qui est du lait digéré »[1].

Que ce soit chez le géologue ou chez l'alchimiste, on voit le symbole de la coagulation s'enrichir de thèmes animistes plus ou moins purs : l'idée de semence et de levain sont en action dans l'inconscient. Avec ces idées de croissance animée et vivante apparat une *valeur* nouvelle. Comme nous aurons bien souvent | l'occasion de le faire remarquer, toute trace de **65** *valorisation* est un mauvais signe pour une connaissance qui vise l'objectivité. Une valeur, dans ce domaine, est la marque d'une préférence inconsciente.

Bien entendu, comme nous en ferons aussi souvent la remarque, dès qu'une valeur intervient, on peut être sûr de trouver des oppositions à cette valeur. La valeur produit automatiquement attraction ou répulsion. A l'intuition qui imagine que la coagulation est l'action d'un germe et d'un levain qui va produire la vie, affermir la vie, s'oppose celle qui y voit, sans plus de preuve, le signe de la mort. Ainsi dans son *Traité du feu et du sel*, Blaise Vigenere écrit, en 1622 : « Toute coagulation est une espèce de mort, et la liquorosité de vie ». Naturellement, cette valorisation ne vaut pas mieux que l'autre. Une psychanalyse de la connaissance objective doit résister à toute valorisation. Elle doit non seulement transmuter toutes les valeurs; elle doit dévaloriser radicalement la culture scientifique.

Pour illustrer la différence entre l'esprit préscientifique, plus ou moins valorisateur, et l'esprit scientifique, il suffirait, à propos du concept examiné, de considérer quelques travaux contemporains sur les colloïdes et sur les gels. Comme on l'a dit[2], un savant moderne cherche plutôt à limiter son domaine expérimental qu'à multiplier les instances. En possession d'un phénomène bien défini, il cherche à en déterminer les

1. Crosset de la Heaumerie, *Les Secrets les plus cachés de la philosophie des Anciens, découverts et expliqués, à la suite d'une histoire des plus curieuses*, Paris, 1722, p. 97, 90.

2. Liebig, *loc. cit.*, p. 119.

variations. Ces variations phénoménologiques désignent les variables mathématiques du phénomène. Les variables mathématiques sont solidarisées intuitivement dans des courbes, solidarisées en fonctions. Dans cette coordination mathématique, il peut apparaître des raisons de variation qui sont restées paresseuses, éteintes ou dégénérées dans le phénomène mesuré. Le physicien essaiera de les provoquer. Il essaiera de *compléter* le phénomène, de *réaliser* certaines possibilités que l'étude mathématique a décelées. Bref, le savant contemporain se fonde sur une *compréhension mathématique* du concept phénoménal et il s'efforce d'égaler, sur ce point, raison et expérience. Ce qui retient son attention, ce n'est plus le phénomène général, c'est le phénomène organique, hiérarchique portant la marque d'une essence et d'une forme, et, en tant que tel, perméable à la pensée mathématique.

66 | Mais nous voulons encore étudier, du même point de vue, un concept mieux défini, plus important, en nous rapprochant encore des temps modernes. En effet, pour atteindre le but de notre critique, il nous faut prendre des concepts corrects et utiles et montrer qu'ils peuvent constituer un *obstacle* en offrant à la pensée une forme générale prématurée. Nous étudierons ainsi le concept de *fermentation* en nous adressant à un auteur important, voué à l'esprit nouveau. C'est le cas de David Macbride dont le livre, traduit de l'anglais par Abbadie en 1766, porte en exergue la phrase de Newton : « La Philosophie naturelle doit surtout s'attacher à raisonner des phénomènes, sans avoir recours aux hypothèses ». On va voir cependant avec quelle tranquillité on désigne sous le nom de vues expérimentales des intuitions tout hypothétiques.

Au départ, Macbride retient cette définition de Macquer qu'il juge précise et claire : la fermentation est « un mouvement intestin qui s'excite de lui-même entre les parties insensibles d'un corps, duquel résulte un nouvel arrangement, et une nouvelle combinaison de ces mêmes parties ».

Suivant cette définition, la fermentation touche le règne animal et le règne végétal ; la digestion en est un des cas privilégiés. Et voici notre auteur devant les *premières* expériences, devant les expériences qui précèdent, soi-disant, les hypothèses : Mélange de pain et d'eau – Mélange de pain, de mouton et d'eau. Un tel mélange donne sans doute, pour l'esprit préscientifique, un phénomène *complet* qui unit dans le même vase les trois règnes de la nature. Est-il besoin de souligner combien ce caractère complet, dans le sens de somme extensive, diffère du caractère complet, dans le sens de cohérence compréhensive que nous évoquions un peu plus haut comme un des traits distinctifs de la pensée physico-mathématique contemporaine ?

À ce dernier mélange, pour varier l'expérience, on ajoutera du citron, ou des épinards, ou du cresson, ou de la salive, ou du miel, ou de l'eau-de-vie. Et l'on tiendra registre des mouvements intestins. On notera aussi les odeurs, en désignant souvent les phénomènes produits en les référant à l'odeur du fromage ou du fenu grec. Le lien de la connaissance préscientifique et de la connaissance vulgaire est donc court et fort. On n'oubliera pas d'ailleurs de rapprocher, de cette enquête objective, les expériences tout intimes de la digestion, expliquant vraiment la fermentation par | une *digestion*. Le mouvement *intestin* dans l'estomac n'est-il pas « suscité par la chaleur douce du lieu, par les restes du dernier repas, et par la vertu fermentative de la salive et du suc gastrique » ? Notons au passage l'influence attribuée aux restes du dernier repas. Ces restes font office d'un véritable *levain*, jouant le même rôle, d'une digestion à une autre, que la réserve de pâte gardée par la ménagère au coin du pétrin pour porter, d'une cuisson à une autre, les vertus de la panification. **67**

La comparaison entre la fermentation et la digestion n'est pas occasionnelle; elle est fondamentale et elle continue à guider la recherche, ce qui nous montre bien la gravité de l'inversion réalisée par l'esprit préscientifique qui place les phénomènes de la vie à la base de certains phénomènes chimiques. Ainsi, Macbride notera qu'après un bon repas, ce sont les aliments végétaux qui donnent des renvois, de la même façon que le citron ou l'oignon dans les mixtures précédemment étudiées *in vitro*. On voit du reste combien est étroit le contact entre les différents districts de la phénoménologie. La pensée préscientifique ne limite pas son objet: à peine a-t-elle achevé une expérience particulière qu'elle cherche à la généraliser dans les domaines les plus variés.

On pourra aussi retenir, comme un caractère très distinctif du prépositivisme utilitaire, des remarques comme celle-ci: Étant donnée la fermentation acide du lait dans l'estomac, il y a intérêt à en accélérer la digestion et comme la digestion est essentiellement un mouvement, le docteur Macbride en arrive à conseiller « de faire prendre de l'exercice aux enfants à la mamelle »[1]. Effectivement, en agitant un flacon, n'active-t-on pas les mélanges et les fermentations? Secouez donc les nourrissons après chaque tétée.

À bien suivre, sur cet exemple, le parcours de la pensée préscientifique depuis les définitions préalables trop générales jusqu'au conclusions utilitaires de l'expérience, on peut voir que ce parcours est un véritable cercle: si Macbride n'avait pas défini arbitrairement la fermentation comme un *mouvement* intestin, il ne serait pas arrivé à cet étrange conseil de secouer les enfants à la mamelle pour qu'ils digèrent mieux le lait maternel. L'intuition première n'a pas bougé, l'expérience n'a pas rectifié l'hypothèse première, l'aspect *général*, saisi de prime abord, est resté l'attribut unique du concept immobile.

68 | Le livre de Macbride est d'ailleurs très symptomatique par son plan d'ensemble qui manifeste un besoin de généralité illimitée. Macbride entreprend en effet de prouver, par des études sur les substances *animales* et *végétales*, que *l'air fixe* est le principe de leur cohésion, de leur unité substantielle. Cet air fixe est le « vinculum » ou le « gluten verum ». Quand Macbride a longuement étudié la viande et les légumes, quand il a constaté que toutes ces matières organiques devenaient *molles* après la fermentation, perdant ainsi, croit-il, leur air fixe qui faisait leur cohésion, il en vient à étudier le règne minéral. Cette étude du règne minéral, d'ailleurs succincte, est

1. Macbride, *Essais d'expériences*, trad. de l'anglais par Abbadie, Paris, 1760, p. 30.

ainsi entreprise en s'appuyant sur des intuitions très vagues, *très générales*, prises dans les règnes végétaux et animaux. Il y a là encore une inversion bien caractéristique que nous étudierons systématiquement dans notre chapitre sur l'obstacle animiste. Cette inversion montre que la classification des pensées objectives par voie de complexité croissante est bien difficile à constituer.

Macbride, confiant dans ses intuitions générales, commente l'action chimique de l'anhydride carbonique (air fixe) sur la chaux éteinte dans le sens d'une « cohésion ». Il s'agit cette fois d'une simple perte de mouvement, d'un phénomène inverse de la fermentation. Tout le jeu de l'explication des phénomènes oscille donc du pôle : *mouvement et liberté*, au pôle : *repos et cohésion*, en restant toujours sur le plan des données immédiates de l'intuition. Ce qui est la qualité saillante : cohésion ou division est alors la généralité qui suffit à tout expliquer. *C'est elle qu'on explique et c'est par elle qu'on explique*, suivant le cercle sans fin de l'empirisme primitif. Et cette explication naïve s'émerveille à bon compte (p. 304). « Il était très agréable de voir les particules de la chaux, qui deux ou trois minutes auparavant étaient invisibles, et dissoutes dans l'eau, courir ensemble, se précipiter au fond, et revenir à leur premier état d'insolubilité, au moment qu'elles furent saturées d'air fixe ». La chaux avait retrouvé « son principe cimentant ». Ce que Macbride trouve *d'agréable* dans ce simple précipité, n'est-ce pas simplement la confirmation facile de ses hypothèses ? Dans une autre expérience, on nous fera assister à la « dissolution » inverse de la viande, les gaz produits par cette putréfaction seront dirigés dans la solution d'eau de chaux. La conclusion est alors nette (p. 318) : « Il y a ici un surcroît de preuve que l'air fixe est le principe cimentant des substances animales; puisqu'on voit que pendant que la dissolution s'empare de la viande, et qu'elle tombe en morceaux par la perte de l'air fixe, la chaux redevient solide lorsqu'il est rétabli ». C'est vraiment | l'idée générale **69** et si pauvre de *solidité* qui forme le motif dominant de l'explication.

Ainsi, nous venons de trouver un exemple d'une suite d'observations *exactes* et *précieuses* qui permettent de résoudre le faux problème de la cohésion et de la dissolution des viandes et qui ne font que déplacer des idées fausses. Précisément, le thème intuitif de cohésion, de solidité est un thème de trop grande généralité. Il appartient entièrement à l'intuition naïve. C'est un thème dominant de l'explication préscientifique.

Le rapport du mot et du concept est d'ailleurs ici bien remarquable. Dans le mot *air fixe*, il y a déjà la supposition d'un air qui est, comme le dit Hales, « privé de son ressort, et réduit à un état de fixité et d'attraction ». On ne doit donc pas s'étonner que *l'air fixe* fixe. On pourra trouver de nombreux cas où l'esprit préscientifique assemble les expériences sur un plan véritablement étymologique, en réunissant simplement des mots de même famille. L'air fixe trouve un nom trop général dans l'expérience particulière de l'action de l'anhydride carbonique sur l'eau de chaux. Sa fonction est alors généralisée avec l'excès qu'on vient de voir.

Nous devons insister sur le fait que Macbride n'est pas un de ces auteurs sans valeur qui se bornent à copier des expériences faites par d'autres. C'est un bon observateur, souvent ingénieux et perspicace. Magdeleine de Saint-Agy, continuant au XIXe siècle l'Histoire des sciences naturelles de Cuvier, rend compte (t. V, p. 17) des recherches de Macbride. Il ajoute même : « Les expériences de Macbride contribuèrent plus que celles de Black à diriger l'attention des physiciens et des chimistes vers l'étude des gaz » (Cf. aussi l'Éloge de Macbride par Vicq d'Azyr, suite des *Éloges*, 1780).

Une fois bien compris que la fermentation est un phénomène pour une intuition générale, on s'explique qu'il suffise d'y ajouter un luxe d'adjectifs pour rendre compte des phénomènes chimiques les plus variés. Ainsi sera satisfaite la pensée préscientifique qui estime que classer les phénomènes, c'est déjà les connaître. Par exemple, l'abbé Poncelet qui croit, lui aussi, que la fermentation est essentiellement un mouvement, écrit : « Comme il y a plusieurs degrés de mouvement, il peut y avoir plusieurs degrés de fermentation : on les désigne communément par leur rapport avec les sens du goût et de l'odorat. Ainsi, l'on peut dire : une fermentation acerbe, austère, acescente, alcaline, | vineuse, acéteuse, aromatique, fétide, **70** styptique, etc. »[1]. L'abbé Poncelet ne manque pas de dénoncer par ailleurs (p. 103) « l'abus des termes (qui) a répandu d'étranges ténèbres sur les notions que l'on croit avoir des êtres abstraits ou métaphysiques » (comme le mouvement). C'est un trait assez curieux de l'esprit scientifique de ne pouvoir diriger ses critiques contre soi-même. L'esprit scientifique a une toute autre puissance d'auto-critique.

Ainsi que nous en avons fait la remarque pour la coagulation, nous pouvons ainsi donner des exemples où le concept trop général de fermentation reçoit une extension manifestement abusive. Pour Geoffroy : « La Végétation est une sorte de fermentation qui unit quelques-uns de ces mêmes principes dans les Plantes, tandis qu'elle en écarte les autres »[2]. La fermentation est ici un processus si général qu'il totalise les contraires. Un auteur inconnu, écrivant comme Geoffroy en 1742, s'exprime ainsi : « Dans la grappe de raisin, le suc vineux ne fermente pas autrement que dans le tonneau... Mêmes ferments, mêmes actions, fins égales ; auxquelles vous pouvez comparer généralement tout ce qui se passe dans l'histoire des végétaux. Ainsi que la fermentation est établie par un système général [qui ne fait] que varier dans les sujets »[3]. De cette généralisation excessive et sans preuve on peut rapprocher l'opinion de Boerhaave qui affirme que tous les végétaux, préparés par une fermentation convenable,

1. Poncelet, *loc. cit.*, p. 94.

2. *Histoire de l'Académie des Sciences*, p. 43.

3. Fr. Jos. Hunaut, *Nouveau traité de Physique sur toute la nature* ou méditations, et songes sur tous les corps dont la Médecine tire les plus grands avantages pour guérir le corps humain ; et où l'on verra plusieurs curiosités qui n'ont point paru, 2 vol., Paris, Didot, 1742, t. I, p. 181.

donnent des Esprits vineux qui s'exhalent : « Ainsi on peut regarder l'Air comme une nuée d'Esprits de Vin »[1].

Naturellement, la notion de fermentation porte sa valeur d'explication dans le règne minéral. Pour Lémery « la fermentation, qui agit comme le feu, écarte dans la production du métal les parties terrestres et grossières… Il faut un degré de fermentation pour la production des métaux qui ne se trouve pas dans toutes les terres… Comme le métal est un ouvrage de la fermentation, il faut nécessairement que le Soleil ou la chaleur des feux souterrains y coopèrent ». « La fermentation fait souvent élever jusqu'au haut de la montagne… des filets de mine pesante ou quelque marcassite »[2]. Ici encore, comme 71 nous l'avons | déjà vu pour la coagulation, l'explication par le *général* glisse à l'explication par le *grand* et devient un principe cosmogonique. Lémery qui est pourtant un démonstrateur de talent est ainsi emporté, comme tant d'autres, par sa rêverie savante. Ce qui bouillonne dans sa cornue lui suffit pour former une image de ce qui se passe au centre de la Terre.

Dans le domaine même des phénomènes matériels, le thème général de la fermentation pourra réunir les phénomènes les plus hétéroclites : il ne faudra pour cela qu'un jeu d'adjectifs. Par exemple, le Comte de Tressan explique les phénomènes électriques par des fermentations. Il définit des fermentations chaudes qui produisent une expansion et des fermentations froides qui donnent un « coagulum ». Avec une telle généralisation qui englobe les deux contraires, il peut défier la contradiction.

À propos du thème de la fermentation que nous venons de caractériser dans son aspect préscientifique, il serait bien facile de montrer que la pensée scientifique moderne est vraiment un seuil différentiel de la culture. En particulier, on pourrait montrer qu'aucune observation du XVIIIe siècle n'a donné naissance à une technique du XIXe siècle. Il n'y a aucune

1. Herman Boerhaave, *Éléments de Chymie,* traduit du latin par J. N. S. Allemand, membre de la Société Royale de Londres, 2 vol., Leiden, 1752, t. I, p. 494.

2. Nicolas Lémery, *Cours de Chymie*, 7e éd., Paris, 1680, p. 75-76.

comparaison possible entre une observation de Macbride et une technique pastorienne. La pensée scientifique moderne s'acharne à préciser, à limiter, à purifier les substances et leurs phénomènes. Elle cherche le ferment spécifique, objectif, et non la fermentation universelle. Comme le dit très bien Marcel Boll (*Mercure de France*, 1er mai 1929), ce qui caractérise le savant moderne « c'est l'objectivité et non pas l'universalisme : la pensée doit être objective, elle ne sera universelle que si elle le peut, que si la réalité l'y autorise ». Or l'objectivité se détermine dans la précision et dans la cohérence des attributs, non pas dans la collection des objets plus ou moins analogues. Cela est si vrai que ce qui limite une connaissance est souvent plus important, pour les progrès de la pensée, que ce qui étend vaguement la connaissance. En tout cas, à tout concept scientifique doit s'associer son anti-concept. Si *tout fermente*, la fermentation est bien près d'être un phénomène sans intérêt. Il est donc bon de définir ce qui ne fermente pas, ce qui peut arrêter la fermentation. En fait, dans l'ère pastorienne, les conditions de stérilisation ont été intégrées, comme essentielles, à la connaissance des conditions de fermentation. Même sous la simple distinction du grand et du petit, on peut voir, dans la science moderne, la tendance à réduire plutôt qu'à augmenter les quantités observées. La chimie de précision opère sur des | quantités **72** de matière très petites. L'erreur relative diminuerait pourtant si l'on prenait des quantités plus grandes. Mais les techniques sont plus sûres avec les appareils délicats. L'idéal de limitation prime tout. Une connaissance qui manque de précision ou, pour mieux dire, une connaissance qui n'est pas donnée avec ses conditions de détermination précise n'est pas une connaissance scientifique. Une connaissance générale est presque fatalement une connaissance vague.

UN EXEMPLE D'OBSTACLE VERBAL L'ÉPONGE

EXTENSION ABUSIVE DES IMAGES FAMILIÈRES

I

Nous venons d'étudier, à titre d'exemples, deux thèmes généraux de la connaissance préscientifique pour montrer avec quelle facilité l'esprit préscientifique se laisse emporter à des généralisations indéfinies. Nous voulons, dans ce court chapitre, être encore plus précis et considérer un cas où une seule *image*, ou même un seul mot, constitue toute l'explication. Nous prétendons caractériser ainsi, comme obstacles de la pensée scientifique, des habitudes toutes verbales. Nous aurons d'ailleurs l'occasion de développer les mêmes idées à la suite de notre chapitre sur l'obstacle substantialiste. Alors il s'agira d'une explication verbale par référence à un substantif chargé d'épithètes, substitut d'une substance aux riches puissances. Ici, nous allons prendre le pauvre mot d'*éponge* et nous allons voir qu'il permet d'*exprimer* les phénomènes les plus variés. Ces phénomènes, on les exprime : on croit donc les expliquer. On les reconnaît : on croit donc les connaître. Dans les phénomènes désignés par le mot *éponge*, l'esprit n'est cependant pas la dupe d'une puissance substantielle. La fonction de l'*éponge* est d'une évidence claire et distincte, à tel point qu'on ne sent pas le besoin de l'expliquer. En expliquant des phénomènes par le mot éponge, on n'aura donc pas l'impression de verser dans un substantialisme obscur; on n'aura pas davantage l'impression qu'on fait des *théories* puisque cette fonction est tout expérimentale. A l'éponge correspond donc un « denkmittel » de l'empirisme naïf.

74

| II

Adressons-nous tout de suite à un auteur important en nous reportant à un article de Réaumur paru dans les *Mémoires de l'Académie royale des Sciences* en 1731 (p. 281) : « Une idée assez ordinaire est de regarder l'air comme du coton, comme de la laine, comme de l'éponge, et beaucoup plus spongieux encore que ne sont tous les autres corps ou assemblages de corps auxquels on peut les comparer. Cette idée est très propre pour expliquer pourquoi il se laisse comprimer considérablement par les poids, pourquoi aussi il peut être extrêmement raréfié, et paraître sous un volume qui surpasse considérablement celui sous lequel nous l'avions vu auparavant ». Pourvu de cet attirail métaphorique, Réaumur va répondre à Mariotte qui avait pourtant apporté quelque lumière en assimilant le phénomène de la dissolution de l'air dans l'eau à la dissolution d'un sel. Je pense, dit Réaumur (p. 382), « que M. Mariotte a poussé sa supposition plus loin qu'il n'en avait besoin; il me paraît qu'au lieu de supposer que l'eau peut dissoudre l'air, dissolution d'ailleurs assez difficile à concevoir, si on se contente de supposer qu'elle peut le pénétrer, le mouiller, on a tout ce qu'il faut pour rendre raison des phénomènes qu'on a à expliquer ici ». En suivant dans le détail l'explication de Réaumur, nous allons bien saisir ce qu'est une *image généralisée*, exprimée par un seul mot, leitmotiv d'une intuition sans valeur. « Continuons de regarder l'air comme ressemblant par sa structure aux corps spongieux, et qu'il soit de ceux que l'eau peut pénétrer, qui en peuvent être imbibés, et nous cesserons d'être surpris de ce que l'air, qui est contenu dans l'eau, n'y est plus compressible, et de ce qu'il y occupe peu de place. Si j'enveloppe une éponge de quelque membrane que l'eau ne puisse pénétrer, et que je tienne cette éponge suspendue dans l'eau, par le moyen de quelque fil arrêté au fond du vase, l'éponge sera alors aussi compressible qu'elle l'était au milieu de l'air. Si avec un piston, ou autrement, je presse l'eau, l'eau descendra, l'éponge sera forcée d'occuper beaucoup moins de volume, ses parties seront contraintes d'aller se loger dans les vides qu'elles tendent à se conserver entre elles, l'eau occupera la place que les parties de l'éponge auront abandonnée. Cessons de presser l'eau, l'éponge se rétablira dans son premier état… Si ensuite nous ôtons à notre éponge l'enveloppe dont nous l'avions recouverte, il sera permis à l'eau de s'insinuer dans son intérieur; donnons lui le temps d'aller remplir tous les | vides qui sont entre les fils spongieux, après **75** quoi si nous avons encore recours au piston pour presser l'eau, nous trouverons qu'elle ne cèdera point, comme elle a fait la première fois, ou qu'elle cèdera très peu. L'éponge alors est devenue incompressible, ou presque incompressible ; ses parties pressées ne trouvent plus de places vides où elles puissent se loger, l'eau les a remplies ; celle qui s'est logée arrête l'effort de celle qui tend à l'en chasser. Si l'air peut donc, comme l'éponge, être pénétré par l'eau, si elle peut aller remplir les vides qui sont entre ses parties, le voilà qui cesse d'être compressible ».

Nous sentons le besoin de nous excuser auprès du lecteur d'avoir cité cette page interminable, cette page si mal écrite, d'un auteur célèbre. Mais nous lui en avons épargné bien d'autres, du même style, où Réaumur explique sans fin les phénomènes par le caractère spongieux. Il nous fallait cependant apporter un exemple un peu long où l'accumulation des images fait évidemment tort à la raison, où le concret amassé sans prudence fait obstacle à la vue abstraite et nette des problèmes réels.

Par la suite, Réaumur affirme bien que le dessin proposé n'est qu'une esquisse, qu'on peut naturellement donner aux « éponges de l'air » des formes extrêmement différentes de l'éponge ordinaire. Mais toute sa pensée est instruite sur cette image, elle ne peut sortir de son intuition première. Quand il veut effacer l'image, la fonction de l'image subsiste. Ainsi Réaumur se défend de décider sur la forme « des grains de l'air ». Il ne réclame, pour son explication, qu'une chose (p. 286), « c'est que l'eau puisse pénétrer les grains de l'air ». Autrement dit, il veut bien, en fin de compte, sacrifier l'éponge, mais il veut garder la *spongiosité*. Voilà la preuve d'un mouvement purement et simplement linguistique qui, en associant, à un mot concret, un mot abstrait, croit avoir fait avancer la pensée. Une doctrine de *l'abstraction cohérente* a besoin d'un plus grand détachement des images primitives.

Mais nous verrons peut-être mieux le caractère métaphorique déficient de l'explication par l'éponge si nous nous adressons à des cas où cette explication est proposée pour des phénomènes moins immédiats. Ainsi Franklin écrit : « La matière commune est une espèce d'éponge pour le fluide électrique ; une éponge ne recevrait pas l'eau, si les parties de l'eau n'étaient plus petites que les pores de l'éponge ; elle ne la recevrait que bien | lentement, s'il n'y avait pas une attraction mutuelle entre ses parties, et les parties de l'éponge ; celle-ci s'en imbiberait plus promptement, si l'attraction réciproque entre les parties de l'eau n'y mettait pas obstacle, en ce qu'il doit y avoir quelque force employée pour les séparer ; enfin l'imbibition serait très rapide, si au lieu d'attraction, il y avait entre les parties de l'eau une répulsion mutuelle qui concourût avec l'attraction de l'éponge. C'est précisément le cas où se trouvent la matière électrique et la matière commune »[1]. Tous ces détails, toutes ces suppositions, tous ces dessins pleins de repentirs, nous montrent assez clairement que Franklin essaie d'appliquer les expériences électriques sur l'expérience primitive de l'éponge. Mais Franklin ne pense que sur le plan de l'éponge. L'éponge est pour lui une véritable *catégorie* empirique. Peut-être, en sa jeunesse, s'était-il émerveillé devant ce simple objet. C'est assez fréquent. J'ai souvent surpris des enfants très intéressés par un buvard qui « boit » une tache.

1. Benjamin Franklin, *Expériences et observations sur l'électricité*, communiquées dans plusieurs Lettres à P. Collinson de la Société Royale de Londres, trad., Paris, 1752, p. 135.

Naturellement, si l'on s'adresse à des auteurs subalternes, l'application sera plus rapide, plus directe, si possible, moins surveillée. Alors l'image expliquera automatiquement. Dans une dissertation du P. Béraut, on trouve condensée cette double explication: Les verres et matières vitrifiables sont « des éponges de lumière, parce qu'ils [sont] tous pénétrés de la matière qui fait la lumière; par la même raison on peut dire qu'ils sont tous des éponges de matière électrique ». Lémery appelait la pierre de Bologne une « éponge de lumière » avec un peu plus de précision car cette pierre phosphorescente garde, après exposition au soleil, une certaine quantité « de matière lumineuse » qu'elle laisse ensuite s'écouler. Aussi rapidement, en trois lignes, Marat explique le refroidissement d'un corps chaud plongé dans l'air ou dans l'eau : « Ici l'air et l'eau n'agissent que comme éponges; car un corps n'en refroidit un autre qu'il touche, qu'en absorbant le fluide igné qui s'en échappe »[1].

L'image si claire peut être, à l'application, plus confuse et compliquée. Ainsi l'abbé de Mangin dit brièvement : « La glace étant une éponge d'eau épaissie et gelée par la retraite du feu, elle a une aptitude à recevoir aisément tout celui qui se présente »[2]. Il semble que, dans ce dernier cas, on assiste à l'intériorisation | du caractère spongieux. Ce caractère est ici **77** une aptitude à recevoir, à absorber. On trouverait facilement des exemples où l'on rejoindrait ainsi insensiblement les intuitions substantialistes. L'éponge a alors une puissance secrète, une puissance primordiale. Pour le Cosmopolite : « La Terre est une éponge et le réceptacle des autres Éléments »[3]. Un

1. Marat, Docteur en Médecine et Médecin des Gardes du Corps de Monseigneur le Comte d'Artois, *Découvertes sur le Feu, l'Electricité et la Lumière, constatées par une suite d'expériences nouvelles*, Paris, 1779, p. 31.

2. Abbé de Mangin, *Question nouvelle et intéressante sur l'électricité*, Paris, 1749, p. 38.

3. *Cosmopolite ou nouvelle lumière chymique. Pour servir d'éclaircissement aux 3 Principes de la Nature*, Paris, 1728, p. 142.

accoucheur du nom de David juge utile cette image : « le sang est une espèce d'éponge imprégnée de feu »[1].

III

On mesurera peut-être mieux le caractère d'obstacle épistémologique présenté par l'image de l'éponge, en voyant les difficultés qu'un expérimentateur patient et ingénieux a eues pour s'en débarrasser.

Le *Recueil de Mémoires* publié sous le titre d'*Analogie de l'électricité et du magnétisme* en 1785 par J. H. van Swinden est une longue série d'objections contre les multiples analogies par lesquelles on prétendait réunir, dans une même théorie, l'électricité et le magnétisme. Van Swinden donne à plusieurs reprises la préférence à une expérience touchée déjà par la lumière mathématique. Mais avant d'être un constructeur de pensée mathématique, il faut être iconoclaste. Voici alors le programme de Van Swinden : « J'examinerai en second lieu les expériences par lesquelles M. Cigna a cru démontrer que le fer est un conducteur du fluide magnétique, ou qu'il en est *l'éponge* comme le pense M. Brugmans »[2]. L'intuition de Brugmans est reproduite dans toute sa naïveté (p. 87). « De même qu'une éponge transporte l'eau par toute sa masse et en quantité d'autant plus considérable que son volume est plus grand, de même le fer, qui a le plus de masse ou de volume, parait *attirer* et *soutirer* (*abducere*) une plus grande quantité de Fluide que le Fer d'un moindre volume »[3]. La fonction **78** du fer qu'on vient d'aimanter, c'est de « transporter | ce Fluide

1. Jean-Pierre David, Docteur et Médecin, Maître ès-Arts et en Chirurgie de Paris, Professeur Royal de Chirurgie et d'Anatomie à Rouen, Lithotomiste-Pensionnaire, Chirurgien en Chef de l'Hôtel-Dieu, et membre de l'Académie des Sciences, Belles-Lettres et Arts de la même ville, *Traité de la nutrition et de l'accroissement, précédé d'une dissertation sur l'usage des eaux de l'Amnios*, Paris, 1771, p. 304.

2. J. H. van Swinden, *Analogie de l'électricité et du magnétisme*, 3 vol., La Haye, 1785, t. I, p. 74.

3. *Ibid.*, p. 87.

dans un lieu où il n'était pas, comme une éponge plongée dans l'eau la suce et la transporte ».

Ce n'est qu'après des expériences très nombreuses et variées que Van Swinden se croit en droit de rejeter cette intuition. Il écrit alors : « Cette expression : le fer est une éponge du Fluide magnétique, est donc une *métaphore* qui s'écarte du vrai et cependant toutes les explications sont fondées sur cette expression employée dans le *sens propre*. Mais, quant à moi, je pense qu'il n'est pas de l'exactitude de dire que tous les Phénomènes se réduisent à ceci, que le Fer est une éponge du fluide magnétique, et d'établir cependant que c'est là une apparence trompeuse de penser que la raison indique que ces expressions sont erronées, et de les employer néanmoins à l'explication des Expériences »[1]. Sous une forme un peu embarrassée, la pensée de Van Swinden est très nette : on ne peut confiner aussi facilement qu'on le prétend les métaphores dans le seul règne de l'expression. Qu'on le veuille ou non, les métaphores séduisent la raison. Ce sont des images particulières et lointaines qui deviennent insensiblement des schémas généraux. Une psychanalyse de la connaissance objective doit donc s'appliquer à décolorer, sinon à effacer, ces images naïves. Quand l'abstraction aura passé par là, il sera temps d'*illustrer* les schémas rationnels. En résumé, l'intuition première est un obstacle à la pensée scientifique ; seule une illustration travaillant au delà du concept, en rapportant un peu de couleur sur les traits essentiels, peut aider la pensée scientifique.

IV

On peut d'ailleurs trouver des exemples où de très grands esprits sont pour ainsi dire bloqués dans l'imagerie première. Mettre en doute la clarté et la distinction de l'image que nous offre l'éponge, c'est, pour Descartes, *subtiliser* sans raison les explications (*Principes*, II, § 7). « Je ne sais pourquoi,

1. *Ibid.*, t. I, p. 120.

lorsqu'on a voulu expliquer comment un corps est raréfié, on a mieux aimé dire que c'était par l'augmentation de sa quantité que de se servir de l'exemple de cette *éponge* ». Autrement dit, l'image de l'éponge est *suffisante* dans une explication particulière, donc on peut l'employer pour organiser des expériences diverses. Pourquoi aller chercher plus loin ? Pourquoi ne pas penser en suivant ce thème général ? Pourquoi ne pas généraliser ce qui est clair et simple ? Expliquons donc les phénomènes compliqués avec un matériel de phénomènes 79 | simples, exactement comme on éclaire une idée complexe en la décomposant en idées simples.

Que les détails de l'image viennent à se voiler, cela ne devra pas nous amener à abandonner cette image. Nous la tenons par un aspect, cela suffit. La confiance de Descartes dans la clarté de l'image de l'éponge est très symptomatique de cette impuissance à installer le doute au niveau des détails de la connaissance objective, à développer un doute discursif qui désarticulerait toutes les liaisons du réel, tous les angles des images. Le *doute général* est plus facile que le *doute particulier.* « Et nous ne devons pas faire difficulté de croire que la raréfaction ne se fasse ainsi que je dis, bien que nous n'apercevions par aucun de nos sens le corps qui remplit [les pores d'un corps raréfié], parce qu'il n'y a point de raison qui nous oblige à croire que nous devions apercevoir par nos sens tous les corps qui sont autour de nous, et que nous voyons qu'il est très aisé de l'expliquer en cette sorte, et qu'il est impossible de la concevoir autrement ». En d'autres termes, une éponge nous montre la spongiosité. Elle nous montre comment une matière particulière « s'emplit » d'une autre matière. Cette leçon de la *plénitude hétérogène* suffit à tout expliquer. La métaphysique de l'espace chez Descartes est la *métaphysique de l'éponge.*

80 | V

En corrélation avec l'intuition d'*éponge*, on pourrait étudier la notion de *pore*, qui est pour l'explication préscientifique un leitmotiv si persistant qu'il faudrait tout un ouvrage pour en suivre toutes les ramifications. Par cette notion, particulièrement spécieuse, on arrive sans peine à concilier les contraires. Il faut qu'une porte soit ouverte ou fermée. Mais un pore est ouvert aux uns dans le même temps qu'il est fermé aux autres. Il y a des pores spécifiques pour des matières spécifiques. L'image est prête à fonctionner dans les deux sens, comme l'image de l'éponge, pour absorber ou pour filtrer. On ne s'étonnera guère qu'on ait pu mettre cette image au compte d'une propriété fondamentale de la matière. « Tous les corps de la nature, dit le Comte de Lacépède en 1782, sont remplis de pores ; la porosité est donc une propriété générale des corps »[1].

VI

Il ne serait pas difficile de multiplier des études similaires à celle que nous venons d'esquisser dans ce chapitre. On s'apercevrait assez rapidement que les connaissances objectives se concentrent souvent autour d'objets privilégiés, autour d'instruments simples qui portent le signe de l'*homo faber*. On pourrait étudier, dans cet ordre d'idées, le levier, le miroir, le tamis, la pompe... L'on constaterait l'existence de physiques particulières bien rapidement généralisées. On pourrait aussi étudier, toujours dans le même esprit, des phénomènes particuliers comme le *choc, si peu important dans la phénoménologie naturelle*, et qui joue cependant un si grand rôle dans l'explication intuitive, dans certaines cultures philosophiques. On pourrait accumuler sans fin des images simplistes qu'on ose proposer comme explicatives. Donnons quelques exemples : Franklin enregistre, en électricité, le pouvoir des pointes sous le couvert de cette rapide image « comme en arrachant les crins de la queue d'un cheval, un degré de force insuffisant pour en arracher une poignée à la fois, suffirait pour la dépouiller crin à crin, de même un corps émoussé que l'on

1. Comte de Lacépède, des Académie et Société Royale de Dijon, Toulouse, Rome, Stockholm, Hesse-Hombourg, Munich, *Physique générale et particulière*, 2 vol., Paris, 1782, t. I, p. 191.

présente ne saurait tirer plusieurs parties à la fois, mais un corps pointu, sans une plus grande force, les enlève aisément partie par partie »[1].

En 1782, Marat *explique* la machine électrique en la comparant à une pompe : « On la compare avec raison à une pompe : la roue en représente le piston, les coussins sont la source immédiate d'où la roue tire le fluide, et le conducteur isolé forme le réservoir où elle le dépose »[2]. Ainsi pas de mystère, pas de problème. On se demande comment l'extension d'une image comme celle-là pourrait servir à améliorer la technique, à *penser* l'expérience. Mettra-t-on des coussins plus gros pour avoir une source plus abondante ? Donnera-t-on à la roue un mouvement de va-et-vient pour imiter le piston ? Précisément, la science moderne se sert de l'analogie de la pompe pour *illustrer* certains caractères des générateurs électriques ; mais c'est pour tâcher d'éclaircir les idées *abstraites* de différence de potentiels, d'intensité de courant. On voit ici un vif contraste des deux mentalités : dans la mentalité scientifique, l'analogie hydraulique joue *après* la théorie. Elle joue *avant* dans la mentalité préscientifique. Si l'on nous objectait **81** une fois | de plus que Marat est un auteur scientifique de second ordre, nous répondrions que ses œuvres furent abondamment citées à la fin du XVIIIe siècle et nous retournerions l'objection en répétant que ce qui caractérise précisément la période préscientifique, c'est que les auteurs de second ordre y ont une grande influence. Ils sont des ouvriers actifs de la cité savante. Il n'en est plus de même de nos jours. Le nombre des expériences faites par Marat est prodigieux, il a fait quelque cinq mille expériences sur la lumière, dit-il. Parmi ces cinq mille expériences, pas une seule n'est retenue par la Physique. Un étudiant contemporain qui fait son diplôme dans un laboratoire de recherches sous la direction d'un maître peut espérer au contraire faire œuvre utile.

Le danger des métaphores immédiates pour la formation de l'esprit scientifique, c'est qu'elles ne sont pas toujours

1. Franklin, *loc. cit.*, p. 18.
2. Marat, *Recherches physiques sur l'électricité*, Paris, 1782, p. 112.

des images qui passent ; elles poussent à une pensée autonome ; elles tendent à se compléter, à s'achever dans le règne de l'image. Donnons un exemple de cet achèvement. Pour expliquer le Tonnerre, le P. de Lozeran du Fesc en assimile la matière à la poudre à canon. Chimiquement, il prétend retrouver dans les exhalaisons sensibles en temps d'orage l'équivalent du nitre, du charbon et du soufre dont le mélange, comme on sait, constitue la poudre. Historiquement, on peut trouver assez plausible une telle affirmation, surtout si l'on considère les idées fortement valorisées qu'on se faisait, depuis des siècles, sur les exhalaisons. Il n'y avait là, en somme, qu'une simple idée fausse, entre bien d'autres, sur la *nature chimique* de la Foudre. Mais voyons comment s'achève cette image naïve de l'explosion du Tonnerre. Pour expliquer l'inflammation de la poudre de Tonnerre, l'auteur utilise une théorie des tourbillons, infidèle d'ailleurs à la théorie cartésienne, et il conclut : « Comme il n'y a point d'air le long de l'axe de ces tournants [les tourbillons], et que leurs côtés résistent extrêmement, ce qui se prouve tant parce qu'ils soutiennent tout le poids de l'atmosphère, que par la force surprenante des colonnes de nuées qui arrachent les plus grands arbres et renversent les maisons, ils forment comme un long Canon. La matière du Tonnerre venant alors à éclater, elle doit couler pour la plus grande partie le long de ce Canon avec une extrême rapidité… »[1]. Ainsi la poudre à Canon ne suffisait pas, il fallait le Canon pour que la théorie fût complète. La dissertation du P. de Lozeran du Fesc a été | primée par l'Académie en 1726 ; **82** l'Académie qui n'avait pu discerner le prix l'année précédente se félicite d'avoir attendu un si beau mémoire.

Mais toutes ces puériles images, saisies, en quelque sorte, par leurs traits extérieurs, sont loin d'être les plus agissantes. Dans cet ordre d'idées, les obstacles les plus puissants correspondent aux intuitions de la philosophie réaliste. Ces obstacles fortement matérialisés mettent en jeu, non pas des

1. R. P. de Lozeran du Fesc, de la Compagnie de Jésus, Professeur royal de Mathématiques à l'Université de Perpignan, *Dissertation sur la cause et la nature du tonnerre et des éclairs*, Paris, 1727, p. 84.

propriétés générales, mais des qualités substantives. C'est là, dans une expérience plus sourde, plus subjective, plus intime, que réside la véritable inertie spirituelle. C'est là que nous trouverons les véritables mots obstacles. Nous remettrons donc à la fin du chapitre sur *l'obstacle substantialiste*, l'étude de quelques substances abusivement privilégiées qui nous permettront de mieux saisir l'idée de privilège épistémologique, l'idée de valorisation épistémologique. C'est aussi à la fin de ce chapitre que nous donnerons son plein développement à la psychanalyse de la connaissance objective.

LA CONNAISSANCE UNITAIRE ET PRAGMATIQUE COMME OBSTACLE À LA CONNAISSANCE SCIENTIFIQUE

I

Nous avons étudié la fonction généralisante et ses dangers à propos d'expériences ou d'intuitions aussi bien définies que possible, comme la coagulation, la fermentation, la fonction toute mécanique de l'éponge. Mais on peut saisir la séduction de généralités bien plus vastes. Alors il s'agit, non plus de pensée empirique, mais vraiment de pensée philosophique. Alors une douce léthargie immobilise l'expérience; toutes les questions s'apaisent dans une vaste *Weltanschauung*; toutes les difficultés se résolvent devant une vision générale du monde, par simple référence à un principe général de la Nature. C'est ainsi qu'au XVIIIe siècle, l'idée d'une Nature homogène, harmonique, tutélaire efface toutes les singularités, toutes les contradictions, toutes les hostilités de l'expérience. Nous allons montrer qu'une telle généralité – et des généralités connexes – sont, en fait, des obstacles à la pensée scientifique. Nous n'y consacrerons que quelques pages car la preuve est facile. En particulier, pour ne pas allonger excessivement notre ouvrage, nous renoncerons à citer les écrivains et les philosophes. Par exemple, une étude un peu fouillée pourrait montrer que l'œuvre de Bernardin de Saint-Pierre est une longue parodie de la pensée scientifique. Il y aurait aussi beaucoup à reprendre à une physique comme celle sur laquelle s'appuie la philosophie de Schelling. Mais de tels auteurs, en deçà ou au delà de la pensée scientifique, ont peu d'influence sur l'évolution de la connaissance objective.

L'aspect *littéraire* est cependant un signe important, souvent un mauvais signe, des livres préscientiflques. A une 84 harmonie | à grands traits s'associe une grandiloquence que nous devons caractériser et qui doit attirer l'attention du psychanalyste. C'est en effet la marque indéniable d'une *valorisation* abusive. Nous n'en donnerons toutefois que quelques exemples, car les pages qu'elle touche sont parmi les plus ennuyeuses et les plus inutiles que les « Physiciens » aient écrites.

Dans un livre écrit sous forme de *lettres familières*, un auteur inconnu commence en ces termes son *Planétaire ou abrégé de l'histoire du Ciel* : « Est-ce prendre un vol trop hardi que d'oser s'élever jusqu'au plafond céleste ? Et m'accusera-t-on de témérité, de vouloir entreprendre l'examen de ces flambeaux qui paraissent attachés à la voûte du firmament ? ». Le même auteur, dans sa 29e lettre, aborde ainsi l'étude de la Lumière: « Quelle sublimité dans les paroles dont Moyse s'est servi pour nous transmettre la volonté de Dieu : *Fiat lux, et facta est*, nul intervalle entre la pensée et l'action... Cette Expression est si merveilleuse, et si divine, qu'elle élève l'âme autant qu'elle la saisit de respect et d'admiration... C'est de ce fluide si précieux, de cet Astre lumineux, de cet élément qui éclaire l'univers, de la lumière enfin, qu'il faut traiter, en chercher les causes, et en démontrer les effets ».

Même admiration religieuse dans le Discours de 105 pages qui sert d'introduction à la *Physique générale et particulière* du Comte de Lacépède. « Nous avons considéré la lumière, cet être qui chaque jour paraît produire de nouveau l'univers à nos yeux, et nous retrace l'image de la création »[1]. On peut d'ailleurs saisir ce qu'il y a de peu objectif dans cette

1. De Lacépède, *loc. cit.*, p. 12.

admiration. En effet, si l'on écartait les *valeurs* inconscientes qui viennent chaque matin réconforter le cœur de l'homme abîmé dans la nuit, on trouverait bien pauvre, bien peu suggestive, cette « image de la création » qu'offre une aurore radieuse. Après un effort d'analyse, le Comte de Lacépède nous promet une synthèse émouvante. « Nous avons assez examiné séparément les diverses parties qui forment le squelette de la nature; réunissons ces parties, revêtons-les de leur brillante parure, et composons-en ce corps immense, animé, parfait, qui constitue proprement cette nature puissante. Quel spectacle magnifique s'étale à nos yeux! Nous voyons l'univers se déployer et s'étendre; une foule innombrable de globes lumineux par eux-mêmes y rayonnent avec splendeur... »[1]. Quand une admiration similaire anime une plume vraiment littéraire, on en reçoit tout de même une confidence à la fois plus intime et plus discrète. Alors c'est moins le *spectacle admirable* | que *l'homme admirant* qu'on admire et qu'on **85** aime. Au seuil d'une étude psychologique, avant que s'engage le roman, avant la confidence du cœur, il se peut qu'un paysage prépare un état d'âme, serve à établir un lien symbolique de l'œuvre au lecteur. Au seuil d'une Physique, de tels élans admiratifs, s'ils étaient efficaces, ne pourraient que préparer des valorisations nuisibles. Toutes ces parades littéraires ne peuvent conduire qu'à des désillusions.

Sans doute, tout auteur est animé par le désir de valoriser le sujet qu'il a choisi. Il veut montrer, dès sa préface, *qu'il tient un sujet*. Mais les procédés de valorisation actuelle, pour répréhensibles qu'ils soient, sont plus discrets; ils sont reliés étroitement au contenu de l'ouvrage. On n'oserait plus dire, comme C. de la Chambre, que le sujet traité *La Lumière* va trouver son application dans la lumière de l'esprit, celle de l'honneur, du mérite, de la vertu. On écarterait des arguments comme ceux-ci : « La lumière anime et réjouit toute la Nature, et où elle n'est pas, il n'y a point de joie, de force, ni de vie, ce n'est qu'horreur, que faiblesse, que néant. La lumière est donc

1. *Ibid.*, p. 17.

la seule de toutes les créatures sensibles qui est la plus semblable et la plus conforme à la Divinité »[1].

Ce besoin d'*élever* les sujets est en rapport avec un idéal de *perfection* accordé aux phénomènes. Nos remarques sont donc moins superficielles qu'elles ne le paraissent, car la perfection va servir d'indice et de preuve pour l'étude des phénomènes physiques. Par exemple, pour trouver l'essence de la lumière, C. de la Chambre pose la question suivante (p. 99) : « Voyons donc si nous pourrons découvrir une chose qui éblouit l'esprit autant que les yeux ». Ainsi, il s'agit de placer la lumière sur une *échelle de perfection* qui va de la matière à Dieu, de l'ouvrage à l'ouvrier. Parfois, il est bien sensible que la *valeur* trouble la table de présence : ainsi notre auteur se refuse à établir un rapport quelconque entre les bois pourris qui brillent (par phosphorescence) et les « substances si pures et si nobles comme sont les Étoiles ». Par contre, C. de la Chambre parle « des anges… dont l'extension a tant de rapport avec celle de la Lumière » (p. 301). « L'idée de perfection sera souvent assez puissante pour contredire des intuitions familières et pour former obstacle à des recherches utiles » (p. 230). « Si nous suivions les opinions communes, il nous faudrait ajouter ici que la Lumière s'affaiblit d'elle-même en s'éloignant du corps 86 lumineux ; | qu'à l'exemple de toutes les autres qualités, elle perd peu à peu sa vertu dans les progrès qu'elle fait ; et que c'est là la véritable raison pour laquelle elle s'affaiblit et que même à la fin elle devient insensible. Mais, quoi qu'il en soit des autres qualités, nous tenons pour certain que la Lumière est d'une nature et d'un ordre si relevé au-dessus d'elles, qu'elle n'est sujette à aucune de leurs infirmités… [son] affaiblissement n'est qu'extérieur, et ne va pas jusqu'à l'essence et à la vertu intérieure de la Lumière ». On voit ici bien, clairement l'influence stérilisante d'une valorisation irrégulière. Un fait physique aussi net que la décroissance de l'éclairement en raison inverse du carré des distances à la source lumineuse est obscurci pour des raisons qui n'ont rien à voir avec la pensée

1. Cureau de la Chambre, Conseiller du Roi en ses conseils et son 1er médecin ordinaire. *La lumière*, Paris, 1882, Avant-Propos, III.

objective. On voit aussi que la *perfection* des phénomènes physiques est, pour l'esprit préscientifique, un principe fondamental de l'explication. Bien entendu, on rattache souvent le principe de cette perfection à l'acte créateur. « Nous pouvons conclure que cette première et toute puissante Parole qui créa [la lumière] à la naissance du monde, fait encore à tous moments le même effet, et tire du néant cette Forme admirable pour l'introduire dans les corps qui sont disposés à la recevoir »[1].

Certaines doctrines sont tout entières solidaires d'une voie de perfection. Ainsi Mme Hélène Metzger a montré d'une manière lumineuse que l'Alchimie n'est concevable que si l'évolution des substances n'a lieu que dans un sens, dans le sens d'un achèvement, d'une purification, de la conquête d'une *valeur*[2].

Dans toutes ces œuvres, l'idée de perfection n'est donc pas une valeur qui vient s'ajouter, après coup, comme une considération philosophique élevée, à des conclusions tirées de l'expérience, elle est à la base de la pensée empirique, elle la dirige et elle la résume.

II

Pour l'esprit préscientifique, l'unité est un principe toujours désiré, toujours réalisé à bon marché. Il n'y faut qu'une majuscule. Les diverses activités naturelles deviennent ainsi des manifestations variées d'une seule et même Nature. On ne peut concevoir que l'expérience se contredise ou même qu'elle se compartimente. Ce qui est vrai du grand doit être vrai du petit et vice-versa. A | la moindre dualité, on soupçonne **87** une erreur. Ce besoin d'unité pose une foule de faux problèmes. Par exemple, de Marivetz et Goussier s'inquiètent d'une dualité toute mécanique qu'on pourrait soupçonner à la

1. *Ibid.*, p. 105.
2. Hélène Metzger, *Les Concepts scientifiques*, p. 97-118.

base de leur cosmogonie. Comme ils réalisent en Dieu le premier mouvement de l'Univers, une objection se présente à leur esprit : l'impulsion première ne viendrait-elle pas s'ajouter, comme une sorte de création dynamique, au-dessus d'une création matérielle, de sorte qu'on aurait une création en deux temps : les choses d'abord, le mouvement ensuite, dualité qui, sans doute, est, à leurs yeux, une énormité. Ils prennent alors la peine de répondre « qu'ils n'ont point supposé que cet Ouvrier ait été obligé de frapper physiquement et mécaniquement ce ressort, c'est-à-dire le Soleil, par un choc imprimé, ou au centre de la masse, ou à tout autre point de cette masse, ou au centre et à tout autre point à la fois. Ils ont écrit, *Dieu dit à ces corps de tourner sur leurs centres.* Or il n'y a ici rien d'inconcevable. Ils déduisent de cet ordre, dont l'exécution devient la loi unique de la Nature, tous les phénomènes des mouvements célestes ». L'unité a été bien vite réalisée, la dualité bien vite subtilisée ! Ce qui était inconcevable mécaniquement, par une action physique, devient ainsi concevable quand on le rattache à une action divine. Qui ne voit que la *concevabitité* a changé de domaine ? Un esprit moderne a rompu avec ce mythe de *l'unité du concevable.* En particulier, il pense le problème théologique sur un plan différent du problème cosmologique.

On pourrait d'ailleurs écrire tout un livre en étudiant les œuvres, encore nombreuses au XVIIIe siècle, où la Physique est associée à une Théologie, où la Genèse est considérée comme une Cosmogonie scientifique, où l'Histoire du Ciel est considérée « selon les idées des Poètes, des Philosophes et de Moïse ». Des livres comme celui de l'abbé Pluche, qui travaille sous cette inspiration, sont, au XVIIIe siècle, entre toutes les mains. Ils connaissent des rééditions jusqu'à la fin du siècle.

Sans nous étendre sur l'imprudence de telles pensées, essayons, d'un mot, de caractériser l'état d'âme de leurs auteurs. Ils ont à peine avancé une de ces hypothèses d'unification grandiose qu'ils font acte d'humilité intellectuelle, rappelant que les desseins de Dieu sont cachés. Mais cette humilité, qui s'exprime d'une manière si diserte et si tardive, voile mal une immodestie primitive. On retrouve toujours un orgueil à la base d'un savoir qui s'affirme général en dépassant l'expérience, en sortant du domaine d'expériences où il pourrait subir la contradiction.

| III

88

Mais revenons à des principes d'harmonie, en apparence plus près du monde objectif. Les historiens de la Chimie ont longuement étudié les théories qui, au moyen âge et à la Renaissance, ont été fondées sur de vastes analogies. En particulier Mme Metzger a réuni, dans des livres pleins de documents, tout ce qui a égard aux analogies paracelsistes. Elle a montré qu'on posait une analogie entre les astres et les métaux, entre les métaux et les parties du corps. D'où une sorte de triangle universel qui unit le Ciel, la Terre et l'Homme. Sur ce triangle jouent des « correspondances » ultra-baudelairiennes où les rêveries préscientifiques se transposent sans fin. Cette trilogie est si convaincante qu'on ose s'y fier pour le traitement des maladies[1]. « Pour chaque maladie de l'homme, chaque désharmonie accidentelle d'un organe, le remède approprié se trouve être le métal en rapport avec la planète analogue à l'organe souffrant ». Est-il besoin d'ajouter que ces *analogies* ne favorisent aucune recherche? Au contraire elles entraînent à des *fuites* de pensée; elle empêche cette *curiosité homogène* qui donne la patience de suivre un ordre de faits bien défini. A tout moment les preuves sont *transposées*. On croyait faire de la Chimie dans le creux d'un flacon; c'est le foie qui répond. On croyait ausculter un malade; c'est la conjonction d'un astre qui influe sur le diagnostic.

Il est facile de trouver des exemples où la croyance à cette unité harmonique du Monde conduit à poser une *surdétermination* bien caractéristique de la mentalité préscientifique. L'Astrologie est un cas particulier de cette surdétermination.

1. Hélène Metzger, *Les Doctrines chimiques…*, *loc. cit.*, p. 104.

Fayol écrit en 1672 dans l'*Harmonie Céleste* : « Sans déroger à la sainte Providence, on dit que les changements des Royaumes et des Religions ne viennent que du changement des Planètes d'un lieu dans un autre, et que leur excentricité est la roue de fortune qui établit, augmente, ou diminue les États selon l'endroit du monde où elle commence ou finit… De sorte que par un calcul du mouvement du petit cercle qui emporte le centre de l'excentrique à l'entour de la circonférence, l'on pourrait connaître le temps précis de la ruine des Monarchies présentes »[1]. La surdétermination de l'Astrologie est telle que certains auteurs vont jusqu'à se servir d'une véritable réciproque pour inférer, en | partant de données humaines, des renseignements sur les corps célestes. Et il ne s'agit pas alors de *signes*, comme on le croit trop souvent quand on parle maintenant d'Astrologie; il s'agit d'*action réelle*, d'*action matérielle*. Claude Comiers[2] rappelle que Bodin, au second livre de son *Théâtre de la Nature*, prétend que « les Comètes sont les âmes des Grands et Saints Personnages, lesquelles quittent la Terre, montent en triomphe dans le Firmament, d'où s'ensuit que les Peuples abandonnés de ces belles âmes, qui apaisaient la colère de Dieu, souffrent la famine, sont affligés par les maladies contagieuses, et ressentent les malheurs des guerres civiles ».

89

On pourrait donner des milliers d'exemples où intervient, comme pensée dirigeante, une incroyable surdétermination. Cette tendance est si nette qu'on pourrait dire : toute pensée non-scientifique est une pensée surdéterminée. Donnons un seul exemple. « Le chat se sent de Saturne et de la Lune, il aime si fort l'herbe valériane que lorsqu'elle est cueillie sous la conjonction de ces deux Astres, elle assemble tous les chats à l'endroit où elle est. Il y a des gens qui soutiennent que cet animal est venimeux, et que son venin est au poil et à la tête : mais je ne le crois qu'à la tête, parce que ses esprits animaux qui croissent en pleine Lune, et diminuent en nouvelle,

1. Jean-Baptiste Fayol, Prieur commendataire de Notre-Dame de Donges, *L'harmonie céleste*, Paris, 1672, p. 81, 82.

2. Comiers, *loc. cit.*, p. 31.

offensent en pleine Lune seulement, en sortant de ses yeux pour communiquer leur venin. Trois gouttes de sang d'un chat mâle, tiré d'une petite veine qui est sous la queue, sont bonnes contre le mal caduc, sa chair ouvre les hémorroïdes et purge le sang mélancolique, son foie cuit et bu dans du vin avant l'accès est utile à la fièvre quarte et à la goutte, la graisse d'un chat châtré ramollit, échauffe et dissipe les humeurs de la goutte, sa peau est fort bonne sur l'estomac, sur les articles, et sur les jointures, elle échauffe les parties affaiblies par les humeurs froides, son excrément fait croître les cheveux. Celui qui porte l'herbe valériane sur soi peut emporter tel chat qu'il voudra sans appréhension. Cet animal se guérit les yeux par l'usage de la valériane »[1]. Nous avons rapporté cette longue et ridicule page dans la seule vue de montrer avec quel laisser-aller l'on juxtapose les propriétés les plus hétéroclites, l'une déterminant l'autre. Alors tout est cause de tout. On nous accusera sans doute de triompher bien facilement en étalant une telle vésanie. En fait, toutes les fois que nous avons cité des pages comme celle-là à des médecins, à des historiens de la science, on nous a répondu, avec | quelque mauvaise humeur, que de **90** telles pages n'entachaient nullement des doctrines purement cliniques et que tel grand médecin des siècles passés était évidemment libéré de semblables préjugés. Mais la médecine, répondions-nous, est-elle pratiquée par les « grands médecins » ? Et si l'on veut juger des difficultés de la *formation* de l'esprit scientifique, ne doit-on pas scruter d'abord les esprits troubles en essayant de dessiner les limites de l'erreur et de la vérité ? Or il nous semble très caractéristique qu'à l'époque préscientifique la surdétermination vienne masquer la détermination. Alors le vague en impose au précis.

Nous allons d'ailleurs plus loin, et nous croyons que c'est la surdétermination qui a enseigné une détermination purement et simplement affirmée, sans qu'on se soit référé à des expériences. Ainsi, la détermination quantitative, si importante dans certaines philosophies, par exemple dans la

1. Fayol, *loc. cit.*, p. 282.

philosophie leibnizienne, est-elle mieux fondée que la détermination qualitative dont nous venons de voir les vagues articulations ? On nous répète qu'en soulevant un doigt, nous dérangeons le centre de gravité de la Terre, et que cette faible action détermine une réaction aux antipodes. Comme si le centre de gravité de la Terre, quand on la considère justement comme l'ensemble des atomes tout vibrants qui la constituent, était autre chose qu'un point statistique ! L'esprit philosophique est ainsi le jouet de l'absolu de la quantité comme l'esprit préscientifique est le jouet de l'absolu de la qualité. En fait, la science contemporaine s'instruit sur des *systèmes isolés*, sur des *unités parcellaires*. Elle sait maintenir des systèmes isolés. En ce qui concerne les principes épistémologiques, la science contemporaine affirme que les quantités négligeables doivent être négligées. Il ne suffit pas de dire qu'elles *peuvent* être négligées. On coupe donc court à des déterminations purement plausibles, jamais prouvées. Enfin, la science quantique nous familiarise avec la notion de *seuil quantitatif*. Il y a des énergies insuffisantes pour franchir un seuil. Ces énergies ne peuvent perturber des phénomènes bien définis, bien isolés. On voit donc que la doctrine de la détermination doit être révisée et que la solidarité quantitative de l'Univers n'est pas un caractère dont on puisse arguer sans précaution.

IV

Un des obstacles épistémologiques en rapport avec l'unité et la puissance attribuées à la Nature, c'est le *coefficient de réalité* que l'esprit préscientifique attribue à tout ce qui est
91 *naturel*. | Il y a là une valorisation indiscutée, sans cesse invoquée dans la vie courante et qui, finalement, est une cause de trouble pour l'expérience et la pensée scientifique.

Ainsi Réaumur attribue aux liquides *naturels* une aptitude particulière à résister au froid. « Nous ne sommes pas surpris que les liqueurs inflammables, telles que l'esprit de Vin, et peut-être ne le devons-nous pas être encore, que les puissants esprits acides, que les eaux mêmes chargées de beaucoup de sels conservent leur liquidité contre les froids excessifs. Mais la Nature sait composer des liqueurs qui ne sont nullement inflammables, qui n'ont pas d'acidité sensible pour nous, qui cependant sont en état de résister à de très grands froids. Je veux parler de l'espèce de sang qui circule dans des insectes de tant d'espèces; par sa couleur, par son goût, nos sens grossiers le jureraient de l'eau, ou du moins une liqueur extrêmement aqueuse »[1]. Certaines chenilles cependant ont résisté aux plus grands froids; à moins 17 degrés Réaumur, elles restaient souples. « Le sang et les principales liqueurs qui se trouvent dans le corps de ces insectes, tout aqueuses qu'elles semblent, sont donc d'une nature à soutenir un froid excessif sans se geler ». On sent assez nettement que Réaumur préjuge de l'expérience et que son intuition animiste le prépare mal à étudier *in vitro*, comme il y a lieu de le faire, les phénomènes de la congélation des solutions salines.

V

L'utilité donne elle-même une sorte d'induction très spéciale qu'on pourrait appeler l'induction utilitaire. Elle conduit à des généralisations exagérées. On peut partir alors d'un fait avéré, on peut même en trouver une extension heureuse. Mais la poussée utilitaire conduira presque infailliblement trop loin. Tout pragmatisme, par le seul fait qu'il est une pensée mutilée, s'exagère fatalement. L'homme ne sait pas limiter l'utile. L'utile, par sa valorisation, se capitalise sans mesure. Voici un exemple où l'induction utilitaire joue malheureusement.

Pour Réaumur, les chrysalides de chenille « transpirent ». C'est cette communication avec l'extérieur qui maintient la vie sourde de la chrysalide et la fait évoluer. Il suffit de

1. *Mémoires de l'Académie des Sciences*, 1734, p. 186.

recouvrir une chrysalide de vernis pour que le développement
92 en soit ralenti ou | arrêté. Or les œufs, pense Réaumur par une induction hardie, sont des « espèces de chrysalides ». Il propose donc de garnir de suif ou de vernis les œufs à conserver. Toutes les ménagères emploient de nos jours ce bon procédé fondé sur une généralisation douteuse. Mais l'induction utilitaire va-t-elle s'arrêter là ? Va-t-elle se borner à ce premier succès ? L'historien de l'Académie ose aller plus loin. Peut-être a-t-on le droit de conclure « que les hommes pourraient aussi se conserver plus longtemps, en s'induisant de quelques espèces de vernis qui leur convinssent, comme faisaient autrefois les Athlètes, comme font aujourd'hui les sauvages, quoique peut-être dans d'autres intentions »[1]. Ce n'est pas là une idée isolée. Bacon regardait déjà la diminution de la transpiration comme un moyen de prolonger la vie. En 1778, le Dr Berthollet n'hésite pas à écrire : « Je crois que si l'on supprimait la transpiration pendant les premiers temps de la vie (chez les jeunes enfants), les couloirs de l'urine s'agrandiraient, et les humeurs y établiraient pour toujours un cours plus abondant »[2].

Dans tous les phénomènes, on cherche l'utilité tout humaine, non seulement pour l'avantage positif qu'elle peut procurer, mais comme principe d'explication. Trouver une utilité, c'est trouver une raison. Pour convaincre de l'action médicatrice de l'aimant, van Swinden, pourtant très prudemment attaché à l'expérience, écrit : « Je demande encore à tout Physicien sincère, s'il est intérieurement convaincu que cette Force magnétique, si universelle, si variée, si étonnante, et si admirable, a été produite par le Créateur uniquement pour diriger les Aiguilles aimantées, qui cependant ont été si longtemps inconnues au Genre humain… »[3].

Les phénomènes les plus hostiles à l'homme font souvent l'objet d'une valorisation dont le caractère antithétique devrait retenir l'attention du Psychanalyste. Ainsi, pour l'abbé

1. *Mémoires de l'Académie des Sciences*, 1736, p. 19.
2. *Observations sur l'air*, Paris, 1778, p. 31.
3. Van Swinden, *loc. cit.*, II, p. 194.

Bertholon, le tonnerre porte « en même temps l'effroi dans les âmes les plus intrépides et la fertilité dans les terres les plus ingrates »[1]. C'est le tonnerre aussi qui répand « ce feu producteur, qui est regardé, avec raison, comme un cinquième élément ». « Il en est de même de la grêle, qui rend aussi les terres très fertiles; on a remarqué généralement qu'après sa chute tout reverdit, et que le blé surtout, semé après la grêle, donne une récolte infiniment plus abondante que dans les années pendant lesquelles elle n'est | pas tombée ». Il n'est pas **93** jusqu'aux tremblements de terre qui n'agissent favorablement sur les récoltes.

C'est à tous les détails d'un phénomène qu'on cherche à attribuer une utilité caractéristique. Si une utilité ne caractérise pas un trait particulier, il semble que ce caractère ne soit pas expliqué. Pour le rationalisme pragmatique, un caractère sans utilité est un irrationnel. Ainsi Voltaire voit bien clairement l'utilité du mouvement annuel de la Terre et de son mouvement diurne. Il n'y a que la période « de 25.920 années » correspondant au phénomène de la précession des équinoxes à laquelle il ne « découvre aucun usage sensible ». Il s'efforce de faire admettre cette *inutilité*, preuve que, pour l'esprit de son siècle, la justification par l'utile était la justification la plus naturelle. Malgré un léger scepticisme, on sent que pour Voltaire, le Ciel est utile à la Terre. « Loin que les comètes soient dangereuses..., elles sont, selon [Newton] de nouveaux bienfaits du Créateur... [Newton] soupçonne que les vapeurs qui sortent d'elles sont attirées dans les orbites des planètes, et servent à renouveler l'humidité de ces globes terrestres qui diminue toujours. Il pense encore que la partie la plus élastique et la plus subtile de l'air que nous respirons nous vient des comètes... Il me semble que c'est deviner en sage, et que si c'est se tromper, c'est se tromper en grand homme »[2].

Flourens a dénoncé chez Buffon cette référence systématique à l'utilité : « [Buffon] ne veut plus juger des objets que par les rapports d'*utilité* ou de *familiarité* qu'ils ont avec nous;

1. Abbé Bertholon, *De l'électricité des végétaux*, Paris, 1783, p. 27, 46, 61.
2. Voltaire, *Physique*, dans *Œuvres complètes*, Paris, 1828, t. 41, p. 381.

et sa grande raison pour cela, c'est qu'il nous est plus facile, plus agréable et plus utile de considérer les choses par rapport à nous que sous aucun autre point de vue »[1]. On voit du reste que l'examen empirique pratiqué suivant les conseils de Buffon, en partant du point de vue familier et utilitaire, risque d'être offusqué par un *intérêt* qui n'est pas spécifiquement intellectuel. Une psychanalyse de la connaissance objective doit rompre avec les considérations pragmatiques.

Des systèmes entiers sont fondés sur les considérations utilitaires. Seule l'utilité est claire. Seule l'utilité explique. Les œuvres de Robinet sont très caractéristiques à cet égard. « Je ne crains point d'avancer ici que, s'il y avait une seule inutilité réelle dans la Nature, il serait plus probable que le hasard eût présidé à sa formation, qu'il ne le serait qu'elle eût pour auteur une intelligence. Car il est plus singulier qu'une intelligence **94** infinie | agisse sans dessein, qu'il ne serait étonnant qu'un principe aveugle se conformât à l'ordre par pur accident »[2]. Ainsi le vrai doit se doubler de l'utile. Le vrai sans fonction est un vrai mutilé. Et lorsqu'on a décelé l'utilité, on a trouvé la fonction réelle du vrai. Ces vues utilitaires sont cependant des aberrations. On a si souvent montré les dangers des explications finalistes que nous n'avons pas à souligner davantage l'importance de cet obstacle à une culture vraiment objective. Nous avons cru simplement devoir faire remarquer que cet obstacle était, au XVIIIe siècle, particulièrement dangereux, car l'exploitation littéraire et philosophique de la science était encore à cette époque très facile et les excès de Bernardin de Saint-Pierre ne font qu'exagérer une tendance dont nous avons vu la force chez les écrivains scientifiques secondaires.

1. Flourens, *Histoire des travaux et des idées de Buffon*, p. 15.
2. J.-B. Robinet, *De la nature*, 3e éd., 4 vol., Amsterdam, 1788, t. I, p. 18.

VI

Le besoin de généraliser à l'extrême, par un seul concept parfois, pousse à des idées synthétiques qui ne sont pas près de perdre leur pouvoir de séduction. Néanmoins, de nos jours, une certaine prudence retient l'esprit scientifique. Il n'y a plus guère que des philosophes pour chercher, sinon la pierre philosophale, du moins l'idée philosophale qui expliquerait le monde. Pour l'esprit préscientifique, la séduction de l'unité d'explication par un seul caractère est toute-puissante. Donnons des exemples. En 1786, paraît le livre du Comte de Tressan, livre, à vrai dire, écrit en 1747. Ce livre prétend expliquer tous les phénomènes de l'Univers par l'action du fluide électrique. En particulier, pour de Tressan, la loi de gravitation est une loi d'équilibre électrique. Mieux, tout équilibre est d'essence électrique. La propriété essentielle du fluide électrique, à laquelle les deux gros tomes se réfèrent sans cesse, « c'est de tendre toujours à l'équilibre avec lui-même ». Dès lors, où il y a équilibre, il y a présence électrique. C'est là le seul théorème, d'une déconcertante inanité, d'où l'on tirera les conclusions les plus invraisemblables. Puisque la Terre tourne autour du Soleil sans s'en rapprocher, c'est qu'il y a équilibre entre l'électricité des deux astres. D'une manière plus précise, les végétaux marqueront l'équilibre de l'électricité qui irradie du sol et de l'électricité des rayons solaires: « Tous les corps possibles qui touchent | à la terre, **95** ainsi que ceux qui y sont implantés, sont autant de conducteurs qui reçoivent et qui transmettent l'Électricité terrestre en rapport de la force jaillissante qu'elle peut avoir alors, selon l'obliquité ou la verticalité des rayons solaires »[1].

Un autre auteur, le Chevalier de La Perrière, occupe un livre de 604 pages à une synthèse aussi accueillante : « L'empire de l'Électricité est si étendu qu'il n'a de bornes

1. Comte de Tressan, un des quarante de l'Académie française, membre des Académiés royales des Sciences de Paris, Londres, Edimbourg, Berlin, Nancy, Rouen, Caen, Montpellier, etc., *Essai sur le fluide électrique considéré comme agent universel*, 2 vol., Paris, 1786, p. 181.

et de limites que celles de l'Univers qu'il embrasse; la suspension et le cours des Planètes; les éruptions des foudres célestes, terrestres et militaires; les météores; les Phosphores naturels et artificiels; les sensations corporelles; l'ascension des liqueurs dans les tuyaux capillaires; les réfractions, les antipathies, sympathies, goûts et répugnances naturelles; la guérison musicale de la piqûre de la tarentule et des maladies mélancoliques, le vampirisme, ou succion que les personnes qui couchent ensemble exercent réciproquement les unes sur les autres, sont de son ressort et de sa dépendance, comme les mécanismes électriques que nous en donnons le justifient »[1].

Est-il besoin de dire que le livre du Chevalier de La Perrière et celui du Comte de Tressan ne tiennent pas leurs promesses ? On trouverait, au XVIIIe siècle, d'innombrables exemples de ces livres qui promettent un système et qui ne donnent qu'un *amas* de faits mal liés, donc mal vus. Ces œuvres sont aussi inutiles du point de vue philosophique que du point de vue scientifique. Elles ne vont pas au fond d'une grande intuition métaphysique comme les œuvres de Schelling ou de Schopenhauer. Elles n'accumulent pas les documents empiriques comme le font les œuvres des chimistes et des botanistes de l'époque. Finalement, elles encombrent la culture scientifique. Le XIXe siècle, au contraire, a vu presque complètement disparaître ces *lettres* familières et prétentieuses de maîtres improvisés. Le plan de culture scientifique en est singulièrement éclairci. Les livres élémentaires ne sont plus des livres faux. Cette mise en ordre ne doit pas nous faire oublier la confusion qui régnait durant l'ère préscientifique. C'est en prenant conscience de cette révolution de la cité savante qu'on peut comprendre vraiment la puissance de *formation psychologique* de la pensée scientifique et qu'on appréciera la distance de l'empirisme passif et enregistré à l'empirisme actif et pensé.

1. J.-C.-F. de La Perrière, Chevalier, Seigneur de Roiffé, *Mécanismes de l'électricité et de l'Univers*, Paris, 1765, 2 vol., Préface, p. x.

L'OBSTACLE SUBSTANTIALISTE

I

L'obstacle substantialiste, comme tous les obstacles épistémologiques, est polymorphe. Il est fait de l'assemblage des intuitions les plus dispersées et même les plus opposées. Par une tendance quasi naturelle, l'esprit préscientifique bloque sur un objet toutes les connaissances où cet objet a un rôle, sans s'occuper de la hiérarchie des rôles empiriques. Il unit directement à la substance les qualités diverses, aussi bien une qualité superficielle qu'une qualité profonde, aussi bien une qualité manifeste qu'une qualité occulte. On pourrait cependant distinguer un substantialisme de l'occulte, un substantialisme de l'intime, un substantialisme de la qualité évidente. Mais, encore une fois, de telles distinctions conduiraient à oublier le caractère vague et infiniment tolérant de la substantialisation; elles conduiraient à négliger ce mouvement épistémologique qui va alternativement de l'intérieur à l'extérieur des substances, en se prévalant de l'expérience extérieure évidente, mais en fuyant la critique dans les profondeurs de l'intimité.

Pour ce qui est d'une explication par les qualités occultes, on répète que, depuis Molière, on en connaissait le caractère à la fois pédant et décevant. Cependant, d'une manière plus ou moins dissimulée sous les artifices du langage, c'est là un type d'explication qui menace toujours la culture. Il semble qu'il suffirait d'un mot grec pour que la vertu dormitive de l'opium qui fait dormir cesse d'être un pléonasme. Le rapprochement de deux étymologies de génies différents produit un mouvement psychique qui peut passer pour l'acquisition d'une connaissance. Toute désignation d'un phénomène connu par 98 un nom savant | apporte une satisfaction à une pensée paresseuse. Certains diagnostics médicaux, certaines finesses psychologiques jouant avec des synonymes donneraient facilement des exemples de ces satisfactions verbales. Des finesses non coordonnées ou simplement solidaires de nuances de langage ne peuvent prétendre à déterminer une structure psychologique. A fortiori, quand ces finesses visent l'expérience, quand elles touchent des détails empiriques, leur liaison à une substance, ou à un substantif, ne peut déterminer une pensée scientifique.

II

Ce qui est occulte est enfermé. En analysant la référence à l'occulte, il est possible de caractériser ce que nous appellerons le *mythe de l'intérieur*, puis le *mythe plus profond de l'intime.*

Il serait naturellement facile de montrer que la psychologie littéraire repose sur ces mythes : il suffit de parler avec *gravité* et lenteur d'un sentiment *profond* pour passer pour un psychologue profond de la vie intime. On peut se demander si la psychologie traditionnelle des sentiments serait possible si on lui interdisait l'emploi du seul mot *profond* qu'elle accole partout et qui ne correspond, après tout, qu'à une pauvre image. En fait, l'impression de *profondeur* reste une impression *superficielle* : cela est si vrai qu'elle s'attache surtout à des sentiments naïfs, mal travaillés, livrés aux monotones impulsions de la nature.

Pour nous, dont la tâche n'est pas d'étudier présentement la psychologie du moi, mais bien de suivre les errements de la pensée qui cherche l'objet, nous devons saisir la rêverie sur la pente de *l'intimité attribuée aux objets.* Le but est différent, mais les processus sont homologues : le psychologue de l'intimité et le réaliste naïf obéissent à la même séduction. L'homologie est si nette qu'on pourrait *croiser* les caractères : le réalisme est essentiellement une référence à une intimité et la psychologie de l'intimité une référence à une réalité.

Pour fonder cette affirmation, nous n'avons besoin que de rappeler diverses intuitions valorisées : toute enveloppe paraît moins précieuse, moins substantielle que la matière enveloppée – l'écorce, si indispensable fonctionnellement, est prisée comme une simple protection du bois. Ces enveloppes passent pour nécessaires, même dans la nature inanimée. Paracelse disait qu'en toute chose le noyau ne peut être sans écailles, et l'écaille sans écorce. L'idée substantialiste est souvent illustrée par une simple |contenance. Il faut que **99** quelque chose *enferme*, que la qualité profonde soit *enfermée*. Ainsi Nicolas de Locques, « médecin spargyrique de Sa Majesté » affirme, en 1665, le besoin d'une Froideur pour combattre la violence de la Chaleur : « cette Froideur volatile se jette en la superficie pour empêcher la dissipation de la chaleur et lui servir de vase » [1]. Ainsi la qualité *chaleur* est bien gardée au sein de la substance par une enveloppe de froid, bien gardée par son contraire. Cette valorisation intuitive de l'intérieur conduit à des affirmations curieuses. Pour Zimmermann (*Encyclopédie*, Art. Caillou), « les cailloux sont toujours plus durs et plus transparents vers le milieu ou centre », vers ce qu'il appelle le grain intérieur, qu'à l'enveloppe. En analysant de telles intuitions, on se rendra vite compte que, pour l'esprit préscientifique, *la substance a un intérieur*; mieux, la substance *est* un intérieur.

1. Nicolas de Locques, Médecin spargyrique de Sa Majesté, *Les Rudiments de la philosophie naturelle touchant le système du corps mixte*. Cours théorique, 1er tome. Cours pratique, 2e tome, Paris, 1665, t. II, p. 19.

Aussi la mentalité alchimique a été souvent dominée par la tâche d'ouvrir les substances, sous une forme beaucoup moins métaphorique que celle du psychologue, cet alchimiste moderne, qui prétend nous ouvrir son cœur. Jean Le Pelletier dit que les mercures des métaux sont trop bien fermés, que les soufres sont « renfermés trop étroitement pour être ouverts et développés par l'Archée de notre estomac » [1]. On est toujours à la recherche d'une « clé » pour ouvrir les substances. Un lecteur moderne a trop tendance à prendre le mot *clé* au figuré comme le simple moyen de comprendre un grimoire secret. En fait, chez bien des auteurs, la clé est une matière qui ouvre une substance. Il n'est pas jusqu'à la signification psychanalytique de la clé qui n'apparaisse alors intuitivement agissante. Ainsi pour ouvrir une substance un auteur propose de la frapper avec une verge de feu.

L'idée de *retourner* les substances est aussi symptomatique. Joachim Poleman se demande pourquoi il n'y a « que la seule huile qui ait le pouvoir de dissoudre doucement et naturellement le soufre, et de renverser son dedans en dehors… » [2]. Poleman affirme encore (p. 62) que « le double corrosif a entièrement renversé le cuivre, et tourné son dedans au dehors, et l'a rendu propre, non seulement à laisser aller son
100 âme, mais encore… | par la vertu de ce corrosif, l'âme douce du cuivre est devenue luisante, comme par un milieu ressuscitatif et vivifiant ». Comment mieux dire que l'âme du cuivre, que la substance précieuse du cuivre est à son intérieur ! Il faut donc trouver le moyen « d'ôter peu à peu et comme insensiblement ce corrosif du cuivre, afin que [le cuivre] puisse demeurer dans son renversement et sa douceur, aussi bien que dans sa propriété lumineuse et luisante ». Ainsi la notation psychologique : *on le retourne comme un gant* est fortement ancrée dans l'inconscient. Elle a donné lieu, on le

1. Jean Le Pelletier, *L'Alkalest ou le dissolvant universel de Van Helmont. Révélé dans plusieurs traités qui en découvrent le secret*, 2 vol., Rouen, 1704, t. II, p. 89.

2. Joachim Poleman, *Nouvelle lumière de Médecine du mistère du souffre des philosophes*, trad. du latin, Rouen, 1721, p. 5.

voit, à une fausse conception de la substance. Il est à penser que ce n'est pas le *gant* qui a donné la leçon initiale. La clarté consciente de l'image cache, comme souvent, le principe de la conviction inconsciente.

Des esprits plus proches de la pensée scientifique acceptent cette étrange image du *retournement* des substances et en font même un thème directeur. Boerhaave relatant, il est vrai, la pensée des Alchimistes[1], médite sur les symboles de l'or (un cercle) et de l'argent (un croissant formé de deux arcs de cercle, l'un concave, l'autre convexe). Il dit que le croissant dénote « ce qui est un demi-or : ce qui deviendra de l'or parfait sans aucun mélange de matière hétérogène ou corrosive, si l'on peut le renverser en mettant dehors ce qui est dedans ». On voit du reste, dans cet exemple, que la pensée préscientifique est fortement engagée dans la pensée symbolique. Pour elle, le symbole est une synthèse active de la pensée et de l'expérience. Dans une *lettre philosophique* très célèbre imprimée à la suite du Cosmopolite en 1723, on lit : « Celui qui sait réduire les vertus centrales de l'or à sa circonférence, acquiert les vertus de tout l'Univers dans une seule Médecine »[2]. Comment mieux dire qu'une vertu matérielle est l'homologue d'une puissance psychologique intime ?

Il peut naturellement y avoir contradiction entre « l'extérieur et l'intérieur » d'une susbtance. « L'or paraît et est extérieurement fixe, mais intérieurement il est volatile » (p. 53). Expression très curieuse, chargée sans doute d'une songerie personnelle, car on ne voit guère à quelle qualité correspond cette volatilité *intime*. A la même date, en 1722, Crosset de la Heaumerie écrit : « Le vif-argent, quoique blanc à l'extérieur… est rouge au-dedans… La teinture rouge… paraît lorsqu'on le précipite et le | calcine au feu »[3]. Ici, un chimiste **101** reconnaîtra l'oxydation du mercure et il en profitera pour

1. Boerhaave, *loc. cit.*, t. I, p. 37.

2. *Lettre philosophique.* Très estimée de ceux qui se plaisent aux Vérités hermétiques, trad. de l'allemand en français par Antoine Duval, Paris, 1723, p. 53.

3. Crosset de la Haumerie, *loc. cit.*, p. 82, 106.

indiquer une *rationalisation* de la pensée alchimique. Mais il reste vrai que cette rationalisation ne correspond aucunement à la pensée rêveuse de l'Alchimiste qui prétendait voir la matière d'un point de vue intime.

Si la substance a un intérieur, on doit chercher à la *fouiller*. Cette opération est appelée « l'extraction ou l'excentricité de l'âme ». Le Cosmopolite (p. 109) dit au mercure longtemps « flagellé et fouillé » : « Dis-moi quel tu es en ton centre, et je ne te tourmenterai plus ». Dans cet intérieur « au centre du moindre atome des métaux se trouvent les vertus cachées, leur couleur, leur teinture ». On voit assez nettement que les qualités substantielles sont pensées comme des qualités intimes. De l'expérience, l'Alchimiste reçoit plutôt des confidences que des enseignements.

En effet, de ce centre, on ne peut avoir aucune espèce d'expérience directe et un esprit positif se rend compte tout de suite que toutes les propriétés actives se « superficialisent » nécessairement. Mais le *mythe de l'intérieur* est un des processus fondamentaux de la pensée inconsciente les plus difficiles à exorciser. A notre avis, l'intériorisation est du règne des songes. On la retrouve particulièrement agissante dans les contes fabuleux. Alors l'esprit prend les plus grandes libertés avec la géométrie. Le grand entre dans le petit. Ainsi, dans un conte de Nodier, Trésor des fèves, portant trois litres de haricots sur son épaule, entre dans un seul pois chiche. Il est vrai que ce pois chiche est le carrosse de la petite fée Fleur des pois. De même, dans un autre conte, quand Michel le Charpentier doit entrer dans la maison de la Fée aux Miettes, il s'écrie : « Par le Ciel ! Fée aux Miettes… vous êtes-vous jamais mis dans l'esprit que nous puissions entrer là-dedans ? ». Il vient en effet de dépeindre cette maison comme un joli jouet de carton verni. Mais, en se baissant un peu, gentiment poussé par la main de la fée, le gros Michel finit par s'installer dans la petite demeure. Il s'y trouve soudain bien au large, bien au chaud… L'Alchimiste ne rêve pas autrement à la puissance de son or dissout dans le mercure. L'enfant qui joue avec la petite maison de carton verni l'*habite* aussi avec les joies solides du propriétaire. Conteurs, enfants, alchimistes vont au *centre* des choses; ils prennent possession des choses; ils croient aux lumières de l'intuition qui nous installe au *cœur* du réel. En effaçant ce qu'il y a, à la fois, de puéril et de précis dans cette *Einfühlung*, en oubliant la faute géométrique originelle du grand qui tient dans le petit, le philosophe réaliste croit pouvoir suivre la même voie et réaliser les mêmes conquêtes. Le réaliste accumule alors dans la substance, comme un homme prévoyant | dans son grenier, les puissances, les **102** vertus, les forces, sans se rendre compte que toute force est relation. En peuplant ainsi la substance, il entre, lui aussi, dans la maison des fées.

III

La substantialisation d'une qualité immédiate saisie dans une intuition directe n'entrave pas moins les progrès ultérieurs de la pensée scientifique que l'affirmation d'une qualité occulte ou intime, car une telle substantialisation donne lieu à une explication aussi brève que péremptoire. Elle manque du détour théorique qui oblige l'esprit scientifique à critiquer la sensation. En effet, pour l'esprit scientifique, tout phénomène est un moment de la pensée théorique, un stade de la pensée discursive, un résultat *préparé*. Il est plutôt produit qu'induit. L'esprit scientifique ne peut se satisfaire en liant purement et simplement les éléments descriptifs d'un phénomène à une substance, sans aucun effort de hiérarchie, sans détermination précise et détaillée des relations aux autres objets.

Pour bien faire voir le caractère tout à fait insuffisant de l'attribution directe suivant la méthode du réalisme immédiat, nous allons en donner plusieurs exemples. Nous montrerons ainsi comment se constituent les fausses explications substantialistes.

Que les corps légers *s'attachent* à un corps électrisé, c'est là une image immédiate – d'ailleurs bien incomplète – de certaines attractions. De cette image isolée, qui ne représente qu'un moment du phénomène total et qui ne devrait être agréée dans une description correcte qu'en en fixant bien la place, l'esprit préscientifique va faire un moyen d'explication absolu, et par conséquent immédiat. Autrement dit, le phénomène immédiat va être pris comme le signe d'une *propriété substantielle* : aussitôt toute enquête scientifique sera arrêtée; la réponse substantialiste étouffe toutes les questions. C'est ainsi qu'on attribue au fluide électrique la qualité « glutineuse, onctueuse, tenace ». « La théorie de M. Boyle sur l'attraction électrique, dit Priestley, était que le corps Électrique lançait une émanation glutineuse, qui se saisissait des petits corps 103 dans sa route et les rapportait avec elle dans son | retour au corps d'où elle partait »[1]. Comme ces rayons qui vont chercher les objets, ces rayons parcourus en aller et retour sont, de toute évidence, des adjonctions parasites, on voit que l'image initiale revient à considérer le bâton d'ambre électrisé comme un doigt enduit de colle.

Si l'on n'*intériorisait* pas cette métaphore, il n'y aurait que demi mal; on pourrait toujours se sauver en disant qu'il ne s'agit là que d'un moyen de traduire, d'exprimer le phénomène. Mais, en fait, on ne se borne pas à décrire par un mot, on explique par une pensée. On pense comme on voit, on pense ce qu'on voit : une poussière colle à la paroi électrisée, donc *l'électricité est une colle*, une glu. On est alors engagé dans une mauvaise voie où les faux problèmes vont susciter des expériences sans valeur, dont le résultat négatif manquera même de rôle avertisseur, tant est aveuglante l'image première, l'image naïve, tant est décisive son attribution à une substance. Devant un échec de la vérification, on aura toujours l'arrière-pensée qu'une qualité substantielle qui manque à apparaître reste masquée, reste occulte. L'esprit continuant à la penser comme telle deviendra peu à peu imperméable aux démentis de l'expérience. La manière dont s'exprime Priestley montre assez clairement qu'il ne met jamais en question la *qualité*

1. Priestley, *loc. cit.*, t. I, p. 13.

glutineuse du fluide électrique: «Jacques Hartmann a prétendu prouver par expérience que l'attraction électrique était effectivement produite par l'émission de particules glutineuses. Il prit deux substances électriques: savoir deux morceaux de colophane, dont il en réduisit un, par distillation, à la consistance d'un onguent noir, et le priva, par là, de son pouvoir attractif. Il dit que celui qui ne fut pas distillé retint sa substance onctueuse, au lieu que l'autre fut réduit, par distillation, à un vrai *Caput mortuum*, et ne retint pas la moindre chose de la substance bitumineuse. En conséquence de cette hypothèse, il pense que l'ambre attire les corps légers plus puissamment que ne le font les autres substances, parce qu'il fournit plus abondamment qu'elles des émanations onctueuses et tenaces». En fait, une telle expérimentation est mutilée; il lui manque précisément la partie positive. Il eût fallu examiner le produit résultant de la réfrigération des parties empyreumatiques de la colophane et constater que la substance électrique glutineuse, onctueuse et tenace, s'y était concentrée. C'est ce qu'on n'a pas fait, et pour cause! On a détruit la qualité pour prouver qu'elle existait, en appliquant tout simplement une table d'absence. C'est que la conviction substantialiste est si forte qu'elle se satisfait à bon marché. Cela montre aussi bien clairement que la conviction substantialiste rend | impropre à varier l'expérience. Trouverait-elle **104** des différences dans les manifestations de la qualité intime qu'elle les expliquerait tout de suite par une *intensité* variable: l'ambre est plus électrique que les autres substances parce qu'il est plus riche en matière glutineuse, parce que sa colle est plus concentrée.

Voici un deuxième exemple particulièrement net où l'on va bien saisir les ravages de l'attribution directe à la substance, des données immédiates de l'expérience sensible. Dans un livre relativement récent (floréal an XI) Aldini, neveu de Galvani, rapporte une lettre de Vassalli: «Rossi m'a assuré que le fluide galvanique prend différentes propriétés des animaux vivants et des cadavres par lesquels il passe»[1]. Autrement dit, la substance de l'électricité *s'imprègne* des substances qu'elle traverse. D'une manière plus précise, continue Aldini, «j'ai obtenu les résultats suivants des décharges successives de la même pile à travers l'urine, 5 de force, goût très âcre, éclair blanc; à travers le lait, 4 de force, goût doux, acidulé, éclair rouge; à travers le vin, 1 /2 de force, goût acidulé; à travers le vinaigre, 2 de force, goût piquant, éclair rouge; à travers la bière, 1/2 de force, goût piquant, éclair blanchâtre... à travers la solution de muriate de soude, 10 de force; dans cette expérience et les suivantes, on ne pouvait pas souffrir la sensation à la langue... »[2]. On le croit aisément puisque le «muriate de soude», bon conducteur, devait donner un courant d'une intensité beaucoup plus grande que les liquides précédents moins bons conducteurs de l'électricité. Mais cette dernière remarque exacte étant laissée de côté, essayons de pénétrer par quel entraînement on arriva à trouver un *goût* au courant électrique. Cela ne pouvait être qu'en suivant les suggestions substantialistes. Le fluide électrique était considéré comme un véritable esprit matériel, une émanation, un gaz. Si cette matière subtile traverse un tube contenant de l'urine, ou du lait, ou du vinaigre, elle doit s'imprégner directement de la saveur de ces substances; en rapprochant deux électrodes sur le bout de la langue, on *goûtera ce courant électrique matériel* modifié par son passage dans des matières diverses: il sera *donc* âcre comme l'urine, ou doux comme le lait, ou piquant comme le vinaigre.

Si l'on s'adresse au toucher, dans les mêmes conditions expérimentales, on sera moins affirmatif, car le toucher est plus émoussé que le goût. Comme le singe de la fable, on ne sait pour quelle |cause on ne distingue pas très bien, mais on distingue tout de même (p. 211): «Dans toutes ces expériences on avait une sensation très différente dans les doigts...: la sensation que présenta le fluide en passant par

105

1. Aldini, *Essai théorique et expérimental sur le galvanisme*, 2 vol., 1804, t. II, p. 200.
2. *Ibid.*, p. 210.

l'acide sulfurique était aiguë; celle qu'il donna en passant par le muriate d'ammoniac… était d'un corps gras; par le lait il paraissait acquérir une douceur »[1]. Ainsi, comme le lait est doux au goût et onctueux au toucher, il porte cette douceur et cette onctuosité jusque dans le phénomène du courant électrique qui vient de le traverser. Ces fausses qualités attribuées par une intuition naïve au courant électrique nous paraissent illustrer complètement l'influence de l'obstacle substantialiste.

Pour mieux voir le défaut de cette orientation sensualiste de la science, il suffirait de mettre en regard, sur ce problème précis, l'orientation abstraite et mathématique que nous croyons décisive et juste. Le concept abstrait qu'Ohm mit en usage quelques années plus tard pour désigner les différents conducteurs est le concept de *résistance*. Ce concept débarrasse la science de toute référence à des qualités sensibles *directes*. Peut-être pourrait-on objecter ce qu'il y a encore de trop imagé dans le concept d'une résistance? Mais, en liaison avec les concepts d'intensité et de force électromotrice, le concept de résistance perd peu à peu sa valeur étymologique pour devenir métaphorique. Ce concept est désormais l'élément d'une loi *complexe*, loi au fond très abstraite, loi uniquement mathématique, qui forme une sorte de *nœud de concepts*. Alors on conçoit que l'urine, le vinaigre, le lait puissent avoir des effets spécifiques, mais ces effets ne sont enregistrés que par l'intermédiaire d'une notion véritablement abstraite, c'est-à-dire sans signification immédiate dans la connaissance concrète, sans référence directe à la sensation première. La résistance *électrique* est une résistance épurée par une définition précise; elle est *incorporée* dans une théorie mathématique qui en limite toute extension abusive. L'empirisme est alors en quelque manière *déchargé*; il n'a plus à rendre compte à la fois de tous les caractères sensibles des substances mises en expérience.

1. *Ibid.*, p. 211.

Il nous semble que nous venons de dessiner, en une demi-page, une opposition assez nette entre l'esprit préscientifique représenté par Aldini et l'esprit scientifique représenté par Ohm à quelques années d'intervalle. Sur un exemple précis, nous venons ainsi de développer une des thèses principales de notre livre qui est la suprématie de la connaissance abstraite et scientifique sur la connaissance première et intuitive.

L'intuition substantialiste d'Aldini à l'égard du fluide galvanique n'est pas une exception. C'est la pensée normale du XVIIIe siècle. | **106** On la trouve moins développée, mais peut être plus instructive par sa brièveté dans bien des textes. Par exemple, le feu électrique est un feu *substantiel*. Mais ce qu'il faut souligner, c'est qu'on croit tout naturellement qu'il participe à la substance d'où on le tire. L'origine substantielle est toujours très difficile à exorciser. Le Monnier écrit dans l'*Encyclopédie*, (Art. Feu électrique) : la lumière qui sort des corps frottés « est plus ou moins vive, suivant la nature de ces corps ; celle du diamant, des pierres précieuses, du verre, *etc.*, est plus blanche, plus vive, et a bien plus d'éclat que celle qui sort de l'ambre, du soufre, de la cire d'Espagne, des matières résineuses, ou de la soie ». Nous avons souligné le petit mot *etc.* parce qu'il mériterait, à lui seul, un long commentaire. Il est, à lui seul, la marque de tout un type de pensée. Si nous étions devant un empirisme correct, accumulant et enregistrant fidèlement les expériences vraiment faites, il faudrait bien achever l'énumération. Mais l'auteur est illuminé par une *évidence première* : ces corps brillants et blancs dès leur premier aspect, dans leur éclat de nature, ne projetteront-ils pas, quand on les aura électrisés, un feu électrique plus brillant et plus blanc que celui qui est produit par les corps opaques et ternes ? Par conséquent, inutile de poursuivre l'expérience ! Inutile même de bien regarder l'expérience, de recenser toutes les variables de l'expérience ! Inutile d'achever l'énumération ; le lecteur, de lui-même, suppléera à l'*etc.* En effet, l'on croit tenir la racine substantielle du phénomène observé. On ne sent donc pas la nécessité de faire varier des circonstances qu'on estime plus ou moins accidentelles, plus ou moins superficielles. Une fois de plus, la réponse substantialiste a tari les questions scientifiques.

L'origine substantielle décide de tout, surtout si elle s'enrichit d'une puissance vitale. Dans une lettre à Zanoti, Pivatti prétend que les étincelles qu'il tire des plantes électrisées « sont colorées diversement suivant la nature de la plante et qu'elles tirent presque toujours sur la couleur de la fleur qu'elle doit produire »[1]. Un même principe de coloration est inscrit dans l'essor végétal d'une plante particulière. De même que la fleur est une éclaboussure de l'élan vital, la *bluette de feu* qu'on tire du végétal, comme une fleur électrique, dessine à nos yeux toutes les tensions intimes de l'être qu'elle exprime.

| IV

107

Suivant notre méthode constante, examinons maintenant un cas où l'obstacle substantialiste est surmonté, où par conséquent la pensée se corrige, et voyons le caractère insuffisant de cette première correction.

Au XVIIIe siècle, on a cru remarquer « qu'en enduisant la surface *intérieure* des verres destinés aux expériences de l'électricité, de substances douées de qualités médicales, les parties les plus subtiles de ces substances traversaient le verre avec la matière de l'électricité, et s'insinuaient ensemble dans le corps pour y produire les effets les plus salutaires ». Joseph Veratti qui rapporte les théories de Pivatti et de Zanotti à cet égard[2] entreprit des expériences précises. Il purge son domestique en lui mettant de la scammonée dans le creux de la main pendant qu'il l'électrise. Comme une deuxième

1. Sans nom d'auteur, *Recueil sur l'électricité médicale, dans lequel on a rassemblé les principales pièces publiées par divers savants sur les moyens de guérir en électrisant les malades*. 2 vol., Paris, 2e éd., 1761, t. I, p. 14.

2. Joseph Veratti, Professeur public de l'Université, et de l'Académie de l'Institut de Bologne. *Observations physico-médicales sur l'Électricité*, La Haye, 1750, p. XII.

expérience sur une dame a donné un résultat moins rapide et moins net, il se demande si la vertu de la scammonée n'a pas été diminuée par la première électrisation. Il recommande donc de remplacer chaque fois le morceau de scammonée éventé par l'électrisation. Des purgations aussi indirectes réussissent, aux dires de Veratti, avec l'aloès, avec la gomme-gutte. Veratti voit dans ces expériences la confirmation d'une opinion de Hoffmann qui attribue l'effet des purgatifs « aux particules les plus subtiles et les plus volatiles, la *subtilité* étant presque toujours, pour l'esprit préscientifique, un signe de puissance. Pivatti prône les expériences dont il est l'auteur comme une médication « tout à fait douce »[1]. « Quelle commodité ne serait-ce pas en effet, si en laissant le dégoût et l'amertume dans le cylindre, on était sûr de s'en appliquer toute la vertu en y touchant du bout du doigt ? ». Ce souhait marque assez nettement le besoin de *valoriser*. Naturellement cette médication si douce ne se borne pas à des purgations. La rêverie savante l'étend à toutes les maladies et Pivatti a tout un assortiment de « cylindres diurétiques, hystériques, anti-apoplectiques, sudorifiques, cordiaux, balsamiques »[2] (t. I, p. 28). **108** Pour voir de telles merveilles, l'abbé Nollet | fait un voyage en Italie. Malheureusement, devant le Physicien français, aucune de ces purgations « par participation » ne réussit.

Mais qu'on ne triomphe pas trop tôt de cette réduction de l'erreur ! Même après la critique de l'abbé Nollet, la théorie de Pivatti trouve des adeptes. La séduction substantialiste ne peut être arrêtée si facilement. L'abbé de Mangin allonge même la liste des remèdes qu'on peut employer dans les cylindres électriques. Il recommandera « cette technique » pour l'esprit volatil de vipère contre les morsures des bêtes venimeuses, pour l'esprit de corne de cerf contre les convulsions, pour l'eau de fleur d'oranger contre les maladies de nerfs, etc. Les objections que se fait l'abbé de Mangin sont relatives à la défense en médicaments, au nombre de machines électriques

1. Sans nom d'auteur, *Recueil sur l'électricité médicale*, *loc. cit.*, t. I, p. 21.

2. Sans nom d'auteur, *Histoire générale et particulière de l'électricité*, *loc. cit.*, 3e partie, p. 205.

« puisque chaque drogue demanderait son cylindre particulier ». Il suggère d'ailleurs une autre technique : imbiber un linge avec le médicament, appliquer ce linge sur la partie malade, « y porter la vertu électrique de manière que cette vertu ne pénétrant dans le corps qu'à travers le linge, elle emporterait *nécessairement* avec elle le plus fin et le plus spiritueux du remède ». Nous soulignons le mot *nécessairement* qui désigne une valorisation indépendante de l'expérience effective. Mais pourquoi ne pas avaler tout simplement le remède ? C'est que dans l'estomac, il change de nature, « au lieu qu'en s'introduisant dans le corps par le moyen de l'électricité, c'est une manière tout à fait douce et commode de les administrer avec toute leur activité, et d'une façon, pour ainsi dire, insensible » (p. 221). Comment des substances qu'on imagine si spiritualisées, si insinuantes, si valorisées par la vertu électrique, n'auraient-elles pas la grâce infuse ? Leur action effective a beau avoir été démentie, leur action affective demeure. L'imagination travaille en dépit des oppositions de l'expérience. On ne se détache pas du merveilleux quand une fois on lui a donné sa créance, et pendant longtemps on s'acharne à rationaliser la merveille plutôt qu'à la réduire.

V

Toute qualité appelle sa substance. A la fin du XVIIIe siècle, Carra[1] cherche encore une substance pour rendre directement compte de la sécheresse de l'air. Il oppose aux vapeurs aqueuses qui rendent l'air humide, les vapeurs sulfureuses qui rendent l'air | sec. Comme on le voit, on ne manie pas facilement, dans la Physique de l'ère préscientifique, les quantités négatives. Le signe *moins* paraît plus factice que le signe *plus*. **109**

Des propriétés manifestement *indirectes* pour un esprit scientifique sont *immédiatement* substantifiées par la men-

1. Carra, de la Bibliothèque du Roi, *Dissertation élémentaire sur la nature de la lumière, de la chaleur, du feu et de l'électricité*, Londres, se trouve à Paris, 1787, p. 28.

talité préscientifique. Sydenham ayant à rendre compte de la *malignité* de certaines fièvres « la faisait consister dans le développement de particules très chaudes et très spiritueuses », en se référant en somme à une sorte d'atome de fièvre chargé de feu. Et Chambon de Montaux cite Sydenham : « Je pense que ces particules chaudes et spiritueuses acquièrent une grande action par leur réunion; car par les lois de la nature, tout principe actif tend à créer des substances qui lui ressemblent : c'est ainsi que le feu crée le feu, et qu'un liquide corrompu par une dépravation maligne porte l'infection dans le reste des fluides »[1]. Cette curieuse pensée qui veut que tout principe actif crée de la substance est très symptomatique. Elle nous semble désigner nettement la tendance à la *réalisation directe*, tendance que nous prétendons caractériser comme une déviation de l'esprit scientifique. Peut-être nous fera-t-on remarquer qu'une telle théorie de la malignité spécifique des fièvres prélude aux découvertes de la microbiologie. Mais une telle « rationalisation » de l'histoire scientifique nous paraît méconnaître la différence fondamentale de deux mentalités. Pour l'esprit préscientifique, la *malignité* est substantifiée directement, avec tous ses caractères phénoménologiques : il y a court-circuit de la substance à ses modes et la substantification clôt les recherches. La microbiologie se développe, au contraire, par différenciation, en isolant en quelque sorte les modes du principe caché. C'est par une longue technique que la microbiologie trouve le microbe spécifique qui permet de perfectionner le diagnostic spécifique. Il y a, dans la microbiologie moderne, une *précision discursive*, une précision corrélative des symptômes et des causes, qui s'oppose absolument au substantialisme intuitif que nous essayons de caractériser.

Le besoin de substantifier les qualités est si grand que des qualités toutes métaphoriques peuvent être posées comme essentielles. C'est ainsi que Boerhaave n'hésite pas à attribuer

1. Chambon de Montaux, de la Faculté de Médecine de Paris, de la Societé Royale de Médecine, Médecin de l'Hôpital de la Salpêtrière. *Traité de la fièvre maligne simple et des fièvres compliquées de malignité*, 4 vol., Paris, 1787, I, p. 68.

à l'eau, comme qualité première, la douceur : « l'eau est si | douce… qu'appliquée sur les parties du corps, où le sentiment est le plus délicat…, elle n'y excite aucune douleur… Si l'on applique quelque peu d'Eau sur la cornée de l'œil, qui est une partie de notre corps la plus propre à distinguer toute âcreté par le sentiment douloureux ou incommode qui s'y excite… l'on ne ressent cependant pas la moindre incommodité. L'Eau ne produit non plus aucune sensation désagréable, ou aucune nouvelle odeur dans la membrane du nez, qui n'est qu'un tissu de nerfs presque découverts ». « Enfin on a une preuve de sa grande douceur, en ce que toutes sortes de corps âcres, détrempés dans une suffisante quantité d'eau, perdent leur âcreté naturelle qui les rend si nuisibles au corps humain »[1]. En conséquence de cette propriété *essentielle*, « on met l'Eau chaude au nombre des principaux remèdes anodins et parégoriques ». On voit du reste que la qualité de *douceur* a glissé de métaphore en métaphore, mais qu'elle n'en désigne pas moins, pour Boerhaave, une qualité profondément substantifiée. Inutile d'ailleurs de montrer l'inanité bien évidente d'une telle pensée.

110

Naturellement, le jeu des substantifications directes peut conduire à des attributions qui, d'un auteur à l'autre, se contredisent. Pour Pott, ce n'est pas la douceur, c'est la *dureté*, qui est la qualité essentielle de l'eau. La preuve en est d'ailleurs aussi rapide : « Il faut que les particules de l'eau soient fort dures, puisqu'elle creuse les pierres et les rochers exposés à son mouvement continuel. On sait aussi qu'on ressent une douleur, si l'on frappe fortement la surface de l'eau avec la paume de la main »[2]. On multiplierait sans difficulté des exemples d'attributions aussi ridicules. Des qualités aussi externes que la *sonorité* peuvent être incluses dans l'intimité de la substance. Pour F. Meyer, la preuve que l'air fixe est un

1. Boerhaave, *loc. cit.*, t. II, p. 586-587.

2. Jules-Henri Pott, *Des éléments, ou Essai sur la nature, les propriétés, les effets et les utilités de l'air, de l'eau, du feu et de la terre*. 2 vol., Lausanne, 1782, t. II, p. 11.

élément intégrant de la chaux c'est que, fondue avec du soufre et refroidie, elle est *sonnante*; c'est l'*acidum pingue* qui est la cause du son: « tout ce qui vient du feu comme corps solide, sonne aussi. La chaux, les charbons de bois frais et d'os, quelques sels fondus, métaux, verre commun et métallique, porcelaine, vaisseaux de verre, tuiles et pierres-ponces sonnent »[1].

111

| VI

Dès que l'esprit accepte le caractère substantiel d'un phénomène particulier, il n'a plus aucun scrupule pour se défendre contre les métaphores. Il charge l'expérience particulière souvent précise par une foule d'images puisées dans les phénomènes les plus divers. Carra explique ainsi le magnétisme: « Le flegme qui suinte de l'aimant est un effet de la pression ou gravitation continuelle que ce minéral exerce sur lui-même; c'est une espèce de mercure qui, obstruant les surfaces du fer et le rendant imperméable à l'air ambiant, laisse au fluide élémentaire seul la faculté de le percuter dans (une) direction (privilégiée)... le flegme laiteux qui sort du fer battu après la fusion, est très certainement une preuve que celui qui suinte de l'aimant n'est point une chimère »[2]. Ainsi toutes les images substantialistes symbolisent entre elles. L'incandescence du fer travaillé par le forgeron est substantifiée en un flegme laiteux qu'expulse un marteau diligent. Ce flegme laiteux suggère un flegme magnétique invisible. Ces flegmes, l'un pour l'incandescence, l'autre pour le magnétisme, ont permis de transcender la contradiction du visible à l'invisible. La substantialisation pallie cette contradiction phénoménologique. Ici, comme souvent, la substance est pensée pour réaliser des contradictions.

1. Frederich Meyer, Apothicaire à Osnabrück, *Essais de Chymie sur la chaux vive, la matière élastique et électrique, le leu, et l'acide universel primitif, avec un supplément sur les Éléments*, trad., 2 vol., Paris, 1786, p. 199.
2. Carra, *Nouveaux Principes de Physique*, *loc. cit.*, t. II, p. 38.

Devons-nous une fois de plus faire observer que l'auteur que nous citons est très souvent cité à la fin du XVIIIe siècle ? Il est d'ailleurs vivement attaqué par Lalande. Il suffit de lire un avis au lecteur publié à la fin du tome IV pour voir que Carra sait manier la plume de polémiste. Dans ses rapports avec Lalande, il se montre assez fin psychologue, ce qui prouve que la maturité scientifique ne va pas de pair avec la maturité psychologique.

VII

Un des plus clairs symptômes de la séduction substantialiste, c'est l'accumulation des adjectifs sur un même substantif : les qualités tiennent à la substance par un lien si direct qu'on peut les juxtaposer sans trop se soucier de leurs relations mutuelles. Il y a là un empirisme tranquille qui est bien éloigné de susciter | des expériences. Il s'affine à bon compte en 112 multipliant les synonymes. Nous en avons vu un exemple avec le caractère glutineux, onctueux et tenace du fluide électrique. C'est là une tendance générale, dont on trouverait d'ailleurs la trace dans des domaines bien éloignés de la pensée scientifique, comme la psychologie et la littérature : moins une idée est précise et plus on trouve de mots pour l'exprimer. Au fond, le progrès de la pensée scientifique revient à *diminuer* le nombre des adjectifs qui conviennent à un substantif et non point à l'augmenter. On pense scientifiquement des attributs en les hiérarchisant et non pas en les juxtaposant.

Naturellement, c'est dans les sciences retardées, comme la médecine, que cet empirisme prolixe est le plus apparent. *Un médicament, au XVIIIe siècle, est littéralement couvert* d'*adjectifs*. En voici quelques exemples entre mille : « Le soufre doré est donc emménagogue, hépatique, mésentérique, béchique, fébrifuge, céphalique, diaphorétique et alexipharmaque » (*Encyclopédie*. Art. Antimoine). L'eau-de-vie de Genièvre est « sudorifique, cordiale, hystérique, stomachique, carminaline, apéritive, béchique »[1]. Les « simples » sont particulièrement complexes. D'après l'*Encyclopédie*, la seule racine de chardon-bénit est vomitive, purgative, diurétique, sudorifique, expectorante, emménagogue, alexitère, cordiale, stomachique, hépatique, anti-apoplectique, anti-épileptique, anti-pleurétique, fébrifuge, vermifuge, vulnéraire et aphrodisiaque, soit 17 propriétés pharmaceutiques. Le fumeterre en a 7, l'huile d'amandes douces en a 9, le citron 8, la betoine 7, le camphre 8, etc.

Si les attributs les plus divers se trouvent ainsi accolés à une même substance, vice versa, il ne faut pas s'étonner de voir des substances multiples coopérer pour donner un remède particulier. Les apothicaires du XVIIIe siècle utilisent encore les mélanges les plus compliqués. L'emplâtre *diabotanum* amasse une grande quantité de plantes. Si l'on se souvient que chacune de ces plantes est elle-même riche de nombreux caractères, on voit quelle somme substantielle réalise le *diabotanum*. L'onguent des apôtres est naturellement composé de 12 drogues. L'électuaire anti-scorbutique de Malouin contient 22 simples. Le baume tranquille de l'abbé Rousseau en contient 19. Le fameux sel polychreste que les frères Seignette donnent comme un composé de trois sels paraît trop simple aux « doctrinaires polypharmaques ». Les | thériaques obéissent aussi à un substantialisme éclectique qui pourrait servir à symboliser une mentalité toute spéciale. Dans une thériaque qui réunit 150 substances, on ne s'occupe pas des proportions; on se confie à l'efficacité de la seule présence des ingrédients. La thériaque est une somme de substances jamais trop accueillante. « D'après les statuts rochelais, la fabrication de la thériaque, comme celle des grandes confections, où se combinaient une infinité de drogues, devait être faite par tous les maîtres et le produit obtenu partagé entre eux »[2]. La

1. P. Poncelet, *Chimie du Goût et de l'Odorat ou Principes pour composer facilement et à peu de frais les liqueurs à boire et les eaux de senteurs*, Paris, 1755, p. 115.

2. Maurice Soenen, *La Pharmacie à La Rochelle avant 1808*, La Rochelle, 1910, p. 67.

constitution de cette *somme des sommes* substantielles nous paraît très curieuse. Elle désigne bien l'idéal du thériacleur qu'on pourrait rapprocher du complexe du petit profit étudié par la Psychanalyse. Cet idéal est plus persistant qu'on ne croit. Raspail écrit encore en 1843 : « Que de bestiaux malades, quand on les sèvre de foin, cette thériaque composée de mille baumes d'espèces différentes ! »[1]. Pour l'inconscient, les mélanges les plus composés sont toujours valorisés. La locution « tout fait ventre » n'est qu'une traduction, sur le mode alimentaire, de l'attachement aux sommes polypharmaques pour la préservation des maladies.

Mais, pour bien caractériser ce mythe de la substance médicale surchargée d'attributs par l'esprit préscientifique – soit que cet amas se présente comme naturel dans les simples, ou comme artificiel dans les thériaques – voyons, par opposition, comment se présente un médicament moderne, fabriqué par l'industrie comme un objet en série, dans un idéal d'unité et de précision. Rapprochons, par exemple, l'antipyrine d'un sédatif ancien.

Pour bien développer ce parallèle, il nous faut faire abstraction du prospectus de réclame commerciale. Précisément, ce prospectus s'appuie, hélas, sur la certitude de trouver, dans le public, une adhésion d'un caractère préscientifique. Le commerce n'hésite pas à faire glisser l'emploi des comprimés sur les malaises les plus variés. Il n'est d'ailleurs que trop bien écouté. Et l'on serait bien étonné si l'on connaissait tous les usages individuels – singulièrement variés – d'un médicament moderne chimiquement bien défini. Si donc nous faisons abstraction, comme il se doit, de cet usage antiscientifique d'un produit scientifique, si nous nous référons à un usage savant et honnête, alors nous comprendrons qu'il y a un essai de correspondance précise entre | l'entité nosologique à **114** soulager et l'entité chimique du remède. La science pharmaceutique moderne vise, dans la substance, une qualité et une seule. *L'idéal, c'est le remède monofonctionnel, le substantif*

1. Raspail, *Histoire naturelle de la Santé et de la Maladie*, 2 vol., Paris, 1843, t. I, p. 240.

pourvu d'un seul adjectif. Autant dire que, par le moyen de la substance, on tend à *réaliser un attribut bien défini.* La science pharmaceutique moderne fabrique plutôt une qualité qu'une substance, plutôt un adjectif qu'un substantif. Elle est *réaliste* d'une manière discursive parce qu'elle *réalise*, dans un mouvement strictement inverse du réalisme classique par lequel on a cru pouvoir caractériser philosophiquement la science moderne.

Cette précision qualitative, cet état d'absolue distinction de la qualité, apparaîtront très clairement si l'on veut bien considérer certains vaccins ou sérums précis, soigneusement numérotés, désignés par des jeux de lettres bien nettement fixés. C'est alors qu'on comprendra bien que le *produit* scientifique est un moment particulier bien défini d'une technique objective. Pour le déterminer, on ne se confie pas à une activité substantielle plus ou moins sourde, plus ou moins mûrie. On veut un instant d'évolution bien choisi, et c'est cet instant qu'on fixe et immobilise dans la substance. Vue dans cette perspective de réalisations, on peut bien dire que la substance n'est que la concrétisation d'idées théoriques abstraites. Sans ces idées théoriques, on ne pourrait pas *créer* la substance, car c'est vraiment créer une substance que d'établir d'une manière permanente une propriété dans un état bien défini. Nous reviendrons sur cet aspect de la *réalisation* scientifique moderne, mais il nous a paru qu'en confrontant ici, sur un point très précis, les doctrines scientifiques et préscientifiques, nous ferions mieux sentir l'état de confusion du substantialisme préscientifique et quelle révolution de pensée il faut opérer pour surmonter l'obstacle réaliste.

Cette question philosophique est beaucoup plus actuelle qu'il ne le semble à première vue car, dans tout esprit cultivé, il reste de nombreuses traces de substantialisme à psychanalyser. Voici une ligne d'un traité de Chimie contemporaine que j'ai utilisée comme test pour reconnaître chez les élèves la difficulté de quitter l'étymologie, d'échapper à l'influence du mot *racine* qui semble toujours représenter, dans une famille de mots, une réalité privilégiée. L'auteur du livre, M. Martinet, dit simplement: «Le menthol, la menthone et l'acétate de menthyle sentent la menthe». A la lecture de cette ligne, il n'est pas rare d'entendre un lecteur cultivé répondre: «Naturellement». Il voit dans cette triple affirmation un triple pléonasme. Il lui semble que ces terminaisons *-ol -one -yle* viennent décliner certaines fonctions | supplémentaires qui 115 laissent naturellement subsister la qualité essentielle exprimée par la racine du mot. Le lecteur ignorant la chimie organique ne se rend pas compte que les dérivés d'un même corps chimique peuvent avoir des propriétés très diverses et qu'il y a des fonctions qui, greffées sur un même noyau, ne comportent pas les propriétés organoleptiques, comme l'odeur. Bien entendu, pour le faire remarquer en passant, à propos de cet exemple un esprit non scientifique ne se place pas, comme il convient souvent de le faire, au point de vue de la *nature factice*. Du point de vue de la Chimie factice, c'est-à-dire du point de vue de la Chimie scientifique, il faudrait dire que la menthe sent le menthol et non pas à l'inverse que le menthol sent la menthe. Il faudrait dire encore, en mettant notre thèse de la suprématie de l'abstrait sous une forme voyante, que le «concret sent l'abstrait». En effet, c'est en étudiant le menthol pur qu'on pourra dégager le groupement osmophore qui est responsable de l'odeur; c'est en étudiant la structure moléculaire de ce groupement qu'on pourra comprendre la construction géométrique d'une propriété sensible en partant d'un schème abstrait ou, mieux encore, la *réalisation* matérielle d'une odeur mathématiquement définie.

VIII

En contradiction avec ce réalisme inversé qu'est le réalisme instruit, nous pouvons souligner le rôle privilégié que jouent certaines sensations grossières dans la conviction substantialiste. En particulier, la saveur et l'odeur, par leur aspect direct et intime, paraissent nous apporter un sûr message d'une réalité matérielle. Le réalisme du nez est bien plus fort que le réalisme de la vue. A la vue, les fumées et les rêves ! Au nez et à la bouche, les fumets et les viandes ! L'idée de *vertu substantielle* est liée à l'odeur par un lien étroit. Macquer l'affirme sans discussion : « Une grande partie de la vertu des plantes réside dans ce principe de leur odeur, et c'est à lui qu'on doit les effets les plus singuliers et les plus merveilleux que nous leur voyons produire tous les jours »[1]. Sans doute possible, il faut prendre bien garde que les produits pharmaceutiques ne s'éventent. De cette précaution, qui **116** devrait être particulière et relative à certains | produits volatils, on fait un principe fondamental. On croit que la *puissance* de la matière, comme la puissance florale, se perd et se disperse. Maintenir l'odeur, c'est garder la vertu. On voit avec quelle simplicité s'étale le substantialisme des odeurs.

L'odeur est alors une qualité valorisée. Le fait qu'une substance est, en quelque manière, signée par une odeur spécifique va contribuer à affermir la croyance en l'efficacité de cette substance. Aussi Charas s'oppose-t-il à ceux qui veulent enlever l'odeur désagréable du sel de Vipère. Ces délicats ne comprennent pas « que cette odeur ne se pouvait pas toute séparer de ce sel, qu'on ne lui otât sa vertu »[2]. Fixer le sel volatil par la chaux, c'est aussi lui faire perdre sa puissance, son « essence spirituelle » puisque la chaux le « pétrifie ». Charas n'apporte naturellement aucune preuve de ces affirmations, laisser-aller logique qui est toujours la marque de valorisations *a priori*. Il a donc purement et simplement substantialisé l'odeur. Pour lui, la sensation première ne doit pas, un seul instant, être séparée de la substance dont elle est le signe.

La force insinuante des odeurs, le fait qu'elles s'imposent, qu'on le veuille ou non, les marquent comme des réalités actives. En fait, les odeurs ont été souvent données comme des preuves de *réalités individualisées*. Boerhaave n'a jamais pu se dégager entièrement de cette idée que chaque être a un principe individualisateur, principe *concret* qu'une chimie

1. Macquer, de l'Académie royale des Sciences, *Eléments de Chymie pratique*, 8 vol., Paris, 1751, t. II, p. 54.

2. Charas, *Nouvelles expériences sur la vipère*, Paris, 1869, p. 188.

subtile peut espérer isoler. « Enfin la Chymie est la seule qui nous apprenne qu'il y a dans chaque animal, dans chaque plante, une espèce de vapeur propre uniquement à ce Corps, et qui est si subtile qu'elle ne se manifeste que par son odeur, ou par sa saveur, ou par quelques effets qui lui sont particuliers. Cette vapeur est imprégnée de ce qui constitue la nature propre du Corps où elle réside, et de ce qui le distingue exactement de tout autre. La prodigieuse subtilité fait qu'elle échappe à la vue, aidée même des meilleurs microscopes, et sa grande volatilité empêche qu'elle ne soit sensible à l'attouchement; dès qu'elle est pure et dégagée de toute autre chose, elle est trop mobile pour rester tranquille, elle s'envole, se mêle avec l'air, et rentre dans le chaos commun de tous les corps volatiles. Cependant elle y conserve sa propre nature, et elle y voltige jusqu'à ce qu'elle retombe avec la neige, la grêle, la pluie ou la rosée; alors elle retourne dans le sein de la Terre, elle la féconde par sa semence prolifique, elle se mêle avec ses fluides, pour redevenir | Suc de quelqu'Animal ou de quelque **117** Plante... »[1]. Ce texte nous montre bien clairement le fort réalisme de l'odeur. L'odeur est pour Boerhaave la réalité la plus indépendante qui soit de toutes nos manœuvres. Exhalée par les roses en un soir de printemps, l'odeur revient au rosier avec la rosée du matin. Elle est une réalité qui transmigre mais qui jamais ne se détruit ni ne se transfigure. Bien entendu, nous ne pouvons pas la créer. « Nous ne connaissons rien que l'Art puisse moins imiter que ces Esprits odoriférants, particuliers à chaque plante, et auxquels nous avons donné le nom d'Esprits Recteurs : s'ils se font remarquer partout, c'est parce qu'ils se dispersent d'eux-mêmes dans l'atmosphère... Que d'effets surprenants ne doit-il pas résulter de là ! Que de choses étonnantes ne doit pas opérer cette merveilleuse Métempsychose universelle ! »[2]. Faut-il souligner, en passant, que la technique moderne, sur des bases abstraites, a su multiplier les odeurs au point que le laboratoire soit plus riche que le jardin? Mais l'essentiel pour notre objet est de faire remarquer l'intense

1. Boerhaave, *loc. cit.*, t. I, p. 87.
2. Boerhaave, *loc. cit.*, t. I, p. 494.

valorisation d'une sensation particulière, valorisation qui est déjà sensible dans le ton enthousiaste de Boerhaave.

L'idée qu'une petite matière dirige une grande est aussi bien remarquable et montre une valorisation facile. L'*esprit recteur* d'une huile est « agile ». « Il est le fils du feu. Inné, retenu et comme lié dans les huiles, il leur communique une vertu singulière, et assez efficace, qu'on ne retrouve pas ailleurs ; mais dès qu'il en est chassé tout à fait, il les laisse presque sans forces, et telles qu'à peine peut-on les distinguer entre elles »[1]. Cela prouve bien la puissance individualisante et par suite fortement *réelle* des esprits matériels. Réciproquement, on comprend qu'on tienne l'huile privée de son esprit recteur pour une matière éventée, sans vertu, bref, pour une matière *dévalorisée.*

Si l'on médite sur cette *matière coefficientée* qu'est un *Esprit Recteur*, on ne s'étonnera plus de l'importance attribuée à la *distillation* par l'esprit préscientifique. Cette opération a fourni pendant des siècles à l'inconscient des chercheurs une image vraiment technique de leurs rêves de transmigration. On a cru, pendant longtemps, que la distillation gardait les qualités spécifiques, les qualités essentielles des matières. Le *réalisme de la quintessence* n'était naturellement pas l'objet du moindre doute. L'alambic, dont le mécanisme nous semble clairement factice, était assez souvent considéré comme un

118 appareil en quelque sorte | naturel. Au milieu même du XVIIIe siècle, un auteur peut encore écrire : « Le cerveau contenu dans notre tête, posé sur le tronc de notre corps, à peu près comme le chapiteau d'un alambic sur sa cucurbite, ne recevra pas également ces esprits par forme de distillation, et alors les nerfs adaptés au cerveau ne feront pas à cet égard les fonctions du bec du chapiteau qui se répand dans ces récipients »[2]. D'autres auteurs, à la fin du siècle, forment des cosmogonies sur le plan de la distillation en expliquant l'univers comme un

1. Boerhaave, *loc. cit.*, t. II, p. 767.

2. François Joseph Hunaut, *Nouveau Traité de Physique sur toute la nature ou médications et songes sur tous les corps dont la médecine tire les plus grands avantages pour guérir le corps humain*, 2 vol., Paris, Didot, 1742, t. II, p. 152.

vaste alambic. On sait du reste le rôle important qu'a joué l'alambic dans les expériences de l'Académie, qui distillait des paniers de crapauds, de la chair d'éléphant et les matières les plus diverses. Nous n'insisterons pas sur ce point, car voici longtemps qu'on a dénoncé le caractère vain des distillations préscientifiques. Il y aurait cependant une longue étude à faire sur l'alambic. On serait étonné du nombre de rêveries qui accompagnent l'usage de cet appareil. On comprendrait alors la puissante valorisation des produits lentement distillés. Il ne serait pas difficile d'opposer, sur ce point, la technique des distillations fractionnées aux anciennes pratiques des distillateurs. On verrait qu'il y a plutôt rupture que continuité entre l'usage vulgaire et l'usage savant de l'alambic.

IX

La saveur, comme l'odeur, peut apporter, au substantialisme, des assurances premières qui se révèlent par la suite comme de véritables obstacles pour l'expérience chimique. Par exemple, si les fonctions acides et basiques se sont révélées, dans l'évolution finale de la Chimie, des principes de cohérence très utiles pour une classification générale, il ne faut pas oublier que les propriétés chimiques acides et basiques ont été d'abord prises comme des attributs en rapport direct avec les sensations gustatives. Aussi quand ces attributs inhérents, attachés par l'esprit préscientifique au fin fond de la substance – comme la douceur ou l'acidité –venaient à être masqués, on s'en étonnait comme devant une transsubstantiation. De nombreux faux problèmes sont nés d'une impression gustative mystérieuse. Reportons-nous au résumé de l'*Expérience d'un sel doux tiré de matières fort âcres* qui figure à | la date de 1667 **119** dans l'*Histoire de l'Académie Royale des Sciences* (p. 23) : « L'illustre Boyle, dans son livre *De formarum origine*, avait proposé à tous les chimistes une espèce d'énigme ; c'était de trouver un sel qu'il appelle *Anomal* et qui mérite bien ce nom, pour la nature irrégulière dont il est. La saveur en est douce, quoiqu'il soit composé d'ingrédients, ou plus salés ou plus âcres que la saumure, ou plus aigre que le plus fort vinaigre ». Du Clos travaille à résoudre l'énigme de Boyle : « Il conjecture que ce sel si bizarre était celui dont parle Schroëder, c'est-à-dire un sel composé de cristaux doux de sel commun, préparé avec du vinaigre de miel ». Faut-il s'étonner, après ce miracle de conciliation des propriétés sensibles contraires, que ce *sel Anomal* guérisse plusieurs maladies et qu'il dissolve radicalement l'or : double signe d'une *valeur substantielle* qui apporte, comme souvent, à une âme avide de bien, à un esprit toujours désireux de travailler sur une *réalité*, la preuve fondamentale de la présence d'une substance. Une substance vaut quelque chose. C'est un bien. C'est une puissance qui peut, qui doit montrer son arbitraire. Rien ne vaut pour cela la contradiction. Pour le sel de Boyle, il n'y manque même pas la *valeur historique* ainsi que l'entrevoit l'auteur en se référant à la Bible : « Cette Enigme de M. Boyle avait quelque rapport à celle que Samson proposa aux Philistins, *de forti egressa est dulcedo* ». De telles accumulations de pensées valorisantes, que nous devons signaler au passage pour éviter des redites, nous autoriseront, semble-t-il, à parler, au chapitre suivant, d'une nécessaire psychanalyse du substantialisme.

Pour l'instant, notons simplement qu'une réunion des contradictions sensibles fait souvent office de réalité. Sur cet exemple simple au possible, matériel à souhait, on pourrait peut-être comprendre et juger les thèses philosophiques qui veulent que la réalité soit foncièrement irrationnelle. On pourrait même saisir ces philosophies dans une réciproque où il suffit d'accumuler l'irrationnel pour donner l'illusion de la réalité. N'est-ce pas ainsi que procède le romancier moderne qui passe pour créateur dès l'instant où il *réalise* l'illogisme, l'inconséquence, le mélange des conduites, dès l'instant où il mêle le détail et la loi, l'événement et le projet, l'originalité et le caractère, la douceur et l'âcreté ? Mais le procès de cette objectivité psychologique truquée n'est pas à sa place ici. Nous ne l'évoquons que pour faire sentir que le romancier moderne n'est souvent qu'un mauvais chimiste et que la psychologie littéraire en est au stade de la Chimie préscientifique.

| X

120

Une substance précieuse doit être cherchée, pour ainsi dire, en profondeur. Elle est cachée sous des enveloppes. Elle est noyée dans des matières grossières et des gangues. On l'obtient dans des distillations répétées, dans des macérations prolongées, en de longues « digestions ». Ainsi extraite, réduite et épurée, elle est une quintessence; elle est un *suc*. Tenir sous un faible volume les principes de la nourriture ou de la guérison, tel est l'idéal usuel qui séduit sans peine la pensée substantialiste. Ce mythe de la concentration substantielle est accepté sans discussion. Mme L. Randoin et M. H. Simonnet l'ont souligné dans leur livre sur les Vitamines comme une « tendance de l'esprit humain depuis les débuts de la Civilisation : arriver à *concentrer* les principes dits nourrissants, à les débarrasser de ce qui ne paraît pas utile, et qui doit même, imagine-t-on, troubler les actes digestifs »[1]. Nous retrouverons par la suite l'occasion de psychanalyser cette volonté de puissance digestive. Il est peut-être intéressant de rappeler simplement ici qu'on a pu proposer comme un idéal humain la nourriture par comprimés. Cela montre assez clairement la valorisation du comprimé.

À ce point de vue, le sel est lié à une concentration qui sert de type. Par évaporation du superflu apparaît bientôt, dans une dissolution de sel, la matière essentielle et précieuse. Le mythe est naturellement poussé à sa limite par l'intuition de l'intériorisation. Comme le dit Nicolas de Locques, « le sel est toujours l'intime de l'intime »[2]. Autrement dit, le sel est l'essence de l'essence, la substance de la substance. D'où une raison de valeur substantielle non discutée. Parfois, se priver de sel, c'est

1. L. Randoin et H. Simonnet, *Les vitamines*, Paris, Armand-Colin, 1932, p. 7.

2. Nicolas de Locques, *loc. cit.*, p. 158.

se priver d'aliment. « La superstition d'abstinence du sel, quel qu'en puisse être le motif originaire, se rencontre un peu partout », d'après Oldenberg[1], qui donne quelques cas de jeûne du sel dans l'antiquité védique.

La surpuissance du sel est si grande qu'on la met à l'origine de la vie. Dans un autre opuscule, Nicolas de Locques n'hésite pas à écrire : « Comme la terre au grand Monde est l'Aimant, 121 | l'attrait de toutes les influences célestes… de même le sel qui est cette terre virginale, au centre de toute chose, est l'Aimant de tout ce qui peut entretenir la vie du microcosme »[2]. Cette substance *virginale* cachée au *centre* de toute chose nous donne un clair exemple d'une matière privilégiée *a priori* qui fait obstacle à une pensée empirique fidèle.

Une des raisons qui fait du sel une substance privilégiée c'est, sans doute, qu'on en emploie une petite quantité pour déterminer de grands effets. L'*homo faber* est quelquefois charcutier. Il prend ses intuitions dans son saloir. Il pense comme il sale. Un auteur un peu ancien, Blaise Vigenère, écrivant en 1622, s'exprime ainsi : « Toutes les humeurs du corps animal, sang, pituite, urine et le reste sont salées; sans cela tout se corromprait d'un instant à l'autre »[3]. Bernard Palissy fait la même remarque sous une forme beaucoup plus générale et, bien entendu, toujours *sans preuve* (*Des sels divers*, p. 203) : « Si le sel était extrait des poutres, solives et chevrons, le tout tomberait en poudre. Autant en dis-je du fer, de l'acier, de l'or et de l'argent, et de tous les métaux ». Une fois qu'on attribue une puissance secrète à une substance, on peut être sûr que l'induction valorisante ne connaîtra plus de bornes. En réunissant tous ces exemples dans leur filiation inconsciente, on peut voir comment la conservation du lard par le sel conduit à inférer la conservation de l'or par un produit similaire adéquat.

1. H. Oldenberg, *La Religion du Véda*, trad., Paris, 1903, p. 352.
2. Nicolas de Locques, *Les Vertus magnétiques du sang. De son usage interne et externe pour la guérison des maladies*, Paris, 1664, p. 20.
3. Blaise Vigenère, *Traicté du feu et du sel*, Paris, 1622, p. 25.

Ce qui conserve peut produire. Pour Vigenère (p. 265), le sel n'est pas « infertile », au contraire il cause la fertilité. En voici des « preuves » : il provoque l'appétit vénérien « dont Vénus aurait été dite engendrée de la mer », aussi donne-t-on « du sel aux animaux pour les exciter davantage… On voit encore par expérience que dans les bateaux chargés de sel s'engendrent plus de rats et de souris que dans les autres ». Le sel empêche aussi la terre de se figer et de se constiper, « laquelle constipation empêcherait les herbes de poindre » (p. 266). Et enfin, après une accumulation d'opinions aussi absurdes, Vigenère ose en déduire comme suprême conseil : « ce qui devrait d'autant décrier le sel pour le regard des choses saintes, dont toute lubricité doit être bannie ». Nous n'hésitons pas à transcrire un texte aussi surchargé de vésanies, précisément parce qu'il montre le glissement entre les valeurs les plus hétéroclites, le besoin d'accéder à des valeurs dominantes qui n'ont pourtant rien à voir avec les valeurs empiriques.

| Bien entendu, le sel marin n'est qu'un aspect du sel fondamental qui se trouve à la base de toutes les substances. Si l'on voulait étudier la conviction que donnent ces valorisations essentielles, il suffirait de prendre des textes alchimiques. La maxime : *Cum sale et sole omnia* revient dans la plupart des ouvrages. Nicolas de Locques écrit encore en 1665 : « Celui qui travaille sans sel, est comme celui qui veut tirer de l'arc sans corde, ou sans flèche ». **122**

Le sel intervient aussi comme substance particulièrement active dans les théories de la palingénésie qui eurent un si grand et si étrange succès au XVIIIe siècle. On imagine que les cendres des végétaux et des animaux peuvent reproduire les êtres dont elles sont les restes. Par exemple l'abbé de Vallemont écrit des pages et des pages pour prouver l'action de ces sels essentiels : « Les sels contiennent les idées, la figure et le fantôme des plantes dont ils sont extraits ». Puis « la vertu séminale de chaque mixte est concentrée dans ses sels »[1].

1. Abbé de Vallemont, *Curiositez de la Nature et de l'Art sur la végétation on l'Agriculture et le Jardinage dans leur perfection*, Paris, 1709, p. 279 et p. 284.

Ce secret nous apprend qu'encore que le corps meure,
Les formes font pourtant aux cendres leur demeure.

D'où cette conséquence (p. 294) : « Les Ombres des Trépassés, qu'on voit souvent paraître aux cimetières, sont naturelles, étant la forme des corps enterrés en ces lieux : ou leur figure extérieure, non pas l'âme… Il est certain que ces apparitions peuvent être fréquentes aux lieux où il s'est donné des batailles. Et ces Ombres ne sont que les figures des corps morts, que la chaleur ou un petit vent doux excitent et élèvent dans l'air ». La vision de l'Aiglon sur le champ de bataille d'Austerlitz eût donc été facilement rationalisée par l'intuition substantialiste de l'abbé de Vallemont.

Enfin comme c'est un des traits fondamentaux d'une pensée valorisante que toute valeur peut être niée, on pourrait trouver des textes où les propriétés du sel et des cendres sont jugées d'une manière péjorative. Par exemple, pour Pierre Fabre, le seul nom que mérite le sel est « graisse du monde et épaisseur des éléments »[1]. C'est un excrément. Le sel est, pour ainsi dire, la réalisation de l'impureté.

123 | **XI**

Tout travail patient et rythmique, qui réclame une longue suite d'opérations monotones, entraîne l'*homo faber* à la rêverie. Alors il incorpore sa rêverie et ses chants à la matière élaborée ; il coefficiente la substance longuement travaillée. L'effort partiel, le geste élémentaire ne dessinent plus les limites géométriques de l'objet ; c'est le groupement des gestes dans le temps, c'est la cadence qui est connaissance claire et joyeuse. L'alacrité d'un *potard* tournant son pilon dans son mortier nous dit déjà le prix que, sincèrement, il attache à ses pilules. Toute cette énorme surcharge du rêve, toute cette valorisation des substances par le temps passé à les

1. Pierre-Jean Fabre, Docteur en la Faculté de Médecine de l'Université de Montpellier, *L'Abrégé des secrets chymiques*, Paris, 1850, p. 88.

préparer, il faudra en débarrasser la pensée scientifique. Il faudra dévaloriser le produit d'un travail patient si l'on veut psychanalyser la connaissance objective. A propos de ce thème, on peut montrer assez clairement la différence d'un esprit scientifique et d'un esprit préscientifique sur un exemple très simple.

Pour nous, la trituration est un moyen mécanique dont nous comprenons tout de suite le caractère. Il n'en va pas de même au XVIIIe siècle et *a fortiori* dans les siècles antérieurs. Alors c'est une opération vraiment polymorphe qui s'apparente aux opérations chimiques profondes. L'*Encyclopédie* rappelle que, pour Boerhaave, « la trituration a une force merveilleuse pour dissoudre certains corps, et qu'elle les rend aussi fluides que s'ils étaient fondus par le feu ». Le docteur Langelotte peut de même, par trituration, rendre l'or « aussi fluide que par le moyen du feu, et faire un or potable par le seul mouvement d'un moulin ». Il importe peu, comme le fait observer finement Léon Brunschvicg, que Langelotte ait découvert ainsi l'or colloïdal. Il l'a découvert pour nous, non pas pour lui et Léon Brunschvicg s'interdit, comme nous le faisons nous-même systématiquement, cet optimisme récurrent des historiens des sciences qui veulent souvent plaquer sur les découvertes anciennes les valeurs nouvelles : « Il n'est pas permis de dire qu'on sait une chose alors même qu'on la fait tant qu'on ne sait pas qu'on la fait »[1]. Ici le système de valorisation est différent de notre plan de jugement. Il dépend d'une mystique du broiement. Alors que, pour nous, le broiement n'est qu'une préparation accessoire à des opérations plus essentielles, | il est pris, au XVIIIe siècle, comme une opération **124** qui fournit, dans les domaines les plus variés, un motif d'explication suffisante. On pourra s'en rendre compte en suivant les polémiques sur la digestion stomacale. Une longue lutte divise les partisans de la fermentation et ceux de la trituration. La théorie de la trituration, proposée par le docteur Pitcairn, eut une longue carrière. Un médecin aussi renommé que

1. Léon Brunschvicg, *De la Connaissance de soi*, Paris, Alcan, 1931, p. 68.

Boerhaave n'hésite pas à écrire : « Dans le corps des coureurs… les poissons et les viandes fraîches… se pourrissent aisément, à cause du trop grand frottement qu'elles éprouvent »[1]. L'auteur de l'article dans l'*Encyclopédie* rappelle la trituration chez les Hébreux et donne un verset de la Bible. Saint Paul en fit une parabole. Le poids d'une tradition apporte à une expérience substantielle une *valeur* supplémentaire qui n'a plus cours dans la formation d'un esprit vraiment scientifique.

D'une opération qui ne demande que de la patience, comme la trituration, on peut rapprocher des opérations qui ne demandent que du temps, comme les lentes et douces cuissons. Les bouillons, si variés, si spéciaux, dont l'usage était si fréquent dans la diététique du XVIIIe siècle, devaient sans doute en partie la faveur dont ils jouissaient à cette idée que le temps prolongé des cuissons est une condition indispensable aux concentrations substantielles.

Mais où le temps prend toute sa puissance valorisante, c'est dans les expériences en quelque manière temporellement structurées. De là, la *valeur* des produits obtenus dans des opérations répétées sept fois, ce qui prouve assez le caractère mystique de cette valorisation substantialiste. Boerhaave dit encore : « Il faut fondre le cuivre fossile une douzaine de fois pour le bien rendre ductile sous le marteau »[2]. Cette observation exacte ne comporte pas toutefois la description de l'affinement progressif. Dans la Chimie moderne, quand les opérations sont longues et nombreuses, on en donne la raison détaillée. *On suit une métallurgie comme un raisonnement.* La métallurgie contemporaine est un raisonnement : le thème abstrait explique les manœuvres industrielles. Une opération comme la distillation fractionnée, qui est plus monotone, est entièrement arithmétisée : elle procède presque comme une progression géométrique. La mystique de la répétition ne s'introduit donc pas dans un esprit scientifique moderne.

1. Boerhaave, *loc. cit.*, t. I, p. 101.
2. Boerhaave, *loc. cit.*, t. I, p. 10.

| À cet égard, une opération comme la *cohobation* doit **125** paraître actuellement de tout point incompréhensible. On sait en quoi elle consiste : quand on s'est donné bien du mal pour séparer, dans une distillation, la matière volatile de la matière fixe, on reconstitue le mélange pour recommencer la distillation, ou, comme on dit dans un langage assez clairement valorisant, « on remet l'esprit sur ses fèces ». La patience et le courage des recommencements répétés sont un gage de valeur pour le produit final. Macquer met la *cohobation* au rang des « opérations que les anciens Chymistes pratiquaient avec beaucoup de patience et de zèle et qui sont aujourd'hui trop négligées ». Ainsi, le fait que la cohobation soit tombée en désuétude n'est pas suffisant pour lui enlever, aux yeux de Macquer, sa valeur.

XI

La substance reçoit facilement un pouvoir absorbant si intense quand on la considère sans se défendre contre les rêveries inconscientes, qu'on finit par admettre qu'elle retienne les propriétés du lieu où elle a séjourné. La médecine du XVIIIe siècle n'hésite pas à fonder ses choix sur un principe aussi obscurément affirmé. A propos des bouillons, on peut lire dans l'*Encyclopédie* qu'un estomac affaibli par une longue maladie « est souvent peu propre à digérer le suc des animaux, et s'accommode mieux de celui de carpe, de tanche, de grenouille, etc… qui d'ailleurs porte une fraîcheur dans le sang qu'on ne doit pas attendre de celui des animaux terrestres ou volatiles ». Cette énumération, promptement suivie d'un *etc.*, montre, comme nous en avons déjà fait la remarque, que l'induction substantialiste a précédé, et non pas suivi, les expériences particulières. Cette induction est fondée sur l'explication toute substantielle des sucs qui peuvent « porter leur fraîcheur dans le sang », fraîcheur évidente quand on songe à la longue vie des poissons et des batraciens dans l'eau froide.

En 1669, l'Académie disséqua une civette pour la comparer au castor précédemment étudié. Voici les conclusions : « Le Castoreum est d'une odeur forte et peu agréable et celle de la liqueur qui vient de la civette est entièrement douce, et l'on jugea que cette différence peut venir de l'humidité froide du castor qui est un demi-poisson, au lieu que la civette est d'un tempérament chaud et sec, boit peu, et habite ordinairement les sables de l'Afrique ».

126 |On mesurera peut-être mieux encore cette fausse signature du lieu dans les phénomènes en s'adressant à des expériences qui relèvent de la Physique. A la fin du XVIIIe siècle, on a longuement discuté pour savoir si les grenouilles du Piémont étaient plus ou moins aptes à manifester l'électricité que les grenouilles de Provence : plaisante objectivité qu'une montagne borne ! Électricité en deçà des Alpes, neutralité au-delà.

XII

D'une manière générale, toute valeur substantielle est intériorisée par la vie, surtout par la vie animale. La vie assimile profondément les qualités, elle les attache fortement à la substance. Le rapprochement entre la *nature* d'un animal et la *qualité naturelle* est si direct qu'on peut, sous le couvert d'une idiosyncrasie, entériner les affirmations les plus saugrenues. En 1772, Dubois, dans son *Tableau annuel de la Physique*, raconte ses observations sur Mignon, le Perroquet de Mme de X, électrisante zélée (p. 157) : « Tous les animaux ont en partage une portion plus ou moins grande de cette vertu d'attraction et si elle est plus sensible dans les plumes de perroquet, c'est qu'il est d'une constitution plus sèche et plus convenable que les autres oiseaux. Une preuve bien sensible de cette proposition, c'est leur aversion naturelle pour boire. Souvent elle est si forte, qu'il ne leur faut que quelques gouttes d'eau pour les faire mourir. M. Hartmann explique ce phénomène de la manière la plus ingénieuse. Le perroquet, dit-il, qui conserve toujours la quantité d'électricité qui lui est propre, ne peut manquer de se trouver mal, lorsqu'il boit de l'eau, parce qu'alors il éprouve, par la combinaison de ces deux choses, une commotion qui a beaucoup de rapport à l'expérience de Leyde». Ce n'est pas là une vésanie isolée. Dans un énorme livre sur la Baguette divinatoire, un auteur anonyme, qui est sans doute Thouvenel, redit en 1781 la même chose et en tire des conséquences : « On connaît des oiseaux, dans la classe des perroquets, par exemple, qui sont éminemment électriques, et qui ont une aversion naturelle pour l'eau, surtout pour la boire… Il est à présumer qu'il y a beaucoup d'autres animaux qui cherchent ou qui fuient l'eau et ses émanations, | d'après **127** cette espèce de sens exquis pour le fluide électrique. Les hydrophobes ne sont peut-être tels, que parce qu'ils sont en effet dans l'état de la plus vive électricité animale spontanée, reconnaissable par plusieurs symptômes »[1]. Et l'auteur y voit une explication des phénomènes présentés par le fameux sourcier Bleton. Les fausses sciences s'agglomèrent d'elles-mêmes. Bleton, docile à la physique du jour, cessait de réagir aux sources cachées dès qu'on mettait sous ses pieds des isoloirs de verre.

De telles billevesées ne pourraient évidemment s'introduire dans un livre scientifique contemporain, fût-il d'une vulgarisation de très mauvais aloi. Mais, au XVIIIe siècle, elles encombrent et entravent la culture. Il n'y a aucune hiérarchie dans la cité savante. Tous les observateurs se déclarent égaux devant l'expérience. Tous les faits peuvent être cités comme autant « d'anecdotes de la nature ». Cet empirisme pulvérisé, cette expérience concrète sans effort d'abstraction accueillent toutes les fantaisies individuelles. Il suffit de trouver une *nature particulière*, une *activité substantielle* pour expliquer toutes les particularités de l'expérience, puis, de proche en proche, tous les préjugés, tous les on-dit, toutes les folies de la Sagesse des Nations.

1. T*** D. M. M., *Mémoire physique et médical, montrant des rapports évidents entre les phénomènes de la Baguette divinatoire, du Magnétisme et de l'Électricité*, Londres, 1er tome, 1781, 2e t., 1784, t. I, p. 94.

XIII

L'être humain est naturellement un facteur d'intériorisation privilégié. Il semble que l'homme puisse sentir et connaître directement les propriétés intimes de son être physique. L'obscurité du *je sens* prime la clarté du *je vois*. L'homme a conscience d'être, par son corps saisi dans un vague sentiment, une substance. On va voir à quel niveau d'intimité substantielle l'Abbé Bertholon, dont nous avons déjà noté la célébrité, explique l'action de l'électricité sur l'être humain, en 1786 : « Il n'est point de vérité mieux établie que celle de l'influence des passions sur la santé; le désordre qu'elles portent dans l'économie animale est si connu par tant d'exemples, que personne ne peut être tenté d'en douter. Ce ne serait donc point être déraisonnable, pour diminuer l'effervescence du sang et le ton des ressorts de la machine entière, que de recommander l'usage de l'électricité négative à ceux qui sont les victimes des passions violentes, qui agitent et déchirent le cœur de la plupart des hommes, au moins de ceux qui composent quelques classes | brillantes de la société. Ce moyen, directement opposé à l'effet pernicieux des passions, serait bien propre à procurer le calme et la tranquillité, en diminuant cette tension nuisible que les agitations de l'âme n'occasionnent que trop souvent; et, eu égard à la dépendance réciproque qui se trouve entre l'esprit et le corps, on affaiblirait le genre moral, en attaquant le genre physique. Tous ces moyens de conserver la santé suivent nécessairement des principes les plus certains, et on ne peut, sans l'inconséquence la plus marquée, en contester l'efficacité »[1]. Une telle page nous semble très caractéristique de cet arrêt d'une pensée préscientifique qui s'accroche à des convergences verbales, renforcées d'impressions subjectives. Si l'on n'avait pas employé le mot *agitations* pour dépeindre les effets de la passion, on n'aurait pas proposé de les *calmer* par l'électricité. Si l'on n'avait pas employé le mot *négatif* pour désigner un

1. Bertholon, *De l'électricité du corps humain...*, *loc. cit.*, t. I, p. 205.

aspect des phénomènes électriques, on n'aurait pas proposé l'électricité négative pour *diminuer* la tension trop grande de l'âme. De toute évidence, dans cette page, la pensée de l'abbé Bertholon se déplace sur le plan linguistique. Les noms donnés à des phénomènes partiels, à des aspects tout particuliers de l'expérience, par convention ou par métaphore, deviennent des substantifs pleins, des substantifs chargés de substance.

L'abbé Bertholon n'hésite pas à désigner électriquement les individus, à donner ainsi à la marque électrique un caractère foncier, vraiment substantiel (p. 206). « Lorsqu'il s'agit de former ces liens de la nature, sans lesquels la société ne pourrait se perpétuer, on doit faire une attention toute particulière aux qualités électriques des tempéraments. Deux individus, en qui le fluide électrique abonde, jouiront d'une santé moins parfaite que si la constitution électrique de l'un des deux était faible. Il en est de même de deux tempéraments trop peu électriques, comparés à deux autres qui ont une vertu électrique inégale; parce qu'il est nécessaire que le défaut de l'un soit détruit par l'excès de l'autre : la juste compensation qui se fait dans ce dernier cas, même par la simple cohabitation, combat sans cesse le vice dominant du tempérament. Indépendamment de la santé que les individus acquièrent réciproquement par ce croisement électrique des races, l'État y gagne une population plus nombreuse et plus vigoureuse, ainsi que l'observation le confirme tous les jours aux yeux du philosophe qui épie la nature, toujours admirable, jusque dans ses œuvres les plus communes ». L'idée de *richesse électrique* est donc prise ici comme une idée claire en soi qui a une valeur explicative suffisante dans les domaines les plus variés. On retrouve presque | mot pour mot, sous la plume de cet électri- **129** cien, les banalités psychologiques qui ont encore cours sur l'utilité d'un contraste de caractères entre les époux. Faut-il en conclure une fois de plus que la psychologie littéraire de notre temps en est exactement au stade de la « science » électrique du XVIIIe siècle? Elle aussi s'occupe plus volontiers des passions « de ceux qui composent quelques classes brillantes de la société ». Alors l'intimité est sans doute plus profonde.

La riche personnalité reçoit les caractères les plus divers. On voit du reste que des intuitions substantialistes si faciles ne résolvent que de faux problèmes, aussi bien dans le domaine scientifique que dans le domaine de la psychologie littéraire.

PSYCHANALYSE DU RÉALISTE

I

Si nous voulons essayer de bien caractériser la séduction de l'idée de substance, nous ne devons pas craindre d'en chercher le principe jusque dans l'inconscient où se forment les préférences indestructibles. L'idée de substance est une idée si claire, si simple, si peu discutée, qu'elle doit reposer sur une expérience beaucoup plus intime qu'aucune autre.

Nous partirons donc de quelques remarques qui paraîtront tout de suite outrées. Elles nous ont choqué nous-même au début de nos réflexions. Puis, les interminables lectures que nous avons faites des livres alchimiques, les enquêtes psychologiques auxquelles nous avons pu nous livrer au cours d'un enseignement déjà long et divers, nous ont mis en présence de convictions substantialistes tellement ingénues que nous n'hésitons plus guère à faire du réalisme un instinct et à en proposer une psychanalyse spéciale. En effet, non seulement la conviction première du réalisme n'est pas discutée, elle n'est même pas enseignée. De sorte que le réalisme peut à juste titre, ce qui n'est pas pour nous une raison de faveur, être dit la seule philosophie innée. Pour en bien juger, il faut même dépasser le plan intellectuel et comprendre que la substance d'un objet est agréée comme un bien personnel. On en prend possession spirituellement comme on prend possession d'un avantage évident. Entendez argumenter un réaliste : il a *immédiatement* barre sur son adversaire, parce qu'il a, croit-il, le réel pour lui, parce qu'il *possède la richesse* du réel tandis que son adversaire, fils prodigue de l'esprit, court après de vains songes. Dans sa forme naïve, dans sa forme affective, la certitude du réaliste procède d'une joie d'avare. Pour bien préciser notre thèse, disons donc sur un ton polémique : du **132** point de vue psychanalytique | et dans les excès de la naïveté, tous les réalistes sont des avares. Réciproquement, et cette fois sans réserve, tous les avares sont réalistes.

La psychanalyse qu'il faudrait instituer pour guérir du substantialisme est la psychanalyse du *sentiment de l'avoir*. Le complexe qu'il faudrait dissoudre est le complexe du petit profit qu'on pourrait appeler, pour être bref, le complexe d'Harpagon. C'est le complexe du petit profit qui attire l'attention sur les petites choses qui ne *doivent* pas se perdre car on ne les retrouve pas si on les perd. Ainsi un objet *petit* est gardé avec une grande attention. Le vase fragile est celui qui dure le plus longtemps. Ne rien perdre est donc de prime abord une prescription normative. Cette prescription devient ensuite une description ; elle passe du normatif au positif. Finalement, l'axiome fondamental du *réalisme non prouvé* : Rien ne se perd, rien ne se crée, est un dire d'avare.

Le complexe du petit profit a déjà fait l'objet d'études nombreuses dans la Psychanalyse classique. Nous ne l'aborderons qu'en tant qu'il forme obstacle à la culture scientifique, qu'en tant qu'il majore un type de connaissance particulier, qu'il valorise des matières et des qualités. Nous sommes d'ailleurs obligé d'engager le débat très obliquement, en insistant d'abord sur des valorisations en apparence objectives. Ainsi, il est bien sûr que les pierres précieuses sont, dans nos sociétés, des valeurs matérielles indiscutables. Mais en acceptant comme fondée cette valorisation sociale, il est déjà intéressant, nous semble-t-il, de la voir se glisser dans des domaines étrangers à la valorisation initiale comme dans la pharmacie. Ce glissement a été souvent signalé, mais on n'a peut-être pas montré les nuances affectives de cette valorisation secondaire. Nous allons, dans un premier paragraphe, caractériser brièvement cette première mutation de valeurs pour préparer l'examen de valorisations plus nettement subjectives. Nous remettons donc à quelques pages plus loin l'apport de textes beaucoup moins remarqués où transparaît, cette fois, l'affectivité lourde et obscure des auteurs. D'ailleurs, dans nos démonstrations, nous ne pouvons pas être complet car, étant donnée la nature de notre livre, nous ne pouvons pas faire de *psychologie directe*; nous n'avons droit qu'à une *psychologie de reflet*, telle qu'elle résulte de réflexions sur la théorie de la connaissance. C'est donc dans l'acte même de connaître qu'il nous faut déceler le trouble produit par le sentiment prévalent de l'avoir. C'est là seulement – et non pas dans la vie usuelle qui pourrait pourtant nous apporter tant de preuves – qu'il nous faut montrer cette avarice directe et inconsciente, cette avarice qui, sans savoir compter, trouble | tous les calculs. Nous en retrouverons **133** d'ailleurs une forme peut-être encore plus primitive dans le *mythe de la digestion* quand nous traiterons de l'obstacle animiste. Pour un examen plus complet du problème, le lecteur pourra se reporter, par exemple, au curieux ouvrage de MM. R. et Y. Allendy : *Capitalisme et Sexualité*.

II

D'abord il est frappant de voir que « les matières précieuses » gardent longtemps dans les recherches préscientifiques une place privilégiée. Même au moment où l'esprit critique se fait jour, il respecte la valeur qu'il attaque. Il suffit de parcourir les nombreuses pages consacrées aux pierres précieuses dans les traités de *Matière médicale* du XVIIIe siècle pour se convaincre de cette induration des croyances anciennes. Nos démonstrations seraient plus faciles, mais elles auraient moins de sens, si nous remontions à des époques plus anciennes. Voyons donc la gêne de l'esprit préscientifique devant des préjugés grossiers. Même lorsque les croyances sont taxées de superstition, il faut y regarder à deux fois pour être sûr que l'auteur en est débarrassé. D'abord il éprouve le besoin de les noter; les passer sous silence serait sans doute décevoir le public, manquer à la continuité de la culture. Mais ensuite, ce qui est plus grave, l'auteur se donne très souvent pour tâche de les rectifier *partiellement*, effectuant ainsi la rationalisation sur une base absurde, comme nous l'avons déjà signalé en nous inspirant du psychanalyste Jones. Cette rationalisation partielle est à la connaissance empirique ce qu'est la sublimation des instincts à la production esthétique. Mais ici, la rationalisation nuit à la recherche purement rationnelle. Le mélange de pensée érudite et de pensée expérimentale est en effet un des plus grands obstacles à l'esprit scientifique. On ne peut pas *compléter* une expérience qu'on n'a pas soi-même recommencée dans son intégrité. On ne *possède* pas un bien spirituel qu'on n'a pas acquis entièrement par un effort personnel. Le signe premier de la certitude scientifique, c'est qu'elle peut être revécue aussi bien dans son analyse que dans sa synthèse.

Mais donnons quelques exemples où, malgré des critiques très vives, l'expérience plus ou moins exacte vient s'adjoindre à la tradition complètement erronée. Dans le *Traité de la Matière médicale* de Geoffroy, traité qui représente une énorme culture et qui fut extraordinairement répandu au XVIIIe **134** siècle, on peut | lire : « Outre les vertus superstitieuses qu'on attribue [à l'émeraude], et que nous passons sous silence, on croit communément qu'elle arrête les hémorragies, les dysenteries, le flux hémorroïdal. On l'emploie avec les autres fragments des pierres précieuses dans l'Électuaire que l'on en fait, et dans la Confection d'Hyacinthe, avec l'hyacinthe et les saphirs »[1]. On ne peut mieux dire que la superstition est une ancienne sagesse qu'il suffit de moderniser et d'émonder pour en dégager la véritable valeur.

Puisqu'il y a au fond quelque chose de vrai dans cette tradition, on va faire des objections et y répondre, sans plus

1. Geoffroy, *Traité de la Matière médicale ou de l'histoire des vertus, du choix et de l'usage des remèdes simples*, Paris, 1743, t. I, p. 157.

s'occuper d'expériences positives. « On peut objecter, dit Geoffroy, que ces fragments [d'émeraude] sont si durs, qu'ils résistent le plus souvent à l'eau-forte, et que, par conséquent, le levain de l'estomac ne peut les dissoudre, et qu'on les rend tels qu'on les a pris. Mais cette objection n'est d'aucun poids. Car l'émeraude mise sur les charbons ardents s'allume comme le soufre ; et sa couleur verte s'exhalant avec la flamme, cette pierre reste diaphane et sans couleur comme le crystal… Certainement ce qui se fait par le moyen du feu… se peut faire par la chaleur naturelle et la lymphe stomacale. Quoique la substance cristalline de ces pierres ne se dissolve pas, cependant la partie sulfureuse et métallique peut se séparer de la partie cristalline et étant ainsi dégagée, elle peut exercer ses vertus sur les liqueurs du corps humain »[1]. Ainsi l'action médicale envisagée se fait par l'intermédiaire d'une quintessence, d'une teinture qui substantifie en quelque sorte la partie la plus précieuse de la pierre précieuse. Cette vertu, présentée on le voit sous le couvert d'une simple *possibilité*, puisqu'on n'a jamais pu constater la « décoloration » des émeraudes par les actions stomacales, n'est, d'après nous, que le substitut de la valeur immédiate, le substitut du plaisir qu'on a de contempler l'éclat vert et doux de l'émeraude. Elle est aussi valorisée par la science pharmaceutique que par la poésie. Les métaphores de l'apothicaire n'ont pas plus de réalité que les métaphores de Remy Belleau quand il chantait la couleur et la vertu de l'émeraude,

> Couleur qui rassemble et rallie
> La force des yeux affaiblie
> Par trop longs et soudains regards,
> Et qui repaît de flammes douces
> Les rayons mornes, las ou mousses
> De notre œil, quand ils sont épars.

| Ainsi les possibilités et les rêves qui travaillent **135** l'inconscient suffisent pour que Geoffroy demande le respect de la sagesse ancienne (p. 159) : « Il ne faut donc pas proscrire

1. *Ibid.*, p. 158.

sans sujet les pierres précieuses des compositions de Pharmacie, reçues depuis longtemps et approuvées par une longue et heureuse patience ». Respecter une science qu'on ne comprend pas ! C'est bien là substituer des valeurs subjectives aux valeurs objectives de la connaissance expérimentale. C'est jouer sur deux évaluations différentes. Le médecin qui impose au malade une préparation d'émeraude a déjà la garantie de savoir que le malade connaît une *valeur,* la valeur commerciale du produit. Son autorité médicale n'a donc qu'à renforcer une valeur existante. On ne saurait trop exagérer l'importance psychologique de l'accord de la mentalité du malade et celle du médecin, accord facile dans l'âge préscientifique. Cet accord donne une évidence spéciale, et par conséquent une valeur accrue à certaines pratiques médicales.

Il est aussi très intéressant d'étudier l'appareil doctrinal des *donc* et des *c'est pourquoi* par lesquels les gens d'autorité relient les préjugés anciens et les coutumes usuelles. Par exemple, à propos de la topaze, Geoffroy écrit (p. 160) : « Les Anciens lui ont attribué la nature du Soleil : c'est pourquoi on croit qu'elle diminue les peurs nocturnes et la mélancolie, qu'elle fortifie le cœur et l'esprit, qu'elle est contraire aux songes fâcheux, et qu'elle arrête les hémorragies. On l'emploie dans la confection d'hyacinthe ». On n'a pas assez étudié cette bivalence psychologique et physique. Nous connaissons des médicaments qui, par l'intermédiaire d'une action somatique, apaisent certaines mélancolies. Nous connaissons aussi une médecine psychologique. Du moins nous ne donnons plus notre créance à des remèdes bivalents. Cette ambivalence est toujours le signe d'une valorisation impure.

Il faut en effet souligner que, pour la plupart des pierres précieuses, l'esprit préscientifique admet une action conjointe sur le cœur et sur l'esprit. C'est là un indice de la convergence des joies de la richesse et des joies de la santé. Dès qu'un médicament a la réputation d'arrêter une hémorragie, c'est-à-dire quand on croit qu'il contribue à entraver la perte du plus précieux des biens : le sang, il devient un *cordial* dans toute l'acception du terme. Geoffroy rappelle (p. 153) les vertus de la Cornaline qui est, comme dit Belleau, d'incarnate couleur: « Les Anciens croyaient que la Cornaline rendait l'esprit joyeux, qu'elle dissipait la crainte, donnait de l'audace, empêchait les enchantements, et défendait le corps contre toute sorte de poisons. La Cornaline pulvérisée se prend intérieurement pour arrêter toute sorte de flux de sang | mais on en fait **136** rarement usage à présent, car on a d'autres remèdes bien plus excellents ». On voit que cette restriction n'est point totale. On s'en tient à un compromis qui donne la mesure de la résistance aux saines méthodes scientifiques.

Parfois l'action de la matière précieuse est toute psychologique. Le chevalier Digby dit simplement, comme allant de soi : « Le diamant, le grenat, l'émeraude… excitent la joie dans le cœur »[1]. On sent assez nettement quelle joie est ainsi substantifiée. Nicolas Papin, vraisemblablement le père de Denis Papin, ajoute, ce qui est moins clair: « le saphir, l'émeraude, les perles et autres portent à la chasteté ». Une fois de plus le médecin retrouve les chants du poète ; Remy Belleau vantait lui aussi la chasteté de l'émeraude :

Bref, elle est si chaste et si sainte
Que si tôt qu'elle sent l'atteinte
De quelque amoureuse action,
Elle se froisse, elle se brise
Vergogneuse de se voir prise
De quelque sale affection.

La science des Arabes mérite, bien entendu, le même respect que la science des Anciens. Il est d'ailleurs assez curieux que, même de nos jours, la science arabe qui nous apporte la méditation du désert profite toujours d'un préjugé favorable. A propos de l'or, Geoffroy écrit: « Autrefois les Grecs ne connaissaient pas l'usage de l'Or dans la médecine. Les Arabes sont les premiers qui en ont recommandé la vertu; ils l'ont mêlé dans leurs compositions réduit en feuilles. Ils

1. Chevalier Digby, *Discours fait en une célèbre assemblée touchant la guérison des plaies par la poudre de sympathie*. Comme suite, il y a une *Dissertation touchant la poudre de sympathie*, trad. du latin du sieur Papin, Dr en Médecine de la ville de Blois, par Rault, Paris, 1681, p. 188.

croient que l'Or fortifie le cœur, ranime les esprits et réjouit l'âme; c'est pourquoi ils assurent qu'il est utile pour la mélancolie, les tremblements et la palpitation du cœur »[1]. Dans des siècles plus matérialistes, cette croyance a besoin d'être soutenue par des arguments plus matériels. Aussi « les Chimistes ajoutent de plus que l'or contient un soufre fixe le plus puissant; lequel étant incorruptible, si on le prend intérieurement, et s'il est mêlé avec le sang, il le préserve de toute corruption, et il rétablit et ranime la nature humaine de la même manière que le Soleil, qui est la source intarissable de ce 137 soufre, fait revivre toute la nature ». Peut-on donner un | plus bel exemple d'un raisonnement par participation qui vient ici fondre dans une même valeur l'or, le soleil et le sang! Geoffroy hésite sans doute à accepter de telles convergences; mais cette hésitation est précisément caractéristique de l'esprit préscientifique. C'est cette hésitation qui nous fait dire que la pensée préscientifique est ici devant un obstacle non encore surmonté, mais en voie de l'être. C'est cette hésitation qui appelle une psychanalyse. Dans les siècles précédents on accepte les yeux fermés. Dans les siècles qui suivront, on ne lira plus ces élucubrations. Mais les faits sont là: Geoffroy, écrivant en plein XVIIIe siècle, affirme son respect pour l'École Arabe; il ne se résout pas, comme il dit, « à exiler l'or de toutes les préparations cordiales ».

Exiler l'or! Dire tranquillement que l'or ne donne pas la santé, que l'or ne donne pas du courage, que l'or n'arrête pas le sang qui coule, que l'or ne dissipe pas les fantômes de la nuit, les souvenirs pesants venus du passé et de la faute, que l'or n'est pas la richesse ambivalente qui défend le cœur et l'âme! Cela demande un véritable héroïsme intellectuel ; cela demande un inconscient psychanalysé, c'est-à-dire une culture scientifique bien isolée de toute valorisation inconsciente. L'esprit préscientifique du XVIIIe siècle n'a pas réalisé cette liberté d'appréciation.

1. Geoffroy, *loc. cit.*, t. I, p. 54.

Nous pourrions facilement multiplier les exemples de ces médications précieuses telles que la Confection Royale d'Alkermès de Charas, la poudre Panonique de Charas, la Confection d'Hyacinthe, la Poudre de joie, la Poudre de Perles rafraîchissante. Nous verrions qu'il y a une *matière médicale de la richesse* en opposition à la *matière médicale des simples*. Nous comprendrions la juste importance du conseil donné comme fondamental par certains apothicaires de conserver les remèdes précieux dans des boîtes d'or ou d'argent, d'ivoire ou d'albâtre, ou le conseil plus modeste de faire peindre et dorer les boîtes[1]. Ce n'est pas tant pour bien les conserver que pour bien les exposer, pour que tout le monde s'entende bien, marchands et clients, sur la valeur précieuse du remède.

Il ne serait d'ailleurs pas difficile de montrer que la poudre de perles rafraîchissante a d'autant plus d'activité inconsciente qu'elle représente un sacrifice plus conscient. Sa valorisation est ambiguë et joue à la limite de l'inconscient et du conscient. La poudre de perles est plus efficace sur le bourgeois avare que sur le prince prodigue. On tient tant aux perles et aux pierres précieuses qu'on a quelque mérite à les broyer dans le mortier d'or et à les dissoudre | dans une potion. **138** On fait un tel sacrifice d'un bien objectif qu'on en espère fermement un bien subjectif. La valeur de la pierre précieuse pour l'inconscient se transmute en une valeur scientifique dans l'évaluation de la conscience instruite. C'est là une confusion qui est encore bien fréquente. On fait souvent bon marché d'un remède bon marché. Mais l'inconscient qui sait compter, qui sait troquer, n'est pas l'inconscient primitif. L'homme inconscient, qui rêve, une perle dans sa main, un diamant au doigt, est une âme plus lourdement chargée. En sacrifiant son bijou, c'est une partie de sa substance, une partie de ses rêves les plus chers, qu'il offre en holocauste.

1. Soenen, *loc. cit.*, p. 78.

III

Mais il est temps de marquer plus fortement, plus directement, les joies du possesseur et les sécurités objectives qu'apporte le maniement de certaines substances. La pierre précieuse est petite et elle est d'un grand prix. Elle concentre la richesse. Elle est donc propre à concentrer la douce méditation du propriétaire. Elle donne la clarté de l'évidence au complexe du petit profit. D'habitude, le complexe du petit profit se développe à partir d'objets insignifiants : c'est le complexe de Laffitte ramassant une épingle. Mais cette déviation ne doit pas nous tromper sur le principe de l'avarisme intelligent : posséder beaucoup sous un moindre volume. Nous rejoignons le besoin de la concentration des biens. Malouin donne comme « un des grands avantages de la chimie, de réduire quelquefois les médicaments à un moindre volume, sans en affaiblir la vertu ». De nos jours encore, un radiologue sur deux ne peut s'empêcher de dire à son client qu'un petit tube de radium contient cent mille francs. Jadis les Alchimistes tenaient leur poudre de projection dans un petit étui. Ils pensaient l'or comme une *concentration* de vertus. « L'or… possède les vertus dilatées du Soleil resserrées dans son corps »[1]. De Locques dit aussi : dans l'or, la nature « a ramassé les vertus comme à l'infini »[2]. Par cette dernière expression, on sent bien que c'est l'inconscient qui trouve dans l'or la cause occasionnelle de tous ses rêves.

La contradiction intime du faible volume et du grand prix se double d'une autre : la pierre précieuse brille et elle se cache. Elle | est aussi bien la fortune ostensible que la fortune dissimulée, la fortune du prodigue aussi bien que la fortune de l'avare. Le mythe du trésor caché est impossible sans cette condensation des biens. Ce mythe anime des générations successives. Le père de Villiers de l'Isle-Adam a cherché toute

139

1. *Lettre philosophique. Très estimée de ceux qui se plaisent aux Vérités hermétiques*, trad. de l'allemand par Antoine Duval, Paris, 1723, p. 47.

2. Nicolas de Locques, *Eléments philosophiques des arcanes et du dissolvant général, de leurs vertus, propriétés et effets*, Paris, 1688, p. 49.

sa vie l'or enfoui par ses ancêtres. Villiers de l'Isle-Adam a *réalisé* le souhait de son père en écrivant *Axel*. Toute rareté se localise en « cachette ». L'or se cache autant qu'on cache l'or. Le meilleur est le plus caché. Certains alchimistes attribuent ainsi à la nature un comportement d'avare. Thomas Sonnet dit, sans preuve: « La nature fait élection et choix pour la génération de l'or d'une mine et carrière particulièrement enclose et cachée dans le sein de la terre »[1].

Ainsi l'or éblouit et attire. Mais cette attraction et cet éblouissement sont-ils des métaphores ? On lit dans la *Chimie médicinale* de Malouin, imprimée en 1755 (t. II, p. 5) : « J'ai remarqué au Jardin Royal une certaine joie peinte sur le visage des auditeurs, à la vue de l'or qu'on leur mettait sous les yeux, avant que d'en faire la dissolution ». J'ai moi-même fait souvent la même observation : quand les temps scolaires revenaient de dissoudre la feuille d'or dans l'eau de chlore, je me heurtais à des questions, à des scrupules : la feuille d'or serait-elle *perdue* ? Cette mort d'une richesse parfaite, d'une richesse indiscutée donnait à la classe un instant dramatique. Devant cet intérêt passionné, on s'explique plus facilement que Malouin continue en affirmant en toute tranquillité que (p. 6) : « L'or (dit Mathiole sur Dioscoride) a une certaine vertu attractive, par laquelle il allège les cœurs de ceux qui le regardent ». Ce n'est pas là un simple recours à l'érudition car Malouin dit pour son compte : « l'or fortifie merveilleusement le cœur ». Ainsi ce bon chimiste du XVIIIe siècle passe insensiblement de la joie peinte sur le visage, signe d'un réconfort ambigu, à une action tonique positive sur le plus noble des viscères. Un pas de plus et, si l'on ose dire, il digèrera sa joie pour bien nous rappeler que la digestion est le signe de la plus douce et de la plus sûre des possessions. Malouin écrit en effet : l'or est « un bon remède pour la dysenterie ».

Le Chancelier Bacon, qui ne dédaigne pas les richesses, remarque dans sa *Sylva Sylvarum* : « ce qu'il y a de certain, c'est que les pierres précieuses contiennent des esprits subtils,

1. Thomas Sonnet, *Satyre contre les charlatans et pseudo médecins empyriques*, Paris, 1610, p. 194.

ainsi que le démontre leur éclat, esprits qui, par voie de sympathie, agissent sur l'homme d'une manière vivifiante et 140 délectante. Celles qui se | prêtent le plus à produire un semblable effet sont le diamant, l'émeraude, le rubis et la topaze ». Pour bien comprendre tout le sens de telles affirmations, il faut réunir toutes les raisons de la conviction. La joie de posséder se substantifie. Elle donne lieu à une expérience intime, à un réconfort qui rend bien inutile une vérification objective. L'ordre d'efficacité est purement et simplement un ordre de préférence personnelle. Dans de telles opinions, on assiste à la réunion d'une expérience psychologique et d'une légende médicale, autrement dit, à la fusion d'une passion vraie et d'une idée fausse. C'est alors la passion vraie qui forme obstacle à la rectification de l'idée fausse. Pour légitimer de telles sommes impures, si l'on invoque des lectures et des leçons qui font passer de générations en générations de si incroyables préjugés, il reste à rendre compte de leur transmission facile et fidèle. En fait, de tels préjugés sont confirmés par l'adhésion immédiate de l'inconscient.

L'attrait pour l'or devient naturellement, chez certains auteurs, une attraction matérielle. Un auteur anonyme écrivant en 1640 s'exprime ainsi : « L'or a de soi-même une force aimantine qui attire les cœurs par le lustre brillant de son étincelante et pure teinture, en laquelle Nature a installé tout ce qu'elle pouvait de mieux »[1].

Comme on le sait, les *influences* astrales sont pour l'astrologue et l'alchimiste, dont il faut réunir les deux mentalités pour bien comprendre la psychologie de l'esprit préscientifique, des influences vraiment matérielles, des attractions de matière. En particulier on commettrait une profonde erreur si l'on pensait que ces influences ne sont que des signes, des symboles. Ainsi, pour ne donner qu'un seul exemple, un auteur du nom de R. Decartes dont nous avons étudié l'œuvre dans un récent article s'exprime ainsi : « La Lune pleine renvoie sur la Mer certaine substance, qui lui sert de levain

1. *Œuvre de la Physique contenant les trois principes des philosophes*, La Haye, 1640, p. 90.

pour la fermenter comme de la pâte, et par son élévation causer les flux et reflux »[1]. C'est dans cet esprit que la correspondance du Soleil et de l'Or est réifiée. Ainsi Basile Valentin accumule les « preuves » de cette interaction physique : « Le Soleil et l'Or ont aussi une particulière correspondance et certaine *vertu* attractive mutuellement entre eux, | parce que le Soleil a travaillé dans l'Or ayant servi comme d'un puissant médiateur pour unir et lier inséparablement ces trois principes qui ont leur *Aymant* à l'entour, de ce Soleil supérieur, et ce Métal a obtenu un si grand degré de perfection qu'on y trouve les *trois principes* être en très grande vertu d'où résulte la forme corporelle de l'Or, parce qu'elle a été composée dans une parfaite union de ces trois principes; ainsi l'Or a son origine de l'Aymant *doré* et céleste »[2]. Si nous transcrivons un passage aussi informe, c'est précisément parce que s'y accumulent les impressions les plus vagues, les plus impures. Loin de rationaliser et de classer les preuves, l'auteur totalise les valeurs.

141

Un autre auteur est en apparence plus clair mais le même mélange d'arguments manifeste encore l'endosmose des valeurs. Pour Nicolas de Locques, l'or est « comme un Globe plein de toutes les vertus célestes, qui influe à tous les métaux comme le cœur fait la vie à toutes les parties du corps. Il est estimé de la Médecine Universelle par la sympathie qu'il a avec l'homme et le Soleil, et par le mutuel amour et vertu attractive qui se trouvent entre eux, si bien que l'Or est un puissant médiateur qui lie la vertu du Soleil à l'homme... L'or guérit les maladies vénériennes, la lèpre, fortifie le Cœur, le Cerveau, la Mémoire et excite à la génération »[3]. L'action sur le cœur, le cerveau, la mémoire dit assez clairement le caractère psychologique de la médication par l'or. Enfin

1. R. Descartes, *Les véritables connaissances des influences célestes et sublunaires*, Paris, 1667, p. 430.

2. Basile Valentin, *Révélations des mystères des teintures essentielles des sept métaux*, trad. Israël, Paris, 1646, p. 51.

3. De Locques, *Rudiments de la philosophie naturelle*, *loc. cit.*, t. II, p. 127.

l'action sur la génération qui est relatée dans des textes innombrables est assez symptomatique de l'audace du personnage au gousset gonflé d'or.

Un autre auteur encore trouve évidente cette comparaison : « Comme l'âme rend chaud l'animal, tandis qu'elle est dans le corps : de même l'or chasse le froid de l'argent vif et le tempère, tandis qu'il sera vraiment uni avec lui »[1]. Qui n'a pas été réconforté par une poignée d'or comme par un verre d'alcool ? Faut-il rappeler le père Grandet ? Dans *l'Argent*, Zola, dit Sombart, nous montre avec beaucoup de finesse « Saccard revenant sans cesse vers l'endroit où s'effectue le poinçonnage de l'or et où plusieurs millions de pièces d'or sont transformées journellement en or en barres, et écoutant avec délices le mystérieux tintement qui réconfortait son âme de grand **142** spéculateur : c'est la musique | de l'or qui plane sur toutes les affaires, semblable aux voix des fées dans les contes »[2]. A notre avis ce retour à la richesse *concrète*, bien plus douce à l'inconscient que les abstractions de lettre de change, marque profondément une âme. Ce retour est une régression.

Pas de sympathie sans réciproque. J.-B. Robinet en vient à écrire : « M'accusera-t-on encore de trop de raffinement, si je conjecture que l'or, l'argent et... les pierres précieuses peuvent jouir, dans un certaine mesure, de la considération que nous leur accordons ? »[3]. Et encore (p. 195) : « L'or ignore-t-il tout à fait les honneurs dont il jouit ? ». Robinet compare aussi l'escarboucle lumineuse et l'œil qui voit la lumière et conclut : « La faculté d'être lumineux est sûrement quelque chose de plus parfait que celle de voir la lumière »[4]. En effet *donner est plus difficile que recevoir*, l'action de l'escarboucle a donc plus de valeur que la réception de l'œil. Ici s'étale aussi le principe fondamental du substantialisme, qui est en même temps un axiome de l'avarice : « nullum potest dare quod non

1. Gaston Le Doux, dit de Claves. *Traité philosophique de la triple préparation de l'Or et de l'Argent*, Paris, 1695, p. 81.
2. Werner Sombart, *Le Bourgeois*, trad., Paris, 1926, p. 378.
3. Robinet, *loc. cit.*, t. IV, p. 192.
4. *Ibid.*, t. IV, p. 190-191.

habet». Robinet continue: [la faculté d'être lumineux] suppose «plus de pureté dans la substance, plus d'homogénéité dans les parties, plus de délicatesse dans la structure. On a appelé l'âme une lumière invisible, on a appelé la lumière une âme visible»; on voit donc que les valeurs de l'objet et du sujet peuvent s'inverser. Et voici toujours la même conclusion: ces pierres qui jettent de la lumière «ne jouissent-elles donc pas à leur manière de l'exercice d'une telle propriété? N'en ont-elles aucune sorte de conscience? L'exercent-elles sans le moindre sentiment de satisfaction?». Inversez ces images pour les traduire du mode optimiste au mode pessimiste et vous aurez, avec l'intuition de Schopenhauer, une métaphysique qu'on ne traitera plus de stupide comme cet optimisme envahissant de Robinet. Au lieu d'un réalisme de la joie de donner, vous aurez un réalisme de la volonté de garder, un vouloir-vivre et un vouloir-posséder inscrits comme un pouvoir absorbant au fond même de la matière. C'est ce sentiment âpre qui passe pour profond car c'est ce sentiment qui mène l'inconscient. Soyez triste et vous serez philosophe. Au contraire, les œuvres de Robinet défient actuellement la lecture de l'épistémologue le plus intrépide. Mais le jugement que nous portons actuellement sur des œuvres aussi ridicules méconnaît leur importance réelle et effective. Nous citons Robinet d'après la troisième édition. Ce fut un auteur très célèbre et très répandu au XVIIIe siècle.

| IV

143

Sur l'or, on peut facilement saisir le mythe de l'intimité substantielle qui est un mythe dominant de la philosophie substantialiste. Le Cosmopolite écrit: «On voit aussi par l'exacte anatomie des métaux qu'ils participent en leur intérieur de l'or, et que leur extérieur est entouré de mort et de malédiction. Car premièrement l'on observe en ces métaux, qu'ils contiennent une matière corruptible, dure et grossière, d'une terre maudite; savoir, une substance crasse, pierreuse, impure et terrestre, qu'ils apportent dès leur minière. Secondement, une eau puante, et capable de donner la mort. En troisième lieu, une terre mortifiée qui se rencontre dans cette eau puante; et enfin une qualité vénéneuse, mortelle et furibonde. Mais quand les métaux sont délivrés de toutes ces impuretés maudites, et de leur hétérogénéité, alors on y trouve la *noble essence de l'Or* »[1]. Comme on le voit, il s'agit bien d'une sorte de valorisation en noyau, qui doit traverser des couches et des couches d'impuretés et de poisons, payer son tribut de peines et d'affres pour trouver la valeur suprême. Ainsi médite l'inconscient par possession intime.

Une valorisation si profonde, atteinte par de si longs dangers, est facilement dithyrambique. De Locques s'exprime ainsi : « L'or étant le plus pur, le plus spirituel, le plus incorruptible, et le plus tempéré de tous les sujets; vu que la nature l'a enrichi de tous les dons du Ciel, et de la Terre, et que les Éléments reposent dans l'or comme dans le centre de leur perfection; enfin l'or étant le trône de l'âme générale, lequel renferme les propriétés, vertus, et facultés de toutes choses, il est avec raison estimé un remède universel, lequel contient les vertus des Élixirs, et des quintessences merveilleuses »[2]. Comme aucune de ces puissances n'est prouvée, il faut bien conclure que ces puissances ne font que manifester la valeur inconsciente. Si cette valeur venait à être dévalorisée par une psychanalyse adéquate, toute une nuée de faux problèmes posés à la connaissance objective serait dissipée.

Parfois l'on voit très bien le motif valorisé en partant de l'expérience. C'est ce qui est manifeste pour le diamant. Son éclat et sa « pureté » toute phénoménologique sont immédiatement magnifiés. Pivatti dit ainsi que le diamant électrisé « jette 144 un | éclat qui éblouit, et [que] ses étincelles représentent, en petit, la foudre et les éclairs »[3]. Il est à présumer que si l'on n'attribuait pas un grand prix au diamant, on ne lui attacherait pas des images aussi exagérées. Pour Bonnet, la pureté va de

1. Cosmopolite, *loc. cit.*, p. 278.
2. De Locques, *Eléments philosophiques des arcanes…*, *loc. cit.*, p. 48.
3. Sans nom d'auteur, *Recueil sur l'électricité médicale…*, *loc. cit.*, p. 17.

pair avec la valeur substantielle. « La Terre qui fait la base du Crystal de roche, et surtout celle du Diamant, est regardée comme des plus pures, et qui approche le plus de la Terre primitive »[1]. Bien entendu, cette affirmation de pureté ne s'appuie pas sur une analyse objective; elle est née plutôt dans une analyse psychologique où l'on a été frappé de l'ingénuité de la joie de regarder. Voilà ce qui mène à dire que la terre primitive est sans doute un pur cristal, un brillant diamant.

V

Les matières précieuses s'apparentent aisément. Elles donnent lieu à des transmutations de valeurs plutôt qu'à des transmutations de substances, ce qui prouve finalement la valorisation des substances par la mentalité préscientifique.

En expliquant le mystère des lampes sépulcrales perpétuelles, lampes qui brillent sans usure et qu'on a trouvées, dit-on, dans certains tombeaux, en particulier dans celui de Tullia, fille de Cicéron, Gosset fait cette « anticipation »[2] : « Quoique je regarde les pierres précieuses comme matières prochaines à pouvoir être élaborées, pour en extraire une substance lumineuse perpétuelle; attendu néanmoins qu'elles empruntent leur feu et leur éclat de la teinture des métaux, je ne doute nullement que de ces mêmes métaux, on ne puisse extraire également des esprits lumineux, principalement de ceux que nous appelons parfaits, tels que l'or et l'argent ». Puisque l'or est incombustible et cependant capable d'ignition, pourquoi ne pourrait-on pas en tirer une liqueur qui ne se consumerait pas en dispensant lumière et feu? Cette « huile d'or » qu'on ne tardera sans doute pas à isoler, pense Gosset, donnera la lampe éternelle. Les substantialisations les plus hétérogènes

1. Ch. Bonnet, *Contemplation de la nature*, t. VII des *Œuvres complètes*, Neuchâtel, 1781, p. 65.

2. Gosset, Docteur, *Révélations cabalistiques d'une médecine universelle tirée du vin avec une manière d'extraire le sel de rosée et une dissertation sur les lampes sépulcrales*, Amiens, 1735, p. 106.

viennent ici converger: la lumière perpétuelle des pierres 145 précieuses s'associe à l'*inaltérabilité* de l'or. Rien ne | peut arrêter le réaliste qui accumule sur une réalité des perfections. La valeur est la qualité occulte la plus insidieuse. C'est elle qu'on exorcise la dernière car c'est elle à laquelle l'inconscient s'attache le plus longtemps, le plus énergiquement.

VI

On a fait souvent remarquer que l'alchimiste était soutenu dans son long travail par des ambitions de fortune. Nous avons développé dans un chapitre antérieur une autre interprétation où l'attitude formelle, éducative, morale est présentée comme un motif d'explication psychologique. A vrai dire, les mentalités primitives sont ambivalentes et, pour être complet, il faudrait pouvoir réunir les thèses contradictoires. Autrement dit, la permanence de l'expérience alchimique peut être prise aussi bien comme une lutte contre les passions que comme une lutte pour les passions. Mme Metzger écrit très justement: « Les passions n'agiraient pas longtemps dans le même sens si elles ne rencontraient quelque complice dans l'esprit de ceux qui se laissent séduire par elles »[1]. On peut, en d'autres occasions, inverser très exactement le rapport et dire « la pensée n'agirait pas longtemps dans le même sens si elle ne rencontrait quelque complice dans les passions de ceux qui se laissent guider par les lumières de la pensée ». A défendre exclusivement l'une ou l'autre thèse, on perd la possibilité de saisir la pensée dans sa dynamique exacte, je veux dire dans sa discorde essentielle. En fait, la dialectique de l'amour du réel et de la connaissance du réel, qui sont presque contraires, oscille sans fin. Le pasteur Oscar Pfister a bien noté la cohabitation des deux tendances contraires dans un seul et même inconscient. « Tout homme a en soi une tendance qui le pousse à s'emparer du monde extérieur, à l'attirer à lui en quelque

1. Hélène Metzger, *Les Doctrines chimiques en France…*, *loc. cit.*, p. 102.

sorte et à l'assujettir à ses fins et une tendance opposée qui voudrait qu'il s'abandonne au monde du dehors »[1].

Il y a un thème, sur lequel reviennent d'innombrables alchimistes, qui peut nous montrer la superposition des deux tendances opposées : c'est l'affirmation que l'or cherché n'est pas l'or vulgaire. Par exemple, Nicolas de Locques s'exprime ainsi : | « Vous voyez bien que je n'entends pas ici parler de **146** l'Or commun, mais de l'or préparé en un sel clarifié, dans une âme glorieuse, et dans un esprit céleste sous forme d'une liqueur potable »[2]. La sublimation qui se dessine ainsi permet toutes les contradictions, elle joue sur le thème de l'apparent et du réel : j'ai l'air de désirer la fortune, d'être un homme avide d'or; détrompez-vous, je cherche un autre or, un or *idéalisé*. La sublimation se fait donc ici, en quelque manière, au niveau même de l'objet. C'est l'objet qui doit lui fournir ses prétextes. De même toute avarice s'excuse par une prodigalité à échéance lointaine. A entendre l'avare, son amour de l'or est surtout une haine du gaspillage, un besoin d'ordre. Par mille traits, on peut ainsi saisir l'ambivalence du sentiment de l'avoir.

VII

Il nous semble aussi que le raisonnement par participation relève également d'une psychanalyse du sentiment de l'avoir. La participation permet en effet d'accumuler sur un objet particulier les puissances les plus variées. Alors le simple signe est pourvu de valeurs substantielles nombreuses.

Il n'y aurait naturellement aucun intérêt à signaler ici l'influence du raisonnement par participation si nous ne pouvions faire constater qu'il est actif dans des esprits qu'on classe bien rapidement parmi les esprits scientifiques. Nous

1. Oscar Pfister, *La Psychanalyse au service des éducateurs*, Berne, 1921, p. 109.

2. De Locques. *Les Rudiments...*, *loc. cit.*, t. II, p. 127.

allons en relater des exemples pris dans les livres de Bacon où ils foisonnent littéralement.

Van Swinden[1] sent encore le besoin en 1785 de s'opposer à ce *fait* suivant enregistré par Bacon, ce qui prouve le rôle d'obstacles des préjugés gardés sous le couvert d'un grand nom. Après avoir dit qu'il est bien connu qu'on guérit des verrues, si on laisse pourrir les matières dont on les a frottées, Bacon ne craint pas de se porter personnellement garant du fait. Il ajoute « qu'il en a fait sur lui-même l'expérience : qu'il avait depuis son enfance une verrue au doigt, et qu'étant à Paris, il lui en vint encore un grand nombre ; que l'épouse de l'Ambassadeur d'Angleterre entreprit de les guérir en les frottant avec de la graisse de lard : qu'ensuite elle suspendit ce lard hors de ses fenêtres au soleil, pour l'y laisser pourrir, et que le succès de l'opération fut qu'en sept mois de temps 147 toutes les verrues disparurent ». Comment | ne guérirait-on pas quand l'épouse de l'Ambassadeur d'Angleterre vous soigne avec une telle sollicitude ! Il suffira de rapprocher ce « raisonnement » de certaines « pensées » de la mentalité primitive pour faire le diagnostic du « créateur de l'empirisme moderne ». Voici par exemple une coutume rapportée par M. Lévy-Bruhl[2]. Pour combattre l'action d'une flèche empoisonnée, la mentalité primitive pense à *traiter* la flèche et non pas la blessure, de même que Bacon *traite* le lard et non pas la verrue. Si la pointe de la flèche est restée dans la plaie, on la retire et on la porte dans un endroit humide ou on l'enveloppe de feuilles fraîches. Alors on peut s'attendre à ce que l'inflammation soit légère et tombe vite. Comme on le voit, dans l'un et l'autre cas, on charge la substance objective de qualités qui ne lui appartiennent pas. En particulier, le bien et le mal sont reçus très facilement par les substances. Bacon conseille de porter, dans les temps de l'épidémie de peste, des sachets remplis de mercure ou de tablettes d'arsenic, « non que ces substances aient la propriété de fortifier les esprits, mais parce qu'étant

1. Van Swinden, *loc. cit.*, t. II, p. 309-370.
2. Lévy-Bruhl, *La mentalité primitive*, 9e éd., Paris, 1922, p. 385.

elles-mêmes des *poisons*, elles attirent celui de la *peste*, qui s'est mêlé à ces esprits, et les purifient par ce moyen ».

La primauté des qualités dans l'explication directe conduit à une *réalisation* excessive de la *puissance* qualitative. On lit dans la *Sylva Sylvarum*, § 704 : « Si l'on pouvait supprimer tout à coup [la] force de gravité, l'on verrait le plomb attiré par le plomb; l'or par l'or; le fer par le fer, même sans le secours de l'aimant. Mais ce même mouvement de pesanteur et de gravité, qui est inhérent et commun à la matière en général, tue, pour ainsi dire, l'autre, à moins qu'il ne soit lui-même détruit par quelque mouvement violent ». Il serait dès lors avantageux de se servir d'une flèche en *bois* pour percer le *bois*. Pour faire suer une personne au lit, on emploiera des « bouteilles remplies d'eau chaude », ce qui est assez clairement explicable; mais ce qui ne l'est pas, c'est ce qu'ajoute Bacon : le résultat sera meilleur si l'on a mis dans le cruchon « une décoction d'herbes sudorifiques ».

On voit d'ailleurs que cette exagération de la puissance substantielle est presque irréductible par l'expérience. Un esprit qui se prévaut d'une connaissance *directe* de l'influence d'une qualité trouve toujours dans les nuances de la qualité le moyen de fuir la vérification. L'esprit de finesse n'est pas loin alors de l'esprit de finasserie.

Si, comme nous le croyons, la Psychanalyse généralisée revient | à établir une prévalence de la démonstration objective **148** sur les convictions purement individuelles, elle doit considérer de très près les mentalités qui posent des preuves échappant à la discussion et au contrôle. Or, le meilleur moyen de fuir les discussions objectives, c'est de se retrancher derrière les substances, c'est de charger les substances des nuances les plus diverses, d'en faire les miroirs de nos impressions subjectives. Les images virtuelles que le réaliste forme ainsi, en admirant les mille nuances de ses impressions personnelles, sont parmi les plus difficiles à disperser.

| CHAPITRE VIII

L'OBSTACLE ANIMISTE

I

Le problème précis que nous voulons traiter dans ce chapitre est le suivant: Comment l'intuition de la vie, dont nous montrerons le caractère envahissant, a-t-elle pu être resserrée sur son domaine propre? En particulier, comment les sciences physiques se sont-elles débarrassées des leçons animistes? Comment la hiérarchie du savoir a-t-elle été redressée en écartant la considération primitive de cet objet privilégié qu'est notre corps?

Pour que notre examen soit utile, il faut qu'il soit très restreint. Nous n'avons pas l'intention, en particulier, d'étudier la vie dans son véritable domaine; nous nous tiendrons à l'écart de toute critique sur la légitimité d'une intuition proprement vitaliste quand cette intuition s'adresse aux phénomènes de la vie elle-même. C'est en tant qu'obstacles à l'objectivité de la phénoménologie *physique* que les connaissances biologiques doivent retenir notre attention. Les phénomènes biologiques ne nous intéresseront donc que dans les domaines où leur science porte à faux, où cette science, plus ou moins bien assurée, vient répondre à des questions qu'on ne lui pose pas. En somme, aux entraves quasi normales que rencontre l'objectivité dans les sciences purement matérielles vient s'ajouter une intuition aveuglante qui prend la vie comme une *donnée* claire et générale. Sur cette intuition se fonde ensuite une science générale, confiante en l'unité de son objet; cette science appelle – soutien ruineux – la biologie naissante au secours d'une chimie et d'une physique qui ont déjà obtenu, par ailleurs, des résultats positifs. On voit alors se constituer un véritable fétichisme de la vie, d'allure toute scientifique, qui persiste dans des époques et dans des domaines où l'on s'étonne qu'il n'ait pas fait scandale. Ainsi nous prendrons la plupart de nos exemples dans la science du XVIIIe siècle, **150** comme nous nous en sommes fait une règle presque | absolue dans tout cet ouvrage. Il serait évidemment bien trop facile de déceler une confusion du vital et du matériel en s'adressant à la science antique ou à la science du moyen âge. Notre travail ne peut être utile que s'il se place à l'instant où l'intuition se divise, où la pensée objective se rétracte et se précise, où l'esprit scientifique fait son effort d'analyse et de distinction et où il détermine l'exacte portée de ses méthodes.

II

Ce qui peut sans doute montrer le plus clairement le caractère mal placé du phénomène biologique, c'est l'importance donnée à la notion des trois règnes de la Nature et la place prépondérante qu'on donne aux règnes végétal et animal à l'égard du règne minéral.

Il n'est pas rare de voir des chimistes prétendre que les matières vivantes sont plus *simples* que les matières inertes. En 1738, Geoffroy dirige ainsi ses recherches à l'envers de ce qui sera l'ordre de complexité positiviste : « Les substances métalliques, dit-il, étant d'un tissu plus serré, plus lié, plus tenace que les Végétaux et les Animaux, exigent un travail beaucoup plus long et plus obstiné, si l'on veut en séparer les principes et en reconnaître les différences ».

À la fin du XVIIIe siècle et même au début du XIXe siècle, les chimistes ont une tendance à étudier *directement* les matières organiques. En 1788, Lavoisier distille encore la cire, l'huile, l'ivoire, l'amidon, la viande, concurremment au sulfate de fer calciné. Dans la chimie de Fourcroy, la place faite à une étude directe des matières organiques est importante. De même dans la chimie de Berzélius.

Tout ce qui est fondé sur l'analogie des trois règnes l'est toujours au préjudice du règne minéral; et, dans le passage d'un règne à l'autre, c'est le but et non la cause qui est le thème directeur, en suivant, par conséquent, une intuition valorisante. Lavoisier est préoccupé de la correspondance des règnes. Il écrit: « Par quels procédés la nature opère-t-elle cette merveilleuse circulation entre les trois règnes ? Comment parvient-elle à former des substances combustibles, fermentescibles et putrescibles, avec des matériaux qui n'avaient aucune de ces propriétés? Ce sont là jusqu'ici des mystères impénétrables. On entrevoit | cependant que la végétation et **151** l'animalisation doivent être des phénomènes inverses de la combustion et de la putréfaction »[1]. Notons, en passant, que le même texte que nous prenons dans l'ouvrage de Berthelot est cité par Claude Bernard dans ses *Leçons sur les phénomènes de la vie* (t. I, p. 128). De telles vues montrent bien à quel niveau de généralité mal définie se déplace la pensée d'un expérimentateur célèbre, dès qu'il suit les thèmes caractéristiques de la philosophie purement biologique. Sur le solide terrain de l'étude de la matière inerte, le phénomène inverse de la combustion n'est pas la végétation, c'est la *réduction*: à l'union du carbone et de l'oxygène réalisée dans une combustion s'oppose la séparation du carbone et de l'oxygène réalisée par une réduction. Mais, pour un esprit du XVIIIe siècle, la végétation est une entité si primordiale qu'elle doit être placée à la base d'un processus chimique fondamental. De même, la fausse dialectique de l'animalisation et de la putréfaction ne s'explique pas sans la valorisation de la vie et de la mort.

On ne cesse de passer d'un règne à un autre, même pour les fonctions de détail. L'abbé Poncelet écrit: « La putréfaction

1. Berthelot, *La Révolution chimique, Lavoisier*, 2e éd., Paris, Alcan, 1902, p. 168.

est aux plantes ce que la mastication est aux animaux»[1]. On voit de reste que de telles analogies ne résument aucune connaissance solide et ne préparent aucune expérience utile.

On a aussi le souci constant de comparer les trois règnes de la Nature, parfois à propos de phénomènes très spéciaux. Il n'y a pas là simplement un jeu d'analogies, mais un réel besoin de penser suivant le plan qu'on imagine le *plan naturel*. Sans cette référence aux règnes animal et végétal, on aurait l'impression de travailler sur des abstractions. Ainsi en 1786, Sage croit encore nécessaire de distinguer entre le verre igné et le verre animal[2]. Parmi les verres ignés, il comprend le verre végétal, le verre minéral, le verre métallique, le verre mixte. On voit tout de suite comme cette division est mal engagée. Sage convient lui-même (p. 291) que «le verre animal ne diffère en rien à l'extérieur du verre igné». Cependant, distillé «avec de la poudre de charbon, il se décompose et il en résulte du phosphore». Sage note encore que «le squelette d'un pendu a produit vingt-sept onces de verre animal». Il distingue de même (t. II, p. 206) les argiles en argile végétale, argile animale, argile minérale. Les trois règnes sont manifestement
152 des principes de classification trop fortement | valorisés. Tout ce qui a été élaboré par la vie porte sa marque initiale comme une valeur indiscutable.

Le besoin d'unité est tel, qu'entre les trois règnes, on pose des analogies et des passages, une échelle de perfection, qui ne tardent pas à amener les pires confusions. Ainsi de Bruno, un bon observateur qui a décrit avec soin d'innombrables expériences sur les spectres magnétiques, écrit en 1785 : «L'aimant nous offre cette nuance qui rapproche la nature vivante de la nature inanimée; elle se fait connaître dans la réunion de la pierre et du métal, et dans celui-ci, ce principe de vie se déploie encore avec plus d'énergie. Cette étonnante pierre nous présente les prodiges qu'on admire dans le polype d'eau douce, cette plante, ou plutôt cet animal extraordinaire qui sert à lier le

1. Poncelet, *loc. cit.*, p. 68.

2. Sage, de l'Académie des Sciences, *Analyse chimique et Concordance des trois règnes*, 3 vol., Paris, 1786, t. I, p. 286.

genre des végétaux à celui des animaux. L'aimant est, comme lui, susceptible d'être coupé parallèlement ou transversalement à son axe, et chaque nouvelle partie devient un aimant… C'est la nature active qui travaille dans le silence et d'une manière invisible »[1]. Pour Bonnet, les amiantes forment le passage des solides bruts aux solides organisés. Il dit qu'il n'y a pas loin de l'amiante à la truffe. Ce souci d'établir des correspondances montre bien clairement qu'on pense très souvent les phénomènes physiques en les appliquant sur les phénomènes plus saillants, mieux illustrés, de la vie.

III

La nature, dans tous ses phénomènes, est impliquée dans une théorie générale de la croissance et de la vie. En 1722, Henckel publie, à Leipzig, un ouvrage intitulé *Flora saturnisans* où il développe l'analogie du règne végétal et du règne minéral. De tels livres ne sont pas rares. Ils ont d'ailleurs l'immobilité des livres de philosophie générale. En 1760, le livre est encore traduit par le baron d'Holbach. Ce sont les végétaux qui donnent les leçons de classification et, partant, les idées directrices. Auguste Comte dira encore qu'on ne peut bien comprendre les principes d'une bonne classification, si l'on n'a pas la pratique des sciences de la vie. Il demandera au chimiste philosophe de se mettre à l'école de la science de la vie[2]. Cette inversion de | l'ordre de complexité croissante **153** montre assez clairement la persistance d'un privilège plus ou moins conscient au profit des phénomènes de la vie.

Tout ce qui pousse insensiblement est mis au compte d'une végétation. Bordeu, qui en était venu à retrouver, dans le corps humain, les différents règnes de la nature, attribuait au règne végétal « les ongles, les cheveux, les poils » (1768).

1. De Bruno, *Recherches sur la direction du fluide magnétique*, Amsterdam, 1785, p. 15.

2. Auguste Comte, *Cours de Philosophie positive*, éd. Schleicher, Paris, 1908, t. III, p. 50.

Il semble que la végétation soit un objet vénéré par l'inconscient. Elle illustre le thème d'un devenir tranquille et fatal. Si l'on voulait étudier systématiquement cette image privilégiée du devenir, on verrait mieux la juste perspective d'une philosophie toute animiste, toute végétale, comme nous paraît être la philosophie de Schopenhauer.

Des animismes généralisés qui passent pour des philosophies géniales prennent sous la plume de médecins une allure de pauvreté insigne. Ainsi, en 1787, un médecin de Bordeaux, Desèze, inscrit sans précaution les phénomènes les plus divers au compte d'une « substance propre qu'il nomme substance vivante (et qui) circule dans toute la nature, à peu près comme la substance ignée dont Buffon avait déjà parlé. Mais ce dernier supposait seulement à sa substance ignée une capacité essentielle pour donner la vie ; il ne lui attribuait pas la vie proprement dite. Desèze, au contraire, prétend formellement qu'une substance vivante par elle-même, exerçant plus ou moins sa propriété, selon les organisations dans lesquelles elle est employée, circule dans toute la nature, comme la substance du feu, comme le calorique »[1].

Cette croyance au caractère universel de la vie peut présenter des excès incroyables dès qu'il en vient à se préciser. Pour Gaspard-Frédéric Wolf, reçu docteur à Halle en 1759, « le fœtus n'est pas le produit de ses parents ; il est le produit du monde entier, ce sont toutes les forces de la nature qui concourent à sa formation »[2]. Alberti, né à Nuremberg en 1682, prétend que « le père maigrit quand le fœtus prend son plus grand accroissement, ce qu'il fixe au huitième mois, et qu'à partir de ce temps, c'est toujours aux dépens du père qu'il se développe ». Ainsi la vie ne s'enferme pas dans l'être qu'elle anime. Elle se propage, non seulement de générations en générations, le long de l'axe du temps, mais aussi dans l'espace, comme une puissance physique, comme une chaleur matérielle.

1. Cuvier, *Histoire des Sciences naturelles depuis leurs origines jusqu'à nos jours*, 5 vol., Paris, 1844-1845, t. IV, p. 321.

2. Cuvier, *loc. cit.*, t. IV, p. 277.

| Le caractère *physique* de la vie est attesté par certaines 154 intuitions tirées des phénomènes physiques. L'auteur de la lettre à Watson regrette qu'on ait donné, à partir d'une substance bien particulière (Électron = ambre), « le nom d'Électricité à un phénomène aussi merveilleux qu'on doit regarder proprement comme le premier principe de la nature. Peut-être n'aurait-on pas mal fait de l'appeler *Vivacité* ». Ce n'est pas là un simple mot; il prétend traduire fidèlement l'intuition du feu et de la vie qui *explique* les phénomènes électriques. D'où cette page très caractéristique de l'influence du langage sur la pensée : « Nous voyons généralement que la jeunesse a beaucoup plus de ce que nous appelons *feu* et *vivacité* que la vieillesse… Or, si la vie animale doit être rapportée à la même cause que le feu d'électricité, il ne sera plus difficile à concevoir la raison du danger qu'il y a de faire coucher de vieilles gens avec les enfants : car comme un vieux corps contient beaucoup moins de ce feu qu'un jeune, il n'est pas étonnant qu'il en attire de celui-ci, qui par là perd sa force naturelle et tombe dans un état de langueur, comme l'expérience l'a prouvé de tout temps dans les enfants ». Et l'auteur continue en découvrant, avec la même facilité, en s'appuyant sur une théorie de la « vivacité », comment les rhumatismes viennent aux hommes et la nielle aux arbres.

Le mot *vie* est un mot magique. C'est un mot valorisé. Tout autre principe pâlit quand on peut invoquer un principe *vital*. Le livre du Comte de Tressan (2 tomes de 400 pages chacun) établit une synthèse qui réunit tous les phénomènes sur la seule intuition d'une matière *vive* qui commande à une matière *morte*. C'est parce que le fluide électrique est cette matière *vive* qu'il anime et meut tout l'univers, les astres et les plantes, les cœurs et les germes. Il est la source de tout essor, de toute fermentation, de toute croissance, car il est « répulsif à lui-même ». Dans une telle œuvre, on peut facilement surprendre l'intuition d'une intensité en quelque sorte indéfinie, inépuisable, par laquelle l'auteur condense une *valeur vitale* sur un infiniment petit matériel. Sans aucune preuve, par la simple séduction d'une affirmation valorisante, l'auteur attribue une puissance sans limite à des éléments. C'est même un signe de puissance que d'échapper à l'expérience. « La matière morte est inerte et sans forme organique, la matière vive un million de fois plus ténue que la plus petite molécule de matière morte, que le meilleur microscope puisse nous faire apercevoir… ». On peut chercher dans l'énorme traité du Comte de Tressan, on ne verra rien qui puisse prouver cette ténuité, rien non plus qui **155** puisse légitimer cette substantialisation | d'un essor vital. Il n'y a là, une fois de plus, que les métaphores séduisantes de la vie. Ce n'est pas là l'intuition d'un seul auteur. Le Comte de Lacépède écrit comme un axiome, en 1781 : « l'expansibilité ne peut convenir en aucune manière à la matière morte »[1]. Tout élan est vital.

La vie marque les substances qu'elle anime d'une *valeur* indiscutée. Quand une substance cesse d'être animée, elle perd quelque chose d'essentiel. Une matière qui quitte un être vivant perd des propriétés importantes. « La cire et la soie sont dans ce cas : aussi sont-elles l'une et l'autre non-électricables. Pour pousser ce raisonnement plus loin, la cire et la soie ne sont en effet que des excréments des corps qui ont été en vie » (p. 13).

IV

La vie conçue comme propriété généralisée conduit à une thèse philosophique qui reste séduisante, à condition toutefois de ne pas la préciser et de lui laisser l'appui d'une sympathie obscure unissant tous les êtres de l'Univers. Dès lors, rappeler les *applications précises* de cette thèse, c'est presque sûrement soulever une réprobation dans le monde des philosophes. Il semble qu'on tourne en dérision une conviction profonde, une conviction respectable. Combien donc étaient différents les temps où la thèse de la vie universelle pouvait *se préciser* sans

1. Comte de La Cépède, *Essai sur l'électricité naturelle et artificielle*, 2 vol., Paris, 1781, t. II, p. 32.

gêne ! Nous allons étaler quelques-unes de ces précisions intempestives pour bien désigner un état d'esprit révolu. Dans ce paragraphe nous réunirons diverses citations attribuant la vie aux minéraux. Mme Metzger n'a pas manqué de signaler cette attribution. Elle a bien vu qu'au XVIIe et au XVIIIe siècle, la Chimie et la Minéralogie étaient, comme elle le dit si bien, « de l'inorganique plaqué sur du vivant », ce qui est proprement la thèse que nous exposons en caractérisant comme obstacle l'intuition animiste dans les phénomènes de la matière. Si nous revenons sur ce problème, c'est pour bien montrer son extension. A notre avis, l'intuition de la vie a un caractère affectif qu'il nous faut souligner. Elle est moins intellectualiste que ne le pense Mme Metzger. Elle est aussi plus durable ; on la trouve dans des textes plus récents que ceux qui ont retenu l'attention de Mme Metzger. Dans le domaine de la culture intellectuelle, plus la faute est récente, et plus le péché est grave…

| Dans une époque à vrai dire un peu lointaine, en 1640, Guillaume Granger[1] marque une différence entre les métaux que nous manions et les métaux dans leur gîte naturel. En examinant leurs propriétés, il faut, dit-il, bien prendre garde qu'ils sont maintenant « hors de leurs matrices et lieux naturels, délaissés entièrement de la tutelle et protection de la nature ». Nicolas de Locques, en 1664, développe le même thème : « Les maladies des minéraux viennent de plus loin que des Éléments… elles viennent encore de leur forme et des Vertus qui y sont attachées, lesquelles leur arrivent des Astres et du vice de leur Matrice »[2]. Suit une longue énumération de ces maladies congénitales. Toujours vers la même date, on peut voir un chimiste aussi célèbre que Glauber dans les mêmes opinions. Le métal, tiré de la terre « de laquelle il ne reçoit [plus] de nourriture, peut fort bien être comparé en cet état à l'homme vieux, décrépit; la nature garde la même

156

1. Guillaume Granger, Dijonnais, Médecin du Roy et de Monsieur, *Paradoxe que les métaux ont vie*, Paris, 1640, p. 18.

2. Nicolas de Locques, *Les Rudiments de la Philosophie naturelle touchant le système du corps mixte. De la Fermentation*, Paris, 1665, p. 58.

circulation de naissance et de mort dans les métaux comme dans les végétaux et dans les animaux »[1].

Plus près de nous, et chez un auteur célèbre entre tous, on peut trouver des affirmations aussi incroyables. Boerhaave affirme que l'air des Bermudes est tel que « les Métaux mêmes périssent bientôt »[2].

Des valorisations évidentes donnent lieu à des aperçus moraux bien curieux. Ainsi, nombreux sont les auteurs pour lesquels la rouille est une imperfection. Aussi un auteur écrivant en 1735 affirme qu'avant la faute d'Adam, « les minéraux et métaux étaient sans rouille dans les entrailles de la terre ».

Le concept de *maladie*, considérée comme une entité claire et absolue, est appliqué aux objets du monde matériel. Tard dans le XVIIIe siècle, en 1785, de Bruno, dans un livre d'expériences souvent très exactes, écrit : « La rouille est une maladie à laquelle le fer est sujet… L'aimant perd sa vertu magnétique lorsqu'il est rongé par la rouille. On en voit qui reprennent une partie de leurs forces, lorsqu'on en a enlevé la surface attaquée par cette maladie »[3].

En 1737, un auteur anonyme qui, par ailleurs, montre assez **157** | d'esprit critique, écrit : « Il y a des mines où les métaux encore imparfaits se perfectionnent ; enfin, souvent on ferme les creux où l'on avait trouvé des matières métalliques qui n'étaient pas formées entièrement ; dans la suite des temps on y a trouvé des mines très riches »[4]. L'Académie, en 1788, donne la garantie de son autorité à des affirmations aussi précises : on tire depuis des siècles des pierres à fusil dans des carrières situées dans le Berry. Malgré cette longue extraction, « les pierres à fusil n'y manquent jamais, dès qu'une carrière est vide, on la ferme, et plusieurs années après on y trouve des pierres à fusil comme auparavant… Les carrières et les Mines épuisées se remplissent donc de nouveau et sont toujours fécondes ».

1. Hélène Metzger, *Les Doctrines chimiques…*, *loc. cit.*, p. 124.
2. Boerhaave, *loc. cit.*, t. I, p. 504.
3. De Bruno, *loc. cit.*, p. 123.
4. J.-B. Senac, *Nouveau Cours de Chymie suivant les principes de Newton et de Stahl*, nouvelle édition, Paris, 1737, t. II, p. 4.

L'idée de *production* est si prédominante que la relation simple qui veut que le contenu soit plus petit que le contenant est contredite sans gêne. R. Decartes, cet homonyme du grand philosophe, affirme qu'on a plus tiré de fer des mines de l'île d'Elbe qu'il n'en faudrait pour doubler ou tripler la montagne. Un autre auteur, écrivant en 1682, Dedu, parle des « mines qui ne diminuent pas, quelque quantité de matière qu'on en tire; parce que l'air voisin va prendre la place du minéral, et en acquiert la nature. Nous avons plusieurs de ces mines : on en voit une de nitre dans l'État de Venise, une de fer dans l'Ile d'Elbe ».

Aussi, il faut laisser à la reproduction métallique son mystère et se garder d'ouvrir trop tôt les mines. « Si une Mine était éventée, l'on y pourrait trouver des métaux non encore achevés; et parce que l'ouverture de la mine interromprait l'action de la Nature, ces Métaux resteraient imparfaits, et ne s'accompliraient jamais, et toute la semence métallique contenue dans cette mine perdrait sa force et sa vertu; en sorte qu'elle deviendrait ingrate et stérile »[1].

Un auteur important, dont l'œuvre a été étudiée par de nombreux maîtres de forges et qui a été traduite en 1751 de l'espagnol en français, rappelle, lui aussi, la fécondité des mines de fer de l'Ile d'Elbe et ajoute qu'à Potosi, on tire des Mines « des pierres chargées d'Argent qu'on y avait laissées quelques années auparavant, parce qu'elles n'en étaient point chargées. Ce fait arrive tous les jours et l'abondance est si continuelle qu'on ne peut l'attribuer qu'à l'action de la semence végétative de l'Argent». Parfois, l'on trouve des tentatives de rationalisation qui s'appuient sur des | compa- **158** raisons faciles[2]. D'après Hecquet, « les minéraux croissent et renaissent à la manière des plantes, car si les *boutures* de

1. Sans nom d'auteur, *Le Texte d'Alchymie et le Songe verd*, Paris, 1695, p. 52. [Bernard, Comte de La Marche Trévisane, ou B. Trévisan].

2. Ph. Hecquet, *De la digestion et des maladies de l'estomac suivant le système de la trituration et du broyement, sans l'aide des levains ou de la fermentation, dont on fait voir l'impossibilité en santé et en maladie*, Paris, 1712, p. 136.

celles-ci prennent racines, les débris des pierres ou des *diamants* qu'on a taillés, étant enfouis en terre, reproduisent d'autres diamants et d'autres pierres au bout de quelques années ».

À la fin du XVIIIe siècle, les mêmes affirmations sont encore possibles. En 1782, Pott relate plusieurs cas de *fécondité* minérale : « Tous ces faits, dit-il, prouvent la reproduction successive des métaux, en sorte que les filons qui ont été exploités anciennement peuvent, au bout d'un certain temps, se trouver remplis de nouveau de matières métalliques »[1]. Crosset de la Heaumerie rapporte que, dans certains pays, on répand dans la mine usée « des cassures et des limures de fer »[2], bref, on sème du fer. Après cette semaille, on attend quinze ans puis « à la fin de ce temps on en tire une très grande quantité de fer… Il n'y a point de doute que cette multiplication si abondante de fer provient de ce que le vieux fer qu'on met dans la terre se pourrit et se mêle avec le ferment séminal de la même minière étant délayé par les pluies; de sorte que l'essence séminale du vieux fer étant dissoute et déliée des liens qui la tenaient enfermée, agit à peu près de même que les autres semences, attirant à soi comme un aimant, et changeant en sa propre nature l'air, l'eau et le sel de terre, qui se convertissent en fer par la suite des temps ».

Malgré d'assez nombreuses recherches, nous n'avons pas trouvé dans des livres du XIXe siècle des affirmations similaires. Le mythe de la fécondité des mines est de toute évidence incompatible avec l'esprit scientifique. Il marque au contraire d'un trait profond la mentalité préscientifique. Nous aurons d'ailleurs l'occasion, après avoir étudié la notion de germe, de revenir sur le problème. Nous pourrons alors prouver que l'intuition de fécondité des mines relève de la psychanalyse. Pour l'instant, nous n'avions qu'à provoquer l'étonnement d'un lecteur moderne devant cette introduction précise du concept de vie dans un domaine qui lui est manifestement étranger.

1. Pott, *loc. cit.*, t. II, p. 372.
2. Crosset de Heaumerie, *loc. cit.*, p. 119.

| V 159

Indépendamment de ces vues philosophiques générales, certains progrès techniques se sont faits en majorant encore le privilège d'explication des phénomènes biologiques. Ainsi le microscope a été, de prime abord, appliqué à l'examen des végétaux et des animaux. Son *objet* primitif, c'est la vie. Ce n'est que par accident et rarement qu'il sert à l'examen des minéraux. Mais alors, on peut saisir sur le vif le rôle d'obstacle épistémologique d'une occupation habituelle : le microscope révèle-t-il une structure intime inconnue des êtres vivants ? Aussitôt s'établit une curieuse réciproque : si le microscope décèle une structure dans un minéral, cette structure est l'indice, pour un esprit préscientifique, d'une vie plus ou moins obscure, plus ou moins ralentie, en sommeil ou en attente. Parfois cet indice ne trompe pas : quand on découvrira l'origine animale des coraux, on trouvera cette découverte toute naturelle. Mais parfois l'indice provoque une déviation totale. Par exemple, voyons Robinet en train de lier les conjectures : « J'ai vu sur plusieurs astroïtes des vaisseaux fibreux, tournés en forme de petits arcs, comme sur la tunique du ventricule de l'estomac. Je ferais voir une foule de tuyaux, de poils, de fils, de mamelons, de touffes glanduleuses, dans les corps les plus compacts, les plus roides, dits tout à fait bruts… Puis donc que l'organisation des solides du corps animal n'est que le tissu des fibres capillaires parsemées de glandules dont ils sont composés, qui s'y trouvent en paquet, en réseau, en cordon, en lame, en houppe, en arc, en vis, avec divers degrés de tension, de roideur, d'élasticité, n'est-on pas forcé d'admettre pour des corps véritablement organisés, tous ceux où l'on rencontre une telle structure ? »[1]. On voit bien ici s'étaler dans toute son ingénuité la réciproque dont nous parlions plus haut.

En s'appuyant sur cette intuition fine et savante des structures microscopiques, la rêverie pédante de Robinet ne connaît plus de borne ; elle accumule les valorisations. « Les

1. Robinet, *De la Nature*, *loc. cit.*, t. I, p. 202.

minéraux ont tous les organes et toutes les facultés nécessaires à la conservation de leur être, c'est-à-dire à leur nutrition. Ils n'ont point la faculté locomotrice non plus que les plantes, et quelques animaux à coquille comme l'huître et le lépas. C'est qu'ils n'en ont pas besoin pour aller chercher leur nourriture **160** qui vient les trouver. | Cette faculté, loin d'être essentielle à l'animalité, n'est dans les animaux qui la possèdent qu'un moyen de pourvoir à leur conservation... de façon que l'on peut regarder ceux qui en sont privés comme des Etres privilégiés, puisque avec un moyen de moins ils remplissent la même fin... Ai-je tort, après cela, de regarder les minéraux comme privilégiés à cet égard, en ce que sans changer de place, ils trouvent leur nourriture à la portée de leurs suçoirs? Si elle leur manque, ils souffrent et languissent et l'on ne peut douter qu'ils n'éprouvent le sentiment douloureux de la faim et le plaisir de la satisfaire... Si [la nourriture] est mélangée, ils savent en extraire ce qui leur convient et rejeter les parties viciées : autrement il ne se formerait jamais ou presque jamais d'or parfait, ni de diamant de belle eau. Du reste, ils ont, comme les autres animaux, les organes intérieurs requis pour la filtrer, la distiller, la préparer et la porter dans tous les points de leur substance »[1].

La valorisation essentielle du microscope est la découverte du caché sous le manifeste, du riche sous le pauvre, de l'extraordinaire sous l'usuel. Il entraîne à des passages à la limite. En fait, l'hypothèse de Buffon sur les molécules de vie était presque fatale. Un dualisme pourra subsister entre la matière et la vie dans les formes élevées; mais ce dualisme sera à son minimum dans l'infiniment petit. Un disciple de Buffon, l'abbé Poncelet, indique clairement comment l'invention du microscope a permis d'établir les rapports, qu'il estime exacts, entre le vivant et l'inerte. On va voir que les rêveries animistes se poursuivent encore quand l'œil est placé derrière le microscope. « Avant l'invention du microscope, on ne jugeait de la matière que d'après quelques rapports très vagues, très

1. *Loc. cit.*, t. IV, p. 184.

palpables, très grossiers, comme son étendue, sa divisibilité, son impénétrabilité, sa forme extérieure, etc. Mais, depuis l'invention de cet instrument admirable, on a découvert des rapports nouveaux et jusqu'alors inconnus, qui ont ouvert à la Philosophie une carrière bien intéressante. A force de varier, de répéter, de tourner les observations en tous sens, on est parvenu à analyser la matière presque à l'infini. On y a réellement aperçu des particules répandues partout, toujours en mouvement, toujours vivantes, et des particules pour ainsi dire mortes, et dans un état d'inertie. De là on a conclu que la matière était essentiellement douée de deux puissances, l'une active, l'autre résistante, que l'on peut regarder comme deux des principaux agents de la Nature »[1]. On pose ainsi une équivalence gratuite de l'activité à la vie; un mouvement vif est un signe de *vivacité*, donc de vie (p. 19) : « J'ai | reconnu, **161** chose surprenante, que le mouvement de ces particules paraît être indestructible, puisque dans le cas où ces particules vivantes semblent perdre leur mouvement, comme il arrive lorsque le fluide dans lequel il faut qu'elles nagent pour être aperçues, vient à se dessécher, en leur rendant un fluide nouveau tel que l'eau commune... on les fait pour ainsi dire sortir de leurs cendres, on les rappelle à la vie, et on les voit distinctement s'agiter avec la même vivacité qu'elles avaient avant que leur mouvement eût été suspendu, et cela six mois, un an, deux ans après leur destruction apparente ». Grâce à cette valorisation animiste d'expériences microscopiques, l'abbé Poncelet peut dire (p. 59) : Il règne « une grande affinité entre les particules vivantes et brutes de la matière : cette affinité, cette inclination, cette tendance, ne peuvent avoir pour objet que la conservation de l'individu : or, cette tendance ressemble fort au désir... ». Comme on le voit, c'est l'intuition du vouloir-vivre présentée plus d'un demi siècle avant Schopenhauer. Elle apparaît ici sur le plan des études préscientifiques, ce qui lui donne un caractère superficiel. En fait, chez le physicien comme chez le métaphysicien, une

1. Poncelet, *loc. cit.*, p. 17.

telle intuition a une source commune: cette source est dans l'inconscient. C'est l'inconscient qui interprète toute continuité comme une durée intime, comme un vouloir-vivre, comme un désir... Tant que l'intuition animiste reste générale, elle nous émeut et elle nous convainc. A l'échelle des particules, sous la plume de l'abbé Poncelet, elle manifeste son insuffisance. C'est là pourtant qu'elle devrait se vérifier s'il s'agissait de vérification objective. Mais en réalité il ne s'agit que de poursuivre, avec les images nouvelles livrées par le microscope, les ancestrales rêveries. Qu'on s'émerveille si longuement, si littérairement de ces images, c'est la meilleure preuve qu'on en rêve.

VI

Mais nous allons essayer d'augmenter la précision de nos remarques en mettant en lumière un renversement total des moyens d'explication. Nous allons montrer en effet qu'à un certain stade du développement préscientifique, ce sont les phénomènes biologiques qui servent de moyens d'explication pour les phénomènes physiques. Et cette explication n'est pas une simple référence à l'obscure intuition de la vie, à la sourde émotion des satisfactions vitales; elle est un développement détaillé qui applique le phénomène physique sur le phénomène physiologique. Plus que le | mécanisme objectif, c'est le mécanisme corporel qui sert d'instructeur. Parfois, comme nous en donnerons de nombreux exemples, le corps humain est, dans toute l'acception du terme, un *appareil de physique*, un *détecteur chimique*, un *modèle de phénomène objectif*.

162

Donnons d'abord un exemple d'une image anatomique privilégiée. Tel nous paraît le cas des *veines* et des *poils*. Un expérimentateur d'une grande habileté comme Fuss garde, à la fin du XVIIIe siècle, des intuitions aussi naïves que les intuitions de Descartes sur l'aimant. Tandis qu'avec patience, en multipliant et diversifiant les touches, Fuss fabrique les meilleurs aimants de l'époque, il explique tous les «jeux différents du magnétisme » par les mouvements d'un fluide « dans les pores de l'aimant… qu'on conçoit unanimement formés de tuyaux contigus, parallèles et hérissés ; comme les veines et les vaisseaux lymphatiques et d'autres conduits destinés pour la circulation des humeurs dans l'Économie animale, de petits poils ou soupapes, qui, couchés dans le même sens, donnent un libre passage au fluide, qui s'insinue dans les pores suivant la même direction et se refusent au contraire à tout mouvement en direction opposée »[1]. Ainsi, il frotte ses aimants comme il caresse son chat. Sa théorie ne va pas plus avant que son geste. Si le geste est plus pénible, Fuss renforce l'image. « L'acier plus dur se refuse plus longtemps à la disposition régulière de ces conduits, et il y faut bien plus de peine pour y exciter des tourbillons semblables à ceux qui environnent les aimants naturels » (p. 9). Pour l'abbé Jadelot, le cheveu est un type objectif très clair : « Le fil de fer, comme on sait, sert pour les tons les plus aigus des instruments à corde de métal. Or, cette forte tension qu'il peut supporter, semble indiquer que ce métal est fait de cheveux qui peuvent se filer et se cordeler comme notre chanvre »[2].

En 1785, de Bruno rappelle que Huyghens et Hartsoeker ont cru que l'aimant était composé d'une infinité de prismes creux livrant passage à la matière magnétique. Il ajoute : « M. Euler, qui a adopté leur sentiment, compare ces prismes creux aux veines et aux vaisseaux lymphatiques qui sont dans le corps des animaux »[3]. Un esprit scientifique se demande en quoi la comparaison d'Euler éclaire la première image de Huyghens. Pour l'esprit préscientifique, l'image animiste est en somme | plus *naturelle*, donc plus convaincante. C'est 163 pourtant, de toute évidence, une fausse lumière.

1. Nicolas Fuss, *Observations et expériences sur les aimants artificiels, principalement sur la meilleure manière de les faire*, Saint-Pétersbourg, 1778, p. 6.

2. Abbé Jadelot, *Mécanisme de la Nature ou système du monde, fondé sur les forces du Feu, précédé d'un examen du système de Newton*, Londres, 1787, p. 201

3. De Bruno, *loc. cit.*, p. 22.

Voici maintenant un exemple d'un phénomène biologique privilégié pris comme principe de mesure. On a si grande confiance dans l'extrême régularité des lois vitales qu'on prend le pouls comme chronomètre pour certaines expériences. Bacon apporte à cette référence imprécise un luxe de précisions très caractéristiques de l'esprit préscientifique. On lit dans la *Sylva Sylvarum*: « La durée d'une flamme placée dans les diverses conditions mérite d'être étudiée. Nous allons d'abord parler des corps qui brûlent directement et sans l'intermédiaire d'une mèche quelconque. Une cuillerée d'esprit de vin chaud brûla pendant 116 battements de pouls; la même cuillerée, avec l'addition de 1/6 de salpêtre, brûla pendant 94 pulsations, et avec 1/6 de sel, pendant 83 pulsations; avec 1/6 de poudre à tirer, pendant 110 pulsations; un morceau de cire, placé au milieu de l'esprit de vin, brûla pendant 87 pulsations; un morceau de silex (!) pendant 94 pulsations; avec 1/6 d'eau, pendant 86 pulsations, et avec la même quantité d'eau, seulement pendant 4 pulsations ». Faut-il souligner au passage qu'aucune de ces expériences ne correspond, ni dans son principe ni dans sa mesure, à un problème scientifique bien défini ?

Dans tout le courant du XVIIIe siècle, on trouve de nombreuses références à l'action de l'électricité sur le pouls. On prétend même distinguer deux électricités d'après cette action. Pour Mauduit, l'électricité positive accélérerait le pouls du septième, tandis que l'électricité négative, d'après d'Alibard, le diminuerait d'un quarantième, ce qui est d'une sensibilité bien grande. D'autres auteurs ne font pas cette distinction, ce qui devrait souligner le manque d'objectivité de telles mesures. D'après Cavallo, « l'électricité positive ou négative accélère le pouls d'un sixième ou aux environs ».

Un livre entier serait nécessaire pour démêler le débat entre les partisans de Galvani et ceux de Volta, entre l'électricité biologique et l'électricité physique. Mais à quelque école que les expérimentateurs appartiennent, ils multiplient les expériences physiologiques. C'est à ces expériences que va de prime abord l'intérêt. Reinhold a étudié l'action sur le goût. Sur l'odorat, Cavallo (rapporté par Sue) « dit qu'ayant uni ensemble un fil d'argent, introduit le plus avant possible dans les narines, et un morceau de zinc appliqué sur la langue, il a senti une odeur | putride »[1]. Le problème se pose ainsi plutôt 164 du nez à la langue que de l'argent au zinc.

Reinhold cite un grand nombre d'expériences sur la vue : « L'argent sur l'œil droit, le zinc sur l'œil gauche, on voit une lueur très vive ».

Parfois, l'expérience est conçue sous une forme à peine vraisemblable, et cependant l'expérience à laquelle nous faisons allusion est répétée par beaucoup d'auteurs et variée dans des conditions vraiment incroyables. Ne donnons que quelques exemples. « Humboldt établit même... quatre manières de produire cette lumière (il s'agit seulement de l'impression lumineuse). La plus remarquable est celle qui la fait voir très évidemment, lorsque après avoir mis sur la langue un morceau de zinc, il a introduit profondément dans l'intestin rectum un morceau d'argent. Fowler dit avoir vu sur lui-même et sur d'autres, outre la lueur, qui était très évidente, la pupille se contracter; ce qui lui paraît prouver le pouvoir du fluide galvanique sur l'iris »[2]. On conviendra que ce pouvoir est bien indirect et qu'il nous est assez difficile d'imaginer l'importance donnée à une telle expérience. Nous n'avons pu davantage découvrir par quels détours on était arrivé à imaginer cette expérience qui met en jeu tout le tube digestif. Peut-être est-ce en vertu du mythe d'intériorisation si bien illustré par les phénomènes de la digestion. Achard, qui a repris cette expérience, note en plus de la lumière « l'envie d'aller à la selle ». Humboldt l'a recommencée sur une linotte, sur des grenouilles, sur deux serins. L'action est si forte que Humboldt conclut tranquillement : « Si l'on trouvait un moyen commode de couvrir d'une armature une grande surface du rectum dans l'homme, son effet serait certainement plus

1. P. Sue, *Histoire du Galvanisme*, 4 vol., Paris, 1805, t. I, p. 159.
2. Sue, *loc. cit.*, t. I, p. 158.

efficace pour rappeler les noyés à la vie que l'usage de la fumée de tabac »[1].

Quand on a valorisé le caractère biologique, les expériences du galvanisme présentent bien nettement le caractère de l'obstacle animiste. C'est alors le phénomène complexe qui prétend servir à l'analyse du phénomène simple. Humboldt s'exprime ainsi (p. 183) : « Un nerf uni organiquement avec quelques lignes cubes de chair musculaire indique si deux métaux sont homogènes ou hétérogènes, s'ils sont à l'état de 165 régule pur ou s'ils sont oxydés ; | il indique si la coloration d'un minéral dépend du carbone ou d'une oxydation. L'alliage des monnaies est facile à déterminer par ce moyen. Deux anciens louis, ou deux pièces d'or de la République, servant d'armature à des muscles et à des nerfs dans des animaux affaiblis, ne produisent presque aucune irritation ; il en est de même des nouveaux frédérics d'or de Prusse. Mais il en est autrement des anciens louis neufs... ». Puis (p. 184) : « La fibre nerveuse vivante indique si une mine contient un métal à l'état de régule ou d'oxyde. Si une substance organisée se rapproche de la nature animale... elle est un anthrascope vivant, un moyen de découvrir le carbone, presque aussi sûr que l'action du feu et celle des alcalis ». Et, séduit par cette vue, Humboldt baisse d'un ton son esprit critique. Il est bien près d'accepter ce qu'on a rapporté « de l'homme merveilleux de *Thouvenel* qui était en même temps un hydroscope, un anthrascope et métalloscope vivant » (p. 449). Aux hommes les plus cultivés, il suffit parfois d'un commencement ou d'un prétexte de rationalisation pour accepter la « science » de la baguette magique.

Humboldt se mit lui-même en expérience pour attester la spécificité des fluides galvaniques, unissant ainsi l'intuition animiste et l'intuition substantialiste. La question précise qu'il se propose de résoudre est la suivante : le fluide galvanique de certains animaux diffère-t-il essentiellement de celui d'autres animaux ? Voici la réponse : (p. 476) « Un fil de fer qui servait à

1. Frédéric-Alexandre Humboldt, *Expériences sur le Galvanisme et en général sur l'irritation des fibres musculaires et nerveuses*, trad. par J.-F.-N. Jadelot, Médecin, Paris, 1799, p. 335.

établir communication entre des parties de mon dos où la peau était mise à nu et munie d'armatures, produisit une irritation très sensible dans l'organe du goût sur plusieurs personnes qui assistaient à mes expériences. Il n'y eut jamais d'irritation de cette espèce lorsqu'on répéta le même essai avec des cuisses de grenouille. Cette différence ne dépendrait-elle pas de ce que les organes de l'homme sont plus aisément affectés par un fluide émané d'un animal à sang chaud, que par celui qui émane d'un animal à sang froid ? Ne doit-on pas imaginer que, de même que tous les fluides du corps vivant différent selon les espèces d'animaux, le fluide très ténu, accumulé dans les nerfs et dans les muscles, peut aussi différer non seulement dans les diverses espèces, mais encore selon le sexe, l'âge et le genre de vie des individus ? ». Comme on le voit, loin de se diriger vers l'étude objective des phénomènes, on est plutôt incliné, par les intuitions animistes, à individualiser les phénomènes, à accentuer le caractère individuel des substances marquées par la vie.

Comme on le répète souvent au XVIIIe siècle, « le corps humain est un des plus amples magasins de matières électriques ». Aldini | regarde « tous les êtres vivants comme **166** autant de piles animales » et il croit que le fluide électrique « a sur tous nos liquides et sur les organes sécréteurs une action dont les effets nous sont encore inconnus. On pourrait aller plus loin, et considérer toutes nos glandes comme autant de réservoirs du galvanisme, qui, accumulé dans une partie plus que dans l'autre, rendu plus ou moins libre, et modifié en différentes manières, donne au sang qui parcourt la totalité du système glanduleux, le moyen de subir tous les changements qu'il éprouve par différentes sécrétions ». Guidé par ces vues animistes, Aldini n'hésite pas à affirmer une *action électrique* de différentes substances qui agissent sur le corps humain. Ainsi « l'opium, le quinquina, et autres stimulants analogues, qui ont beaucoup d'action sur le système animal, augmentent aussi l'effet de la pile… J'ai fait des solutions de divers stimulants proposés par Brown; j'en ai humecté les cartons que je plaçais entre les disques de la pile ordinaire, et j'ai vu que ces substances en augmentaient l'intensité ». C'est donc bien le corps humain qui est le détecteur chimique primitif.

La complexité du détecteur animal conduit à étudier des variations vraiment secondaires et même fugaces. Galvani opère sur des animaux morts et vivants, sur des animaux à sang froid et à sang chaud. Il trouve que « les plus propres à manifester les mouvements de contraction sont ceux dont l'âge est plus avancé »[1]. Lacépède va plus loin : « Les os me paraissent idio-électriques, surtout dans les animaux qui ont passé l'âge de la verte jeunesse, et dans lesquels ils ne sont plus aussi tendres et commencent à se durcir ». Galvani écrit à Spallanzani « que l'électricité animale n'est pas absolument une électricité commune, telle qu'on la rencontre dans tous les corps, mais une électricité modifiée et combinée avec les principes de la vie, par lesquels elle acquiert des caractères exclusivement ». On voit de reste que toute l'école de Galvani a été troublée dans ses recherches par la spécificité des détecteurs biologiques employés. Elle n'a pu aborder la perspective objective.

Tandis que le mouvement de l'aiguille dans la balance de Coulomb était un mouvement aux maigres caractéristiques mécaniques, la contraction musculaire a été pour l'école de Galvani un mouvement privilégié, chargé de caractères et de sens, en quelque sorte un *mouvement vécu.* Par réciproque, on a cru que ce mouvement biologico-électrique était plus propre que tout autre à expliquer les phénomènes de la vie. Aldini
167 s'est demandé si les | expériences de contraction électrique « ne pourraient pas conduire à une connaissance plus précise sur l'organisation des insectes ? Peut-être nous indiqueront-elles quelles sont les parties de ces animaux qui sont spécialement douées de contractilité ». En particulier, Aldini rappelle les expériences de Zanotti de Bologne : sur la cigale tuée on obtient immédiatement le mouvement et le son, sur un petit ver luisant « les anneaux phosphoriques deviennent plus brillants, et répandent une lumière plus vive que celle qui leur est

1. Sue, *loc. cit.*, t. I, p. 3.

naturelle… Les gros vers luisants brillent aussi davantage, et l'on découvre en outre une petite étoile très lumineuse à l'extrémité de chacun des poils qui couvrent la superficie de leur corps ». Ainsi, ce n'est pas du côté de la saine abstraction que se dirige l'esprit préscientifique. Il cherche le concret, l'expérience fortement individualisée.

Mais les problèmes électriques se sont formés de prime abord sur une base biologique et l'on peut excuser le biologiste Galvani d'avoir continué la pratique de son propre métier tandis qu'il rencontrait des phénomènes d'un ordre nouveau et inconnu. Nous allons donc essayer de caractériser l'obstacle animiste sur un thème plus naturel. Nous allons étudier, dans un chapitre spécial, la fausse clarté apportée dans la connaissance objective par le thème de la digestion.

LE MYTHE DE LA DIGESTION

I

La digestion est une fonction privilégiée qui est un poème ou un drame, qui est source d'extase ou de sacrifice. Elle devient donc pour l'inconscient un thème explicatif dont la valorisation est immédiate et solide. On a coutume de répéter que l'optimisme et le pessimisme sont questions d'estomac. Mais on vise la bonne humeur ou la mauvaise humeur dans les relations sociales : c'est près des hommes que Schopenhauer cherchait des raisons pour soutenir son système, ou, comme il le disait d'une manière si clairement symptomatique, des *aliments de misanthropie*. En réalité, la connaissance des objets et la connaissance des hommes relèvent du même diagnostic et, par certains de ses traits, *le réel est de prime abord un aliment*. L'enfant porte à la bouche les objets avant de les connaître, pour les connaître. Le signe du bien-être ou du malaise peut être effacé par un signe plus décisif : le signe de la *possession* réaliste. La digestion correspond en effet à une prise de possession d'une évidence sans pareille, d'une sûreté inattaquable. Elle est l'origine du plus fort des réalismes, de la plus âpre des avarices. Elle est vraiment la fonction de l'avarice animiste. Toute sa cénesthésie est à l'origine du mythe de l'intimité. Cette « intériorisation » aide à postuler une « intériorité ». Le réaliste est un mangeur.

Cette fonction de possession, qu'il suffit de désigner pour en faire saisir l'évidence, est bien apparente dans certains textes préscientifiques. Par exemple, C. de la Chambre majore l'appétit dans le sens même d'une possession : « le goût est dans la bouche et à la porte… mais l'appétit est dans le lieu qui reçoit ce qui est entré, d'autant que la possession étant la fin et le but | de l'appétit, et que celui doit désirer qui doit posséder, l'estomacs devant recevoir l'aliment a dû avoir aussi l'appétit »[1].

170

Cette possession fait l'objet de tout un système de valorisation. L'aliment solide et consistant a une prime immédiate. Le boire n'est rien devant le manger. Si l'intelligence se développe en suivant la main qui caresse un solide, l'inconscient s'invétère en mâchant, à pleine bouche, des pâtes. On peut saisir facilement, dans la vie quotidienne, ce privilège du solide et de la pâte. On peut aussi en voir la trace dans bien des livres préscientifiques. Pour Hecquet, publiant sans nom d'auteur un *Traité des dispenses du Carême*, la faim n'a rien que de naturel, la soif, au contraire, est toujours contre nature : « febricitantes sitiunt, esuriunt convalescentes ». « La faim vient d'un estomac vigoureux, qui sent sa force et qui l'excite, vide qu'il est de sucs, mais plein de ressort… la soif vient de l'inaction des fibres nerveuses que le dessèchement roidit, et rend impuissantes au mouvement »[2]. La faim est donc le naturel besoin de posséder l'aliment *solide*, *durable*, *intégrable*, *assimilable*, vraie réserve de force et de puissance. Sans doute les chameaux mettent de l'eau en réserve pour traverser les déserts. « Peut-être encore ont-ils l'instinct de troubler toujours l'eau avant que de la boire, afin qu'étant plus fangeuse et plus pesante, elle se garde plus longtemps dans ces réservoirs et passe plus tard dans l'estomac ».

Bien entendu, quand on pense sur un plan valorisé, la contradiction des valeurs n'est pas loin. Mais cette contra-

1. De La Chambre, *Nouvelles conjectures sur la digestion*, Paris, 1636, p. 24.

2. Sans nom d'auteur, *Traité des dispenses du Carême*, Paris, 1710, t. II, p. 224.

diction ne vise qu'en apparence les éléments rationnels. En réalité, elle s'anime dans la simple dialectique du goût et du dégoût. La longue polémique sur les *pâtées* au XVIIIe siècle est très instructive à cet égard. Diderot, digne émule de Rousseau, va nous donner quelques conseils d'hygiène, curieux mélange de verbiage scientifique et de valorisation inconsciente (*Encyclopédie*, Art. *Bouillie*). « Il est d'un usage presque général d'empâter les enfants dans les deux ou trois premières années de leur vie, avec un mélange de farine délayée dans du lait que l'on fait cuire, auquel on donne le nom de bouillie. Rien de plus pernicieux que cette méthode ». En voici la preuve pédante : « En effet, cette nourriture est extrêmement grossière et indigeste pour les viscères de ces petits êtres. C'est une vraie colle, une espèce de mastic capable d'engorger les routes étroites que le chyle prend pour se vider dans le sang, et elle n'est propre le plus souvent qu'à obstruer les glandes du mésentère, parce que la farine dont elle est composée, n'ayant point encore | fermenté, est sujette à s'aigrir dans l'estomac 171 des enfants, et de là le tapisse de glaires, et y engendre des vers qui leur causent diverses maladies qui mettent leur vie en danger ». Que de raisons, de déductions et d'inférences pour nous dire que Diderot n'aime pas les bouillies ! Rien n'est tant *raisonné* que l'alimentation chez les bourgeois. Rien n'est davantage sous le signe du substantiel. Ce qui est substantiel est nourrissant. Ce qui est nourrissant est substantiel. Durade, dans un ouvrage qui a remporté le prix de Physique de l'Académie de Berlin en 1766, commentait simplement cet axiome de la digestion substantielle : « une seule substance nourrit ; tout le reste n'est qu'assaisonnement »[1].

Un des mythes les plus persistants qu'on peut suivre à travers les périodes scientifiques, accommodé à la science du jour, c'est l'assimilation des semblables par la digestion. Pour en montrer le caractère préconçu, le mieux est de prendre un auteur assez ancien. Le docteur Fabre de Montpellier dit en son langage philosophique : « Que si l'aliment est en son commen-

1. Durade, *Traité physiologique et chymique sur la nutrition*, Paris, 1767, p. 73.

cement différent de son alimenté, il faut qu'il se dépouille de cette différence, et par diverses altérations, qu'il se rende semblable à son alimenté, avant qu'il puisse être son dernier aliment »[1]. Mais l'idéal de l'alimentation moderne n'est guère en avance sur ce texte. Elle reste aussi *matérialiste*. On gorge les enfants de phosphates pour leur faire des os sans méditer le problème de l'assimilation. Même quand une expérience est réelle, on la pense sur un plan philosophique faux. On veut toujours que le semblable attire le semblable, que le semblable ait besoin du semblable pour s'accroître. Telles sont les leçons de cette assimilation digestive. On transporte bien entendu ces leçons dans l'explication des phénomènes inorganiques. C'est précisément ce que fait le docteur Fabre qui développe tout un cours de chimie et de médecine générale en s'appuyant sur le thème fondamental de l'assimilation digestive.

II

La valorisation conduit à donner à l'estomac un rôle primordial. L'Antiquité le nommait le roi des viscères. Hecquet en parle avec admiration. L'estomac n'est pourtant, dans sa théorie, qu'un organe chargé de triturer les aliments. Mais, tout de même, quelle merveille! « Cette meule philosophique et animée qui broie sans | bruit, qui fond sans feu, qui dissout sans corrosion; et tout cela par une force aussi surprenante qu'elle est simple et douce; car si elle surpasse la puissance d'une prodigieuse meule, elle agit sans éclat, elle opère sans violence, elle remue sans douleur». En 1788, Boy Desjoncades se contente d'admirer le *site* de l'estomac, mais quel élan! « La situation de l'estomac, ce vase de digestion, sa forme, son diamètre, l'épaisseur de ses parois, les assistants qui sont placés autour de lui, tout est arrangé avec une symétrie des plus régulières, pour favoriser l'entretien de cette chaleur vitale… Les viscères, les muscles et les troncs d'artères et de

1. Fabre, *loc. cit.*, p. 15.

veines qui l'environnent, sont comme autant de braises allumées qui entretiennent ce feu. Le foie le couvre et réchauffe du côté droit. La rate en fait autant du côté opposé. Le cœur et le diaphragme font le même office par en haut. Les muscles abdominaux, l'épiploon et le péritoine lui portent la chaleur par devant, et enfin les troncs de la grosse artère et ceux de la veine cave avec les muscles de l'épine dorsale, lui rendent un égal service par derrière »[1].

Cette valorisation de la chaleur stomacale est aussi, à elle seule, très instructive. Elle est très fréquente dans les textes de la période préscientifique. On lit dans *l'Histoire de l'Académie des Sciences* pour 1673 la page suivante (I, p. 167) : « Notre estomac fait des extraits des Plantes comme le feu, et il ne les altère pas moins. Il tire du vin, par exemple, un esprit qui monte à la tête, et la suite de la digestion donne des parties combustibles, et des substances sulfurées volatiles. Mais ce qui est le plus remarquable, et le plus heureux pour le rapport des opérations de l'estomac à celles de la Chimie, on voit dans plusieurs exemples qu'il forme, ou qu'il dégage par sa seule chaleur douce et humide les mêmes substances que la Chimie ne peut avoir que par un grand feu. Ce n'est que par ce moyen que l'on tire de la Poudre Émétique, insipide en apparence, des substances aérées ; et l'estomac en tire doucement et facilement ces mêmes substances, qui sont les seules qui puissent l'irriter et le soulever ». Bien entendu, quand il y a des différences entre la Chimie de l'estomac et la « chimie artificielle », c'est toujours la première, *in vivo*, qu'on estime la plus naturelle et partant la plus adroite.

Nous touchons ici à la propriété *pivot* autour de laquelle va tourner sans fin l'esprit préscientifique : la digestion est une lente | et douce cuisson, donc toute cuisson prolongée est une **173** digestion. On ne méditera jamais trop cette réciproque si l'on veut comprendre l'orientation de la pensée animiste. Il n'y a pas là un simple tour métaphorique. En fait, dans l'esprit

1. A. Roy Desjoncades, Docteur médecin, *Les loix de la nature, applicables aux loix physiques de la Médecine et au bien général de l'humanité*, 2 vol., Paris, 1788, t. I, p. 97.

préscientifique, la chimie prétend s'instruire en scrutant les phénomènes de la digestion.

D'abord la *forme* du corps humain ne dessine-t-elle pas un four bien compris ? Dans un texte un peu ancien, à la fin du XVIe siècle, Alexandre de La Tourette nous dit ingénument sa rêverie : « Nous voyons aussi, comme ce très excellent alchymiste, notre bon Dieu, a bâti son four (qui est le corps de l'homme) d'une si belle et propre structure, qu'il n'y a rien à redire : avec ses soupiraux et registres nécessaires comme sont la bouche, le nez, les oreilles, les yeux ; afin de conserver en ce four une chaleur tempérée, et son feu continuel, aéré, clair, et bien réglé, pour y faire toutes ses opérations alchimistiques ».

La digestion, dit un auteur du XVIIIe siècle, est « un petit incendie... les aliments doivent être autant proportionnés à la capacité de l'estomac, que le fagot à la disposition du foyer ». Il n'est pas sûr que la traduction actuelle de la valeur des aliments en calories soit plus adaptée à la réalité que ces images simples.

Pour le biologiste préscientifique, les degrés de cuisson stomacale suffisent à spécifier les substances. Le même auteur dit encore : « Soyez persuadé qu'entre le lait et le chyle... il n'y a de différence que par les degrés d'une cuite ou digestion plus ou moins avancée » [1].

Ce n'est pas pour rien que la marmite de Papin, qui était au fond une véritable marmite norvégienne, a été appelée le digesteur de Papin. On en explique les phénomènes en pensant au travail de l'estomac. En effet ce qui a frappé surtout c'est que la viande, en six ou huit minutes, sur petit feu « se trouve réduite en pulpe, ou plutôt en une liqueur parfaite : en poussant un peu le feu, ou seulement en le laissant agir tel qu'il est quelques minutes de plus, les os les plus durs se transforment en pulpe ou en gelée. On attribue cet effet à l'exactitude avec laquelle cette machine est fermée ; comme elle ne permet ni l'entrée ni la sortie de l'air, les secousses occasionnées par la dilatation et les oscillations de l'air renfermé dans la chair, sont

1. Fr. J. Hunaut, *Nouveau traité de Physique sur toute la nature...*, *loc. cit*, t. II, p. 40.

uniformes et très vigoureuses ». On reconnaît là la théorie de la trituration stomacale. D'ailleurs, l'article reprend : « Cette expérience paraît avoir une parfaite analogie avec l'opération de l'estomac ; car quoique la dissolution | de ce viscère ne soit 174 pas ordinairement si vive et si pénétrante, néanmoins à proportion de sa chaleur et de sa construction M. Drake pense que l'effet est tout à fait semblable » (*Encyclopédie*, Art. *Digesteur*).

Pour défendre la théorie de la trituration stomacale, Hecquet rappelle que ce qui fait la bonté, la délicatesse et la sûreté du chocolat, c'est qu'il est bien broyé. « La pâtisserie en fournirait un million d'autres [preuves], car d'une même farine également assaisonnée, mais différemment tournée et pétrie, elle en tire différents mets. Peut-être faudrait-il omettre ce détail, ordinairement peu satisfaisant pour des esprits philosophiques, que rien ne touche, que le sublime ou le merveilleux ». Une telle manière d'argumenter montre bien la *continuité* de la cuisine à la digestion. On a dit bien souvent que la digestion commence à la cuisine; la théorie savante aussi. L'*homo faber* qui correspond à l'intelligence biologique est cuisinier.

Des opérations vraiment insignifiantes pour nous étaient jadis marquées du mythe de la digestion. L'*Encyclopédie* relate encore au mot *buccellation* une « opération par laquelle on divise en morceaux, comme par bouchées, différentes substances pour les travailler ». Dès le mortier, l'histoire animiste d'une opération chimique est ainsi commencée. Tout le long des manœuvres, les métaphores de la digestion soutiendront la pensée objective : l'expérience physique travaillera sur le plan de l'expérience biologique. Certains Alchimistes donnent même à l'idée de nourriture toute sa force, tout son sens précis, alors même qu'ils travaillent sur la matière. Sous le nom de *cibation*, ils prétendent aider une réaction en la nourrissant de pain et de lait. Crosset de la Heaumerie, en 1722, parle encore « de nourrir et allaiter le composé »[1]. Parfois c'est une image.

1. Crosset de la Heaumerie, *loc. cit.*, p. 21.

Parfois c'est une réalité et l'on verse du lait dans la cornue. À vrai dire, l'intuition animiste est tellement trouble que toute poudre blanche peut faire office de farine. Un auteur écrivant en 1742 reconnaît ainsi formellement, dans certains minéraux, les propriétés de la farine. Certes « toutes ces farines ne sont pas également nourrissantes » mais avec de l'eau, une telle farine « devient une sorte de lait. Le lait même qu'on trait des vaches… n'est pas une liqueur différente ». On voit donc bien que le concept d'aliment *nourrissant*, si clair et si fortement valorisé dans l'inconscient, s'introduit, d'une manière plus ou moins obscure, dans les raisonnements de la chimie préscientifique.

Les anciennes méthodes de cémentation de l'acier sont de 175 | toute évidence sous la dépendance d'une *cibation* plus ou moins mystique. On lit dans l'*Encyclopédie* à l'article *Trempe* cette page où la rationalisation n'empêche pas de reconnaître la trace de l'idée primitive de nourriture : « Faire de l'acier c'est charger le fer d'autant de phlogistique, ou de parties inflammables qu'il en peut contenir. Pour produire cet effet, on joint au fer que l'on veut convertir en acier toutes sortes de matières grasses, qui contiennent une grande quantité de principe inflammable qu'elles communiquent au fer… C'est sur ce principe que l'on emploie des substances du règne animal, telles que des os, de la carne, des pattes d'oiseaux, du cuir, des poils, etc. ». Certains primitifs approchent du foyer où l'on travaille le minerai de fer, pour des fins magiques, un coffret plein de plumes et de poils. Le métallurgiste préscientifique, plus matérialiste, jette les plumes et les poils dans le creuset. La technique de la *trempe au jus d'ail* correspond de même, sinon à un mythe digestif, du moins à un *mythe de l'assaisonnement* qui joue comme une causalité de l'infime. On peut lire dans l'*Encyclopédie* cette méthode de *trempe* pour les aciers fins : « On coupe l'ail en petits morceaux ; on verse de l'eau-de-vie par dessus, on les laisse en digestion pendant 24 heures dans un lieu chaud ; au bout de ce temps, on presse le tout au travers d'un linge, et on conserve cette liqueur dans une bouteille bien bouchée, afin de s'en servir au besoin pour tremper les outils les plus délicats». Diderot, le fils du coutelier, n'a pas réagi contre cette méthode; il a laissé passer l'article. On ne critique pas la technique de ses pères.

Mais naturellement, c'est surtout dans la pratique alchimiste que le mythe de la digestion est prodigué. On ne devra donc pas s'étonner des métaphores nombreuses qui relèvent de la digestion dans les organes alchimistes. Ainsi «les corrosifs ordinaires, affamés comme ils sont, cherchent à dévorer les métaux, pour assouvir leur faim, ils les attaquent avec furie»[1]. L'antimoine est un «loup dévorant». Nombreuses sont les gravures qui le représentent ainsi «Ce sel cristallin, comme un enfant affamé, mangera et transformera en peu de temps en sa propre nature telle huile essentielle que vous voudrez lui donner»[2]. Et toute l'opération est décrite comme une nutrition: «De même les alcalis et les esprits rectifiés se doivent joindre ensemble de telle sorte, que l'un semble avoir mangé l'autre». Le nombre de ces images, qu'un esprit scientifique estime pour le moins inutiles, dit assez clairement qu'elles jouent un rôle explicatif suffisant pour l'esprit préscientifique.

| III

176

Puisqu'on a lié l'estomac et la cornue, puis l'ensemble des phénomènes biologiques et l'ensemble des phénomènes chimiques en une même unité, on va pousser l'analogie à l'extrême. Dans certaines cosmogonies préscientifiques, la terre est prise comme un vaste appareil digestif. Précédemment, nous avions évoqué une vie un peu vague de la terre. C'est maintenant d'une vie précise qu'il s'agit. De la Chambre dit simplement: pour les végétaux, l'aliment n'a «point d'autre organe de sa coction que la terre qui lui sert d'estomac»[3] (p. 18): «Les zoophytes… n'ont point d'autre

1. Poleman, *loc. cit.*, p. 22.
2. Le Pelletier, *loc. cit.*, t. II, p. 156.
3. De La Chambre, *Nouvelles conjectures sur la digestion…*, *loc. cit.*, p. 15.

estomac que la terre ». Ainsi tous les animaux ont un estomac, « il est interne aux uns et fait partie de leur corps, et aux autres non ». Mais d'autres auteurs sont plus prolixes. Un auteur met sur la même ligne les trois digestions qui se développent dans la terre, la cuisine ou l'estomac. « La matière minérale dont les plantes et les fruits sont produits est donc premièrement préparée dans la terre qui, comme un estomac aidé de la chaleur du soleil, la cuit et la digère; les cuisiniers lui succèdent, et se placent, pour ainsi parler, entre elle et notre estomac; y ajoutant, par l'artifice de leurs industrieuses *digestions*, *triturations*, *macérations*, *fermentations*, *élixations*, *fritures*, *torréfactions*, et le reste de leurs assaisonnements ce qui manque à la maturité des fruits... L'estomac est ensuite placé entre les cuisiniers et les veines pour exalter par son levain la quintessence de ces matières, je veux dire ce mercure alimentaire, ou cet humide radical, dont se fait la nourriture des parties : enfin la fermentation des veines tient le milieu entre la digestion de l'estomac, et l'assimilation des humeurs, ou leur conversion en la substance des parties »[1]. Voilà certes une Weltanschauung qui se disperserait immédiatement si le mythe de la digestion perdait sa clarté.

C'est un même *dépassement* qu'on peut saisir chez Hecquet. Il ne lui suffit pas que la digestion stomacale se fasse par la trituration. Il veut montrer que tout l'univers triture et digère (p. 128). Tout un chapitre de son livre est consacré à démontrer que « le broyement a beaucoup de part dans les digestions qui se font dans les végétaux et dans les minéraux ». Les nœuds de la tige sont « autant de pressoirs ou de petits cœurs ». « L'air bat |177 et agite tout ce qu'il touche... les chimistes le nomment la *toison* de la terre ». Mais rien n'arrête la rêverie pédante : « La lune surtout et les astres, ces masses énormes qui roulent sur leur centre, pèsent toutes à la fois sur l'air, le foulent et l'agitent, l'affinent et le broyent ». La lune pousse l'air; l'air pousse l'eau; l'eau, étant incompressible, détermine des pressions dans les entrailles de la terre et facilite

1. Hunault, *Discours physique sur les fièvres qui ont régné les années dernières*, Paris, 1696, p. 16.

les *digestions minérales*. « L'action de broyement paraîtra peut-être plus malaisée à concevoir dans les digestions qui se font dans les minéraux, mais ces digestions sont des végétations, et l'on vient de voir que les végétations se font par le moyen du broyement. Pourquoi d'ailleurs chercher des différences dans les manières que la nature employe dans les productions du même genre ? »[1]. Hecquet rappelle la théorie des veines terrestres et ajoute (p. 136) : « La nature paraîtrait donc presque avoir copié la terre d'après le corps humain ». Ainsi, la cité savante, il y a à peine deux siècles, tolérait des inversions aussi scandaleuses.

On peut d'ailleurs remarquer, en lisant certains textes, la liaison des images très précises et des inspirations animistes les plus sourdes. Pour un auteur écrivant en 1742 dans un mémoire lu à l'Académie (t. I, p. 73), « la terre [a] comme ses entrailles, et ses viscères, ses philtres, ses colatoires. Je dirais même quasi comme son foie, sa rate, ses poumons, et les autres parties destinées à la préparation des sucs alimentaires. Elle a aussi ses os, comme un squelette très régulièrement formé ». Si l'on ne prend pas, devant un tel texte, l'attitude ironique, si l'on en accepte un instant la séduction puérile, en suivant une inspiration sympathique, on sent bientôt l'idée vague se reformer derrière les précisions intempestives. Cette idée vague et puissante, c'est celle de la Terre nourricière, de la Terre maternelle, premier et dernier refuge de l'homme abandonné. Alors on comprend mieux les thèmes psychanalytiques que développe Rank dans le *Traumatisme de la naissance* ; on arrive à donner un sens tout nouveau au besoin qu'un être douloureux et craintif éprouve de retrouver partout la vie, sa vie, de se fondre, comme disent les philosophes éloquents, dans le grand Tout. C'est au centre qu'est le mystère et la vie ; tout ce qui est caché est profond, tout ce qui est profond est vital, vivant ; l'esprit formateur est « souterrain ». « Dans la Terre comme dans nos corps… pendant qu'au dehors tout se passe en décoration, ou tout au plus en opérations peu

1. Sans nom d'auteur, *De la digestion et des maladies de l'estomac…*, *loc. cit.*, p. 135.

178 embarrassantes, | le dedans est occupé aux ouvrages les plus difficiles, et les plus importants ».

Robinet écrit encore en 1786 : « Un liquide circule dans l'intérieur du globe. Il se charge de parties terreuses, huileuses, sulfureuses, qu'il porte aux mines et aux carrières pour les alimenter, et hâter leur accroissement. Ces substances en effet sont converties en marbre, en plomb, en argent, comme la nourriture dans l'estomac de l'animal se change en sa propre chair ». On pourrait trouver les éléments d'une théorie inconsciente de l'Univers fondée sur les solides convictions de la boulimie. La gloutonnerie est une application du principe d'identité. Tout se mange. Réciproquement, tout est mangé. « Les choses, continue Robinet, se servent mutuellement de nourriture… La conservation de la Nature se fait à ses propres dépens. Une moitié du tout absorbe l'autre, et en est absorbée à son tour »[1]. Cette absorption réciproque est difficile à rationaliser, difficile même à imaginer. Pour un digérant, elle est au contraire très facile à rêver.

Mais nous retrouverons bientôt l'occasion d'accentuer toutes ces remarques, en leur donnant leur véritable interprétation psychanalytique, quand nous examinerons le mythe de la génération tellurique beaucoup plus puissant et séducteur que le mythe de la simple digestion.

IV

Au mythe de la digestion se rattache, de toute évidence, l'importance donnée aux excréments. Nombreux sont les psychanalystes qui ont caractérisé la phase anale dans le développement psychique de l'enfant. R. et Y. Allendy rappellent que « Freud en 1908, Jones en 1921 et Abraham en 1921 ont longuement étudié ce que devient chez l'adulte, sous forme de caractère anal, l'accentuation prévalente de cette

1. Robinet, *De la Nature…*, *loc. cit.*, t. I, p. 45.

phase digestive »[1]. On en trouvera une étude très claire dans leur livre *Capitalisme et Sexualité*. En lisant cet ouvrage, on sentira la nécessité de doubler la psychanalyse classique par une psychanalyse du sentiment de l'avoir qui est, comme nous l'avons marqué, d'essence primitivement digestive. Nous ne pouvons nous étendre sur ce sujet. Nous voulons simplement noter que *la connaissance objective à prétentions scientifiques* est embarrassée, elle aussi, par des valorisations aussi absurdes.

| Il est à peine croyable que le XVIIIe siècle ait gardé dans son Codex des remèdes comme l'eau de millefleurs et l'*album graecum*. L'eau de millefleurs n'est autre que le produit de la distillation de la bouse de vaches. Malouin[2] y consacre un petit chapitre. Qu'on ne croie pas que la distillation, en nettoyant le médicament, excuse le médecin. On donne aussi, sous le nom d'eau de millefleurs, l'urine elle-même. « On choisit celle d'une génisse, ou d'une jeune vache saine et brune, nourrie dans un bon herbage, dans le mois de mai, ou dans celui de septembre, et le matin… on la porte toute chaude au malade qui doit être à jeun… c'est une liqueur savonneuse qui dissout efficacement les obstructions formées par l'épaisseur de la bile, ou par la viscosité des autres humeurs ; elle purge abondamment, et même fait quelquefois vomir… ». Malouin la recommande pour l'asthme, l'hydropisie, la migraine. « La fiente fraîche de vache nourrie d'herbes a la qualité d'apaiser les inflammations des plaies et tumeurs… Le tempérament du mâle étant différent de celui de la femelle, on ne peut disconvenir que la fiente de bœuf ne soit en quelque chose différente de celle de la vache… Celle du bœuf sert particulièrement à retenir en son lieu la matrice relâchée ». Notons au passage la surdétermination sexuelle présentée comme un principe évident. Notons aussi, dans la fixation de la matrice par une matière malodorante, le même moyen de rationalisation que nous avons déjà signalé en suivant le psychanalyste Jones.

179

1. R. et Y. Allendy, *Capitalisme et Sexualité*, Paris, Denoël et Steele, 1932, p. 47.

2. Malouin, *Chimie médicinale*, 2 vol., 2e éd., Paris, 1755, t. I, p. 112.

Il est à remarquer qu'aucune critique n'est indiquée par Malouin. Même absence de critique dans la *Matière médicale* de Geoffroy qui recommande les crottes de rat *Stercus nigrum* contre les constipations. A l'extérieur, elles guérissent la gratelle, mêlées au miel et au jus d'oignon, elles font croître et revenir les cheveux.

L'*album graecum* est de la crotte de chien. L'*Encyclopédie* en parle en ces termes : « Plusieurs auteurs, et entre autres Ettmuller, ont donné beaucoup de propriétés à l'*album graecum*; ils l'ont célébré comme étant sudorifique, atténuant, fébrifuge, vulnéraire, émollient, hydragogue, spécifique dans les écrouelles, l'angine et toutes les maladies du gosier ». On reconnaît là une valorisation polyvalente d'autant plus poussée que la matière peut sembler plus méprisable. L'auteur de l'article manifeste une certaine désaffection de cette pratique. « On ne s'en sert guère parmi nous que dans [les maladies du gosier] à la dose d'un demi-gros ou d'un gros, dans un gargarisme approprié ». Cette restriction dans l'usage, jadis si étendu, de l'*album graecum* prépare une | *rationalisation* qui doit nous donner une mesure de la résistance d'un obstacle épistémologique. On ne croit pas avoir d'autres moyens de triompher de l'obstacle qu'en l'amoindrissant, qu'en le tournant. On ne sent pas que l'obstacle est dans l'esprit même. Un reste de valeur traîne longtemps sur des idées fausses valorisées par l'inconscient. Ainsi l'auteur développe la « rationalisation » suivante : « « L'*album graecum* n'est proprement qu'une terre animale, et par conséquent absorbante, analogue à l'ivoire préparé, à la corne de cerf philosophiquement préparée, etc. Les humeurs digestives du chien et l'eau employée aux lotions de cet excrément dans sa préparation ont épuisé les os mâchés et avalés par le chien, ou en ont dissout la substance lymphatique à peu près de la même façon que l'eau bouillante a épuisé la corne de cerf dans sa préparation philosophique. On ne voit donc pas quel avantage il pourrait avoir au-dessus des autres substances absorbantes de la même classe ». Encore une fois, cette dévalorisation, timide et inachevée, dit assez clairement la primitive *valeur* de cet étrange médicament.

Les matières fécales ont fait l'objet de nombreuses distillations. « Le procédé par lequel M. Homberg est parvenu à retirer de la matière fécale une huile blanche et sans odeur est curieux, et mérite de trouver place ici, à cause des vues et des sujets de réflexions qu'il peut fournir »[1]. Macquer ne nous dit guère quelles sont ces vues et ces réflexions, mais on les devine si l'on veut bien mettre en scène le besoin de valorisation. En effet, la distillation a fait perdre « la mauvaise odeur qui est changée en simple odeur fade... M. Homberg a reconnu une valeur cosmétique à cette eau : il en a donné à quelques personnes dont le teint du visage, du col et des bras était tout à fait gâté, étant devenu gris, sec, grenu et rude : elles s'en sont débarbouillées une fois par jour. L'usage continué de cette eau leur a adouci et blanchi la peau considérablement ». On trouve dans la *Suite de la Matière médicale* de Geoffroy (t. VI, p. 474) un récit encore plus circonstancié et partant plus incroyable. Ce récit nécessiterait une psychanalyse détaillée, d'ailleurs très facile. Geoffroy ne nie pas plus l'efficacité que la répugnance. « Nous sommes persuadés que cette liqueur, qui est douce et onctueuse, peut en effet adoucir et embellir la peau. Mais n'y a-t-il pas de l'extravagance à être assez esclave de sa beauté pour vouloir la conserver par l'usage d'une chose aussi sale et aussi dégoûtante ».

Un inconscient très troublé peut seul conseiller de tels usages. | Pour juger du trouble, il ne faut pas seulement **181** s'occuper du lecteur de telles vésanies ; il faut s'adresser à celui qui le premier en a fait l'essai. Comment l'idée peut-elle venir de chercher le cosmétique, comme le fait Hombert ou la dame citée par Geoffroy ? Ce ne peut être que par valorisation antithétique. On ne veut pas croire que la mauvaise odeur d'un produit *naturel* soit fondamentale. On veut donner une valeur objective au fait qu'on a vaincu une répugnance personnelle. On veut admirer et être admirable. Tout joue pour donner une

1. Macquer, *loc. cit.*, t. II, p. 406.

valeur même aux anti-valeurs. Déjà Hecquet répondait aux auteurs qui voulaient expliquer la digestion par une sorte de putréfaction : « C'est se former une étrange idée d'une opération si belle, si pleine d'art et de merveille ». Les sucs produits par la digestion sont en effet « parfaits, doux et bienfaisants ». « Il conviendrait mal aux sucs nourriciers qu'ils vinssent à s'empuantir » [1]. La digestion est difficile à expliquer, « preuve certaine de la majesté de la nature », mais pour l'esprit préscientifique elle ne s'explique que dans le règne des valeurs. Une telle explication cesse de donner prise à la contradiction. C'est aimer profondément que d'aimer des qualités contradictoires.

1. Sans nom d'auteur, *De la digestion...*, *loc. cit.*, p. 38.

LIBIDO ET CONNAISSANCE OBJECTIVE

I

Le mythe de la digestion est bien terne quand on le compare au mythe de la génération; l'*avoir* et l'*être* ne sont rien devant le *devenir*. Les âmes énergiques veulent *avoir* pour *devenir*. C'est donc avec raison que la Psychanalyse classique a marqué la suprématie de la *libido* sur l'appétit. L'appétit est plus brutal, mais la libido est plus puissante. L'appétit est immédiat; à la libido, au contraire, les longues pensées, les projets à longue échéance, la patience. Un amant peut être patient comme un savant. L'appétit s'éteint dans un estomac repu. La libido, à peine est-elle apaisée, qu'elle renaît. Elle *veut* la durée. Elle *est* la durée. A tout ce qui *dure* en nous, directement ou indirectement, s'attache la libido. Elle est le principe même de la valorisation du temps. Le temps gratuit, le temps vidé, le temps d'une philosophie du repos est un temps psychanalysé. Nous y travaillerons dans un autre ouvrage. Retenons simplement que la patience est une qualité ambiguë, même lorsqu'elle a un but objectif. Le psychanalyste aura plus de travail qu'il ne pense s'il veut bien étendre ses recherches du côté de la vie intellectuelle.

En effet, la psychanalyse classique, préoccupée surtout d'interpsychologie, c'est-à-dire des réactions psychologiques individuelles déterminées par la vie sociale et la vie familiale, n'a pas dirigé son attention sur la connaissance objective. Elle n'a pas vu ce qu'il y avait de spécial chez l'être humain qui quitte les hommes pour les objets, chez le surhomme nietzschéen qui, vers une plus haute montagne, quittant aussi son aigle et son serpent, s'en va vivre parmi les pierres. Et pourtant, quel curieux destin, plus curieux encore dans le siècle où nous sommes! En ces heures où toute la culture se 184 « psychologise », où l'intérêt pour l'*humain* | s'étale dans la presse et les romans, sans plus d'exigences que celle d'un récit *original*, sûr de trouver des lecteurs quotidiens et assidus, voici qu'on trouve encore des âmes qui pensent à un sulfate! Ce retour à la pensée de la pierre, c'est, sans doute, aux yeux des *psychologues*, la régression d'une vie qui se minéralise. A eux l'être et le devenir, à eux l'humain tout gonflé d'avenir et de mystère! Il y aurait une longue étude à faire sur cette dévalorisation de la vie objective et rationnelle qui proclame la faillite de la science, du dehors, sans jamais participer à la pensée scientifique. Mais notre besogne est plus modeste. C'est dans le détail de la recherche objective qu'il nous faut faire sentir la résistance des obstacles épistémologiques. C'est là que nous allons voir l'influence de la libido, libido d'autant plus insidieuse qu'elle a été plus tôt écartée, que le refoulement est, dans les tâches scientifiques, à la fois plus facile et plus nécessaire. Naturellement, dans ce domaine de l'aridité voulue qu'est un domaine scientifique, les affleurements de la libido sont souvent peu apparents. Nous réclamons donc l'indulgence du lecteur qui doit mesurer la difficulté d'une tâche qui se propose, en somme, d'analyser la sensibilité d'un cœur de pierre.

Voici alors le plan que nous allons suivre dans ce chapitre complexe. Dans cette psychologie d'un inconscient scientifique, nous procéderons du vague au précis. En effet, dans le règne de la libido, le plus vague est le plus puissant. Le précis est déjà un exorcisme. Toute Intellectualisation, alors même que cette intellectualisation porte encore la marque indéniable de l'affectivité, est déjà une décharge de cette affectivité. Nous trouverons de bons terrains d'étude, pour la sexualité vague, dans l'Alchimie, pour la sexualité énorme, dans la génération tellurique. En ce qui concerne la sexualité précise, nous trouverons d'abondants exemples dans la Pharmacopée du XVIIIe siècle et dans les recherches électriques de la même époque. Enfin, ainsi qu'on a pu le voir, pour illustrer les grands obstacles épistémologiques nous avons pris des exemples particuliers : pour l'obstacle constitué par une image générale, nous avons étudié les phénomènes de l'éponge; pour l'obstacle substantialiste, nous avons étudié l'or, ce qui nous a donné prétexte à une psychanalyse du réaliste. En ce qui concerne l'obstacle constitué par la libido, nous concrétiserons et préciserons nos remarques en étudiant l'idée de *germe* et de *semence.* Nous verrons alors ce qu'est un *devenir privilégié*, un devenir substantifié. Nous terminerons en donnant, à titre d'exercices, quelques pages à psychanalyser.

| II 185

On ne peut penser longtemps à un mystère, à une énigme, à une entreprise chimérique, sans en sexualiser, d'une manière plus ou moins sourde, le principe et les péripéties. Cela tient sans doute à ce que le problème de la naissance a été pour l'enfant le premier mystère. Le secret de la génération que les parents savent et qu'ils cachent – sans adresse, avec ironie ou malveillance, en souriant ou en grondant – les consacre comme des autorités intellectuelles arbitraires. De ce fait, les parents sont dès lors, aux yeux des enfants, des éducateurs qui ne disent pas tout. L'enfant doit donc chercher seul. Il reconnaît, seul, *l'absurdité* des premières explications. Il a rapidement conscience que cette absurdité est une malveillance intellectuelle, une preuve qu'on veut, intellectuellement, le tenir en tutelle; d'où un éveil de l'esprit dans les voies mêmes qu'on voulait interdire. Bientôt une réciproque s'installe dans l'esprit en formation. Puisque la libido est mystérieuse, tout ce qui est mystérieux éveille la libido. Aussitôt, on aime le mystère, on a besoin du mystère. Bien des cultures s'en trouvent puérilisées; elles perdent le besoin de comprendre. Pour longtemps, sinon pour toujours, la lecture réclame des thèmes mystérieux; il faut qu'elle pousse devant elle une masse d'inconnu. Il faut aussi que le mystère soit humain. Finalement toute la culture se « romance ». L'esprit préscientifique lui-même en est touché. Une vulgarisation de mauvais aloi tend à remettre sans cesse une frange de possibilités indéfinies et mystérieuses autour des lois précises. Elle va au-devant de ce besoin de mystère dont nous voyons la source impure. Elle forme, en fin de compte, obstacle à l'essor de la pensée abstraite.

L'alchimiste traite le nouvel adepte comme nous traitons nos enfants. Des absurdités provisoires et fragmentaires font office de raisons au début de l'initiation. Ces absurdités procèdent par symboles. Les symboles alchimiques pris enfin dans leur système ne sont que des absurdités cohérentes. Ils aident alors à déplacer le mystère, autant dire à jouer du mystère. Finalement, le secret alchimique est une convergence de mystères : l'or et la vie, l'avoir et le devenir, sont réunis dans une même cornue.

Mais, comme nous l'avons marqué plus haut, les longues manœuvres pour atteindre la pierre philosophale viennent valoriser la recherche. Souvent la longueur des chauffes est présentée comme un *sacrifice* pour mériter le succès. C'est de **186** la patience | valorisée, une espèce de broderie aux mille points, inutile et charmante, la tapisserie de Pénélope. Le temps doit être inscrit dans l'œuvre : d'où les délais et les répétitions réglées. Si l'adepte qu'on initie se souvient de son passé, il doit se dire que parmi tous les mystères de la vie, seul le premier mystère de la naissance a été aussi résistant que le mystère de l'œuvre.

Et voici la solitude qui devient mauvaise conseillère. Une solitude aussi opiniâtre que celle du veilleur de fourneaux alchimiques se défend mal des tentations sexuelles. Par certains côtés, on pourrait dire que l'alchimie est le vice secret. Un psychanalyste reconnaîtra facilement l'onanisme dans certaines pages du traité *Le triomphe hermétique ou la pierre philosophale victorieuse*. La *Pierre* vante en effet sa supériorité sur la simple union de l'or mâle et du mercure femelle en ces termes : « Elle s'épouse elle-même ; elle s'engrosse elle-même ; elle naît d'elle-même ; elle se résout d'elle-même dans son propre sang, elle se coagule de nouveau avec lui, et prend une consistance dure ; elle se fait blanche ; elle se fait rouge d'elle-même »[1]. Il importe peu à notre diagnostic qu'un chimiste moderne trouve un sens objectif, un sens expérimental aux noces de la pierre avec elle-même. Le symbolisme lui-même n'en reste pas moins symptomatique.

Au cours des siècles, certains alchimistes répètent souvent que le sperme d'un animal ne peut servir à former un métal. Cette affirmation est d'autant plus étrange que la mentalité primitive admet facilement qu'une plante devienne un homme qu'une statue s'anime, qu'un homme soit changé en un bloc de sel. Un auteur du XVIIe siècle[2] déconseille pour la grande œuvre le sang et le sperme humain. Pourquoi donc était-il nécessaire de le déconseiller ?

La Pierre manifeste, dans certains livres, un véritable complexe de puissance. « Si les artistes avaient porté leurs recherches au-delà, et qu'ils eussent bien examiné quelle est la femme qui m'est propre ; qu'ils l'eussent cherchée et qu'ils m'eussent uni à elle ; c'est alors que j'aurais pu teindre mille fois davantage mais au lieu de cela ils ont entièrement détruit ma propre nature, en me mêlant avec des choses étrangères… ». C'est, comme on le voit, la complainte du mal marié. On l'imagine assez bien dans la bouche d'un savant qui quitte son foyer pour son laboratoire, | qui vient chercher près **187** des « beautés de la science » des extases que lui interdit son épouse disgraciée. C'est là, d'ailleurs, une explication valable pour la *Recherche de l'Absolu* de Balzac.

1. A. Limojon de Saint-Didier, *Le triomphe hermétique ou la pierre philosophale victorieuse, traité plus complet et plus intelligible qu'il y ait eu jusque ici, touchant le magistère hermétique*, 2e éd., Amsterdam, 1710, p. 17.

2. Marc-Antonio Crasselame, *La lumière sortant de soi-même des Ténèbres ou Véritable théorie de la Pierre des philosophes*, trad. de l'italien, 2e éd., Paris, 1693, p. 30.

Quand Eudoxe explique ce passage (p. 89), toutes les métaphores de la femme qu'on a rêvée s'accumulent : la femme qui est propre à la Pierre, c'est « cette fontaine d'eau vive, dont la source toute céleste, qui a particulièrement son centre dans le soleil et dans la lune, produit ce clair et précieux ruisseau des sages … C'est une Nymphe céleste … la chaste Diane, dont la pureté et la virginité n'est point souillée par le lien spirituel qui l'unit à la pierre ». Ce mariage du ciel et de la terre revient sans cesse sous des formes tantôt vagues, tantôt précises.

Bien des opérations alchimiques sont désignées sous le nom de divers incestes. De toute évidence, le mercure des alchimistes souffre du complexe d'Œdipe. « Il est plus vieux que sa mère qui est l'eau, à cause qu'il est plus avancé en l'âge de la perfection. C'est ce qui a donné sujet de le feindre en Hercule, parce qu'il tue les monstres, étant vainqueur des choses étrangères et éloignées du métal. C'est lui qui réconcilie son père et sa mère bannissant leur ancienne inimitié; c'est lui qui coupe la tête au Roi… pour avoir son royaume »[1].

Ailleurs, on peut voir plus nettement encore, le même complexe :

Père devant que fils j'ai ma mère engendré,
Et ma mère sans père en ses flancs m'a porté
Sans avoir nul besoin d'aucune nourriture.
Hermaphrodite suis d'une et d'autre nature,
Du plus fort le vainqueur, du moindre surmonté
Et ne se trouve rien dessous le Ciel voûté
De si beau, de si bon, et parfaite figure.

Le thème de la castration est visible dans d'autres textes. « Le mercure est stérile. Les Anciens l'ont accusé de stérilité à cause de sa froideur et humidité; mais lorsqu'il est purgé et préparé comme il faut, et échauffé par son soufre, il perd sa stérilité… Le mercure d'Abraham le Juif, à qui le Vieillard veut couper les pieds avec sa faux : c'est la fixation du mercure des Sages (qui de sa nature est volatil) par l'élixir parfait au

1. D***, *Rares expériences sur l'esprit minéral pour la préparation et la transmutation des corps métalliques*, Paris, 1701, 2e partie, p. 61.

blanc ou au rouge; ainsi couper les pieds à Mercure, c'est-à-dire lui ôter la volatilité; lequel élixir ne se peut faire que par un grand | temps, qui nous est représenté par ce Vieillard »[1]. Si **188** l'on étudie les gravures qui accompagnent souvent un texte comme celui-là, on ne peut guère avoir de doute sur l'interprétation psychanalytique que nous proposons. La mentalité alchimique est en rapport direct avec la rêverie et les rêves : elle fond les images objectives et les désirs subjectifs.

À bien des indices, on pourrait aussi attribuer au mercure des mœurs inavouables. Le dialogue de l'Alchimiste et du Mercure dans le Cosmopolite pourrait être écrit par Plaute, comme la semonce d'un maître à son esclave malhonnête « Méchant coquin, pendard, traître, vilain, malotru, diable, démon ! ». Il le conjure comme on ferait pour un serpent : Ux, Ux, Os, Tas ! Il suffit de se reporter à la première scène du premier acte de l'*Amphytrion* de Plaute pour mesurer la portée de l'animisme des Alchimistes. Parfois le Mercure se plaint : « Mon corps est tellement flagellé, fouillé, et chargé de crachat, que même une pierre aurait pitié de moi ». De l'Alchimiste au Mercure, on dirait souvent d'un jaloux qui bat et questionne sa femme. D'ailleurs, quand une expérience manque, l'Alchimiste « bat son épouse ». C'est là une expression assez fréquente. Elle est bien ambiguë : la scène se passe-t-elle à l'atelier ou dans l'alcôve ?

Assez fréquemment aussi, on revendique, comme une supériorité, le caractère hermaphrodite[2]. La Pierre se vante de posséder une semence masculine et féminine. « Ce feu sulfureux est la semence spirituelle que notre Vierge, même en conservant sa virginité, n'a pas laissé de recevoir… c'est ce soufre qui rend notre mercure Hermaphrodite »[3].

Quand la contradiction sexuelle qui oppose mâle et femelle a été surmontée, toutes les autres sont, de ce fait, dominées. Alors s'accumulent sur une même substance les

1. *Dictionnaire hermétique*, Paris, 1695, p. 112.

2. A. Limojon de Saint-Didier, *Le triomphe hermétique…*, *loc. cit.*, p. 21.

3. Abbé N. Lenglet Dufresnoy, *Histoire de la philosophie hermétique, avec le Véritable Philalethe*, 3 vol., Paris, 1742, p. 53.

qualités contraires et l'on obtient les valorisations complètes. Le mercure est une substance « qui ne mouille pas les mains, très froide au toucher, quoique très chaude au dedans, une eau de vie et de mort, une eau coulante et congelée, très humide et très sèche, blanche et très noire et de toute couleur, qui n'a point d'odeur, et qui a néanmoins toutes les odeurs du monde… très pesante et très volage, métallique et fulgide comme le talc et les perles; verte comme une émeraude, qui
189 contient sous cette verdeur, la blancheur de la neige, et | la rougeur des pavots »[1]. Bref un être ondoyant et divers, un cœur humain chargé de passions.

Pour un psychanalyste, ces textes, qu'on pourrait aisément multiplier, indiquent clairement des turpitudes. On s'étonnera peut-être que nous les réunissions systématiquement. En particulier, on nous rappellera que nous avons développé, dans un chapitre ultérieur, une interprétation anagogique de l'Alchimie où nous entreprenions de prouver que l'Alchimie peut être une culture morale élevée. On pourra donc nous accuser de contradiction. Mais cette accusation reviendrait à oublier que l'Alchimie se développe dans un règne de valeurs. Et c'est parce que les tendances impures sont manifestes que le besoin de pureté ou de purification est prôné dans de si nombreux textes. L'invective à l'alchimiste impur donne la mesure des tentations qu'il subit. Le livre alchimique est aussi bien un livre de morale qu'un livre de science. Il faut qu'il préserve aussi bien de la faute que de l'erreur. On ne trouverait dans aucun livre scientifique moderne des pages comme celle-ci écrites contre l'alchimiste impur : « Comment est-ce donc que la sagesse divine pourrait demeurer dans une telle étable à pourceau, remplie de fange et d'ordure, l'orner de ses dons, et y imprimer ses images. Leur intérieur et extérieur ne représentent partout que les images abominables de la superbe de Paon, l'avarice du porc et autres vices des chiens et des bœufs, dont ils sont peints et incrustés »[2]. Notons au passage que si le porc est dit avare, c'est parce qu'il est gourmand : la

1. De Locques, *Les Rudiments…*, *loc. cit.*, p. 26.
2. Poleman, *loc. cit.*, p. 161.

gourmandise est donc bien, comme nous le soutenions dans le *Mythe de la digestion*, la forme animiste de la prise de possession.

La leçon de morale est souvent plus calme, mais elle figure dans la plupart des ouvrages. Elle est profondément influencée par les conceptions du bien naturel, du bien attaché à la nature. Par exemple, le Cosmopolite écrit : « Les Scrutateurs de la Nature doivent être tels qu'est la Nature même ; c'est-à-dire vrais, simples, patients, constants, etc., mais ce qui est le principal point, pieux, craignant Dieu, et ne nuisant aucunement à leur prochain »[1]. Ainsi l'Alchimie est, plus que la science moderne, impliquée dans un système de valeurs morales. L'âme de l'alchimiste est engagée dans son œuvre, *l'objet* de ses méditations reçoit toutes les valeurs. Pour manier l'écumoire, il faut vraiment un idéal moral. L'art de l'alchimiste doit séparer : « les | taches et les ordures des trois principes **190** généraux ; leur fournissant une matière, un lieu, ou un vaisseau plus convenable que n'est celui où la nature opère qui est rempli de crasses et de mille sortes d'immondices »[2]. L'art retranche « les crasses et les parties plus grossières du sel, les aquosités superflues du mercure, et les parties adustibles du soufre ». On le voit, cette purification est faite dans un Idéal plus moral qu'objectif. Elle n'a pas le ton de la purification des substances de la Chimie moderne. On y méprise ce qu'on rejette. On manie l'écumoire avec une mine de dégoût.

III

Bien entendu, la sexualité normale est l'objet de référence sans nombre dans les livres d'Alchimie. Pour s'en rendre compte, il suffirait de lire dans le Cosmopolite le chapitre VI intitulé « Du mariage du serviteur rouge avec la femme

1. Cosmopolite…, *loc. cit.*, p. 7.

2. Abbé D. B., *Apologie du Grand Œuvre ou Elixir des philosophes dit vulgairement pierre philosophale*, Paris, 1659, p. 49.

blanche ». Mais comme cet aspect a fait l'objet de nombreux exposés, nous nous bornerons à en donner quelques exemples.

Les opérations alchimiques sont souvent décrites comme des copulations plus ou moins soigneusement observées : « Quand vous aurez vu dans le vaisseau de verre les natures se mêler et devenir comme un sang coagulé et brûlé, soyez sûr que la femelle a souffert les embrassements du mâle… donc que l'Enfant Royal est conçu »[1]. « C'est là cet or, qui dans notre œuvre tient lieu du mâle, et que l'on joint avec un autre or blanc et cru qui tient lieu de semence féminine, dans lequel le mâle dépose son sperme : ils s'unissent ensemble d'un lien indissoluble… »[2]. A propos du mot mariage, Dom Pernety, dans son *Dictionnaire mytho-hermétique*, écrit en 1758 : « Rien n'est plus usité dans les écrits des Philosophes que ce terme. Ils disent qu'il faut marier le Soleil avec la Lune, Gabertin avec Beya, la mère avec le fils, le frère avec la sœur ; et tout cela n'est autre chose que l'union du fixe avec le volatil, qui doit se faire dans le vase par le moye du feu ». Le Cosmopolite veut « que nous sachions marier les choses ensemble, selon la Nature, de peur de conjoindre le bois à l'homme ou le bœuf ou quelque autre bête avec le métal ; mais, au contraire qu'un semblable agisse sur son semblable, car alors la Nature ne manquera pas de faire son devoir »[3]. Le Cosmopolite prétend, lui aussi,
191 commander à la Nature en lui obéissant, mais | son obéissance est quasi féminine, c'est une séduction. « Regarde en quoi et par quoi elle s'améliore… Si tu veux, par exemple, étendre la Vertu intrinsèque de quelque métal… il te faut prendre la Nature métallique, et ce encore au mâle et en la femelle, autrement tu ne feras rien »[4]. Bref, ne brusque rien, mais surveille les affinités sexuelles. Un auteur qui est plutôt médecin qu'alchimiste écrit aussi : « Les maladies des métaux qui viennent de leurs formes ou esprits métalliques sont doubles, ou elles

1. Abbé N. Lenglet Dufresnoy, *Histoire de la Philosophie hermétique…*, *loc. cit.*, p. 18.

2. *Ibid.*, p. 9.

3. Cosmopolite…, *loc. cit.*, p. 7.

4. *Ibid.*, p. 8.

arrivent de la diversité de leurs sexes, ou par la contrariété de leurs formes »[1]. Pour lui, les métaux vitrioliques sont masculins, les métaux mercuriels féminins. Pour un autre auteur, il y a deux sortes de rubis : les mâles et les femelles. Naturellement « les mâles sont les plus beaux, et sont ceux qui jettent plus de feux; les femelles sont ceux qui reluisent moins ». A une époque beaucoup plus récente, Robinet, après un instant d'hésitation, espère encore découvrir la sexualité minérale. « Quant à la distinction des sexes qu'on n'a pas encore reconnue dans les métaux, nous avons assez d'exemples qui prouvent qu'elle n'est point absolument nécessaire pour la génération; et en particulier les fossiles pourraient se régénérer par leurs parties cassées, brisées et détachées; toutefois il ne faut pas désespérer qu'on ne parvienne à distinguer un jour de l'or mâle et de l'or femelle, des diamants mâles et des diamants femelles »[2]. Ainsi la sexualisation, en action dans l'inconscient, veut distinguer dans le même métal, dans un corps amorphe comme l'or, sinon des organes sexuels, du moins des puissances sexuelles différentes. Naturellement, quand le minéral présente des figures, alors l'inconscient qui rêve projette clairement ses désirs. C'est là une habitude bien connue chez certains obsédés. Robinet nous donne ingénument la couleur de sa rêverie. « En considérant de près des pierres figurées, cannelées, hérissées, pointillées, je me suis senti porté à croire les petites éminences des unes et les cavités des autres, autant de gousses spermatiques... On trouvera beaucoup de capsules vides; dans ce cas j'invite les curieux à examiner à la loupe les petits éclats pierreux qui formaient la gousse; ils les verront percés de petits trous par lesquels la semence a été éjaculée »[3]. On le voit, la connaissance objective de Robinet aurait gagné à une psychanalyse préalable.

1. De Locques, *Les Rudiments...*, *loc. cit.*, p. 60.
2. Robinet, *loc. cit.*, t. IV, p. 189.
3. Robinet, *loc. cit.*, t. I, p. 214.

192 | IV

Mais la libido n'a pas toujours besoin d'images aussi précises et elle peut se contenter d'*intérioriser* des puissances plus ou moi mystérieuses. Dans cette intériorisation, les intuitions substantielles et animistes se renforcent. La substance enrichie d'un germe s'assure d'un devenir. « Quoique ce soit un corps extrêmement parfait et digéré, cependant notre or se réincrude dans notre Mercure, où il trouve une semence multiplicative, qui fortifie moins son poids, que sa vertu et sa puissance ».

D'une manière plus frappante, pour l'alchimiste, *tout intérieur est un ventre*, un ventre qu'il faut ouvrir. Un auteur écrit : « Ouvre le sein de ta mère avec la lame d'acier, fouille jusque dans ses entrailles, et pénètre jusque dans sa matrice ; c'est là que tu trouveras notre matière pure, n'ayant encore pris aucun teinture du mauvais tempérament de sa nourrice »[1]. L'anatomie de ce minéral mystérieux (p. 60) qui « a le même volume que l'or » s'accompagne parfois d'un discours de séducteur. « Ouvre lui donc les entrailles avec une lame d'acier, et sers-toi d'une langue douce, insinuante, flatteuse, caressante, humide et ardente. Par cet artifice tu rendras manifeste ce qui est caché et occulte». On le voit, l'alchimiste, comme tous les philosophes valorisateurs cherche la synthèse des contraires : par l'acier et la langue, par l'eau et le feu, par la violence et la persuasion, il atteindra son but. Pierre-Jean Fabre dit que l'Alchimie n'étudie pas seulement les métaux mais « même ces quatre corps vastes que nous appelons les quatre Éléments, qui sont les colonnes du monde, ne peuvent empêcher, par leur grandeur et vaste solidité, que l'Alchimie ne les pénètre d'outre en outre, et ne voie par ces opérations ce qu'ils ont dans leur ventre, et ce qu'ils ont de caché dans le plus reculé de leur centre inconnu »[2]. Avant l'expérience pour l'inconscient qui rêve, il n'y a pas d'*intérieur* placide, tranquille, froid. Tout ce qui est caché germine. « La source de la

1. Sans nom d'auteur, *Le traité d'Alchymie et le Songe verd, loc. cit.*, p. 64.
2. Fabre, *loc. cit.*, p. 9.

liqueur des sages… est cachée sous la pierre ; frappez dessus avec la verge du feu magique, et il en sortira une claire fontaine »[1]. Le contraire sort de l'intérieur. L'intérieur doit magnifier l'extérieur. Du moins tel le voudraient les rêves. Aussi quand le conscient dément l'inconscient, quand toutes les expériences sont faites, | quand tous les livres sont lus, **193** combien la chair est triste ! La désillusion de l'enfant toujours déçu par l'intérieur du polichinelle n'a d'égale que la désillusion de l'amoureux quand il connaît sa maîtresse.

V

Certains livres alchimiques ont un caractère très symptomatique qu'il nous faut noter : c'est la fréquence de la forme dialoguée. Cette forme dialoguée est la preuve que la pensée se développe plutôt sur l'axe du je-tu que sur l'axe du je-cela, pour parler comme Martin Buber. Elle ne va pas à l'objectivité, elle va à la personne. Sur l'axe du je-tu se dessinent les mille nuances de la personnalité ; l'interlocuteur est alors la projection de convictions moins sûres, il concrétise un doute, une prière, un désir sourd. Mais le dialogue prépare souvent mal les dialectiques objectives. La personnalisation des tendances marque trop profondément les différenciations du réel. En d'autres termes, deux interlocuteurs, qui s'entretiennent en apparence d'un objet précis, nous renseignent plus sur eux-mêmes que sur cet objet.

Portant le même signe de pensée parlée, de pensée confiée, de pensée chuchotée, il faut noter la véritable logorrhée de certains alchimistes. On a souvent fait remarquer en effet que les alchimistes donnaient à un même principe des noms très nombreux et très différents. Toutefois on ne semble pas avoir vu le sens psychologique de ces multiplications verbales. On les a interprétées comme de simples moyens pour réserver les mystères et les secrets. Mais le mystère eût été suffisamment

1. Limojon de Saint-Didier, *Triomphe hermétique…*, *loc. cit.*, p. 144.

gardé par des noms cabalistiques qui abondent. A notre avis, c'est plus qu'un mystère, c'est une pudeur. D'où le besoin de compenser un genre par un autre. Ainsi la *matière* mytho-hermétique s'appelle tantôt femme, tantôt homme. Elle est Adam et elle est Eve. Un esprit moderne prend mal la mesure de ces variations. On reste confondu, par exemple, quand on parcourt la liste des noms que les philosophes hermétiques ont donnés à leur *matière*. Pour cette « matière des matières », pour cette « pierre non pierre », pour « cette mère de l'or », pour « ce sperme non pierre », j'ai compté 602 noms, et j'en ai vraisemblablement oublié. 602 noms pour un seul et même objet, voilà ce qui suffit à montrer que cet « objet » est une illusion ! Il faut du temps, et il faut de la tendresse, pour couvrir un seul être d'une adoration si éloquente. C'est la nuit, quand l'alchimiste rêve auprès du fourneau, quand l'objet n'est encore que désir **194** | et espoir, que s'assemblent les métaphores. Ainsi la mère, en berçant son enfant, l'accable de mille noms. L'amant seul peut donner six cents noms à l'être aimé. De même un amant seul peut apporter autant de narcissisme dans les protestations de son amour. Sans cesse l'alchimiste répète : mon or est plus que l'or, mon mercure est plus que le vif argent, ma pierre est plus que la pierre, de même que l'amoureux qui prétend que son amour est le plus grand qui ait jamais habité un cœur humain.

On nous objectera peut-être que cette logorrhée coule sur l'objet sans le définir et l'on nous rappellera à quelques expériences précises qu'on peut reconnaître sous les parures verbales. Ainsi procèdent systématiquement les historiens de la Chimie. L'interprétation réaliste, positive, empirique leur paraît donner une solidité indéniable à certaines connaissances alchimiques. D'un autre côté, il semble que l'effort littéraire nous a habitués aux images gratuites, aux images d'une heure, aux images qui, sans s'attacher aux choses, se bornent à en traduire des nuances fugitives. Personnellement, nous nous plaçons dans une position intermédiaire, entre les historiens et les poètes : nous sommes moins certain que les historiens de la *base réaliste* des expériences alchimiques ; nous sommes plus réaliste que les poètes à condition de chercher la réalité du côté d'un concret psychologique.

En effet, d'après notre point de vue, les métaphores portent toujours le signe de l'inconscient; elles sont des rêves dont la cause occasionnelle est un objet. Aussi, quand le signe métaphorique est le signe même des désirs sexuels, nous croyons qu'il faut interpréter les mots dans le sens fort, dans le sens plein, comme une décharge de la libido. D'après nous, si l'on va au fond de âmes, si l'on revit l'homme dans son long travail, dans son travail facile dès qu'il est maîtrisé, dans le geste même d'un effort bien conduit, il faut nous souvenir que sa pensée rêvait et que sa voix traduisait sa caresse par des chants. Dans un travail monotone – et tout travail instruit est monotone – l'*homo faber* ne fait pas de géométrie, il fait des vers. A notre avis, jadis, quand le vigneron mariait la Vigne à l'Ormeau, il recevait les félicitations du Satyre.

Et c'est d'Annunzio qui chante :

Viva dell' olmo
E della vite
L'almo fecondo
Sostenitor !

(*Le Feu*, trad. p. 85)

| VI 195

On dira encore que toutes les métaphores sont usées et que l'esprit moderne, par la mobilité même des métaphores, a triomphé des séductions affectives qui n'entravent plus la connaissance des objets. Pourtant, si l'on voulait bien examiner ce qui se passe dans un esprit en formation, placé devant une expérience nouvelle, on serait surpris de trouver de prime abord des pensées sexuelles. Ainsi il est très symptomatique qu'une réaction chimique où entrent en jeu deux corps différents soit immédiatement sexualisée, d'une manière à peine atténuée parfois, par la détermination d'un des corps comme actif et de l'autre, comme passif. En enseignant la chimie, j'ai pu constater que, dans la réaction de l'acide et de la base, la presque totalité des élèves attribuaient le rôle actif à l'acide et le rôle passif à la base. En creusant un peu dans l'inconscient, on ne tarde pas à s'apercevoir que la base est féminine et l'acide masculin. Le fait que le produit soit un sel *neutre* ne va pas sans quelque retentissement psychanalytique. Boerhaave parle encore de sels hermaphrodites. De telles vues sont de véritables obstacles. Ainsi la notion de sels basiques est une notion plus difficile à faire admettre, dans l'enseignement élémentaire, que la notion de sels acides. L'acide a reçu un privilège d'explication du seul fait qu'il a été posé comme actif à l'égard de la base.

Voici un texte du XVIIe siècle qui peut conduire aux mêmes conclusions. « L'acide se fermente avec l'alcali, parce qu'ayant une fois engagé sa petite pointe dans quelqu'un de ses pores, et n'ayant pas encore perdu son mouvement, il fait effort pour pousser plus avant. Par ce moyen, il élargit les parties, de sorte que le peu d'acide, qui est dans l'alcali, ne se trouvant plus si serré, se joint avec son libérateur, pour secouer de concert le joug que la nature lui avait imposé ». Un esprit scientifique, qu'il soit de formation rationaliste ou de formation expérimentale, qu'il soit géomètre ou chimiste, ne trouvera dans une telle page aucun élément de réflexion, aucune question sensée, aucun schéma descriptif. Il ne peut même pas en faire la critique, tant il y a loin entre l'explication figurée et l'expérience chimique. Au contraire un psychanalyste n'aura pas de peine à déceler le foyer exact de la conviction.

Si l'on savait provoquer des confidences sur l'état d'âme qui accompagne les efforts de connaissance objective, on trouverait bien des traces de cette sympathie toute sexuelle pour certains phénomènes chimiques. Ainsi Jules Renard
196 transcrit, dans son | *Journal* (I, p. 66), la rêverie suivante, liée de toute évidence à des souvenirs d'écolier : « Faire une idylle avec l'amour de deux métaux. D'abord on les vit inertes et froids entre les doigts du professeur entremetteur, puis, sous l'action du feu, se mêler, s'imprégner l'un de l'autre et s'identifier en une fusion absolue, telle que n'en réaliseront

jamais les plus farouches amours. L'un d'eux cédait déjà, se liquéfiait par un bout, se résolvait en gouttes blanchâtres et crépitantes... ». De telles pages sont bien claires pour un psychanalyste. Elles le sont moins pour une interprétation réaliste. Il est en effet bien difficile de déterminer la *réalité* que Jules Renard a vue. On ne fait guère d'alliages de métaux dans l'enseignement élémentaire, et les métaux ne cèdent pas si facilement, en se liquéfiant par un bout. Ici donc, c'est la voie de l'interprétation objective qui est fermée et c'est la voie de l'interprétation psychanalytique qui est grande ouverte. Il est d'autant plus piquant de voir un ironiste si malhabile à cacher ses désirs et ses habitudes de collégien.

VII

Mais l'Alchimiste n'est pas un écolier. Ce n'est même pas un jeune homme. D'habitude, l'Alchimiste c'est le Vieil homme, c'est le Vieillard. Aussi le thème du rajeunissement est un des thèmes dominants de l'Alchimie. Les théories mercantiles de l'Alchimie préparent, là comme ailleurs, de fausses interprétations. Sans doute, on trouvera des Alchimistes pour vendre de l'eau de jouvence, on trouvera des princes riches et vieux pour l'acheter. Mais qu'est-ce que l'argent au prix de la jeunesse! Et ce qui soutient la patience durant les longues veilles, durant les longues chauffes, ce qui rend légère la perte de fortune, c'est l'espoir de rajeunir, l'espoir de se retrouver soi-même au matin avec la grâce au front et des flammes dans le regard. Le centre de perspective pour comprendre l'Alchimie, c'est la psychologie de la cinquantaine, c'est la psychologie de l'homme qui, pour la première fois, vient de sentir une valeur sexuelle menacée. Pour faire reculer cette ombre, pour effacer ce mauvais signe, pour défendre la valeur suprême, qui marchandera ses peines? C'est en interprétant les occupations en fonction des préoccupations qu'on pourra vraiment mesurer leur sens intime et réel. Dès qu'on est bien convaincu que l'alchimiste est toujours un homme de cinquante ans, les interprétations subjectives et psychanalytiques que nous proposons deviennent bien claires.

197 | Les substances alchimiques, qui doivent ainsi faire reculer le temps, sont de ce fait très fortement temporalisées. Quand il s'agit de savoir quelle est la meilleure époque pour les « noces alchimiques », on hésite entre le printemps et l'automne, entre le germe et le fruit. On voudrait pouvoir totaliser les deux saisons, additionner, sur le même élixir, le printemps et l'automne, la jeunesse et l'âge mûr ! C'est précisément ce que réalise *l'émeraude des philosophes*. Cette eau de jouvence, « c'est la rosée des mois de mars et de septembre, qui est verte et étincelante ; celle de l'automne est plus cuite que celle du printemps, d'autant qu'elle participe plus à la chaleur de l'été qu'au froid de l'hiver : c'est pourquoi ceux qui s'en servent appellent mâle celle de l'automne, et femelle celle du printemps » [1].

Qu'il faut peu de choses et peu de raisons pour soutenir le principe de rajeunissement ! La moindre cause occasionnelle réveille en nous la volonté de rajeunir ; forts de cette sourde volonté, nous faisons, du prétexte objectif, une cause efficiente. Charas écrit en 1669 dans son *Traité sur la Vipère*, traité qui fait, par ailleurs, preuve de réelles qualités d'observateur (p. 7) : « Les Vipères quittent une peau tous les printemps, et même parfois en automne ; ce qui fait qu'on a cru avec raison qu'elles possèdent une vertu qui est propre à renouveler et à conserver les forces de ceux qui s'en servent pour préservatif ou pour remède ». Et plus loin (p. 135) : « On attribue encore, avec raison, à la Vipère une vertu rénovative... capable de rajeunir, qu'elle démontre tacitement, en ce qu'elle se dépouille deux fois l'année de sa peau, et se renouvelle elle-même, se trouvant couverte d'une peau nouvelle. Cela joint aux parties subtiles dont la Vipère est composée, et à son regard vif et intrépide, témoigne que c'est fort à propos que les Anciens lui ont attribué la vertu d'éclaircir et de fortifier la vue ». On voit ici clairement que tout le

1. *Dictionnaire hermétique...*, *loc. cit.*, p. 53.

raisonnement revient à *intérioriser* et à *multiplier* le phénomène de la mue, à en faire une vertu substantielle et vivante, attachée non pas seulement à l'être entier, mais à toutes ses fibres, à toute sa matière. L'inconscient qui veut rajeunir n'en demande pas plus.

| VIII

198

Mais la puissance animiste prend toute sa valeur quand elle est conçue sur un mode universel, unissant le Ciel et la Terre. La Terre est alors présentée non seulement comme nourricière ainsi que nous l'avons exposé dans le mythe de la digestion, mais encore comme une mère qui engendre tous les êtres. Nous allons réunir quelques textes de la période préscientifique qui montrent avec quelle facilité cette thèse amasse les rêveries les moins objectives.

Pour Fabre, « Tout travaille pour la terre, et la terre pour ses enfants, comme mère qu'elle est de toutes choses; il semble même que l'esprit général du monde aime plus la terre que tout autre élément; d'autant qu'il descend du plus haut de Cieux où est son siège et son trône royal, parmi ses palais azurés dorés, émaillés d'une infinité de diamants et escarboucles pour habiter dans les plus creux cachots, obscurs et humides cavernes de la terre; et y prendre le corps le plus vil et le plus méprisé de tous les corps qu'il sache produire dans l'Univers, qui est le sel de la plus crasse partie, duquel la Terre a été formée »[1]. La génération est ainsi une conciliation des hautes et des basses valeurs du bien et du mal, de l'amour et du péché. Autrement dit encore, la génération est une valorisation des matières inférieures. Fabre ne voit pas là des métaphores. Ce qui vient d'en haut, c'est vraiment une matière qu'il suffirait de colliger pour avoir la *médecine universelle*. Il faut la prendre dans son jaillissement, dans sa naissance, à son origine, en suivant des conseils qu'on pourrait retrouver sous

1. Fabre, *loc. cit.*, p. 80.

la plume des psychologues modernes, quand il développent leurs dithyrambes sur l'intuition fraîche, sur l'intuition naissante. Mais chez le médecin du XVIIe siècle, ce qui *commence*, c'est ce qui engendre; ce qui engendre, c'est la matière réalisant la puissance. Cette matière céleste (p. 120), « il la faut prendre à l'instant qu'elle descend du Ciel, et qu'elle ne fait que baiser doucement et amoureusement les lèvres des mixtes et composés naturels, et que son amour maternel envers ses enfants lui fait jeter des larmes plus claires et luisantes que perles et topazes qui ne sont que lumières revêtues et couvertes d'une nuit humide ». On voit de reste la portée de ce matérialisme sexuel qui concrétise les émois printaniers, qui collige la rosée du matin comme l'essence des Noces du Ciel et de la Terre.

199 | La Mer est, elle aussi, souvent considérée comme une matrice universelle. Nicolas de Locques dit qu'elle forme « une humidité aqueuse nourricière et une substance salée spermatique engendrante » [1] et, dans une image plus précise et plus symptomatique encore (p. 39) : « Tout de même que la femme dans le temps de sa conception, ou de la corruption de la semence, voit et sent sa couleur s'altérer, son appétit se perdre, son tempérament se troubler, etc., de même la Mer devient orageuse, trouble, dans les Tempêtes, quand elle produit ce sel au dehors pour la conception de ce qu'elle enfante ».

L'acte générateur est une idée aussi explicative qu'obsédante, autrement dit, bien qu'elle soit chargée de toutes les vésanies de l'inconscient, *l'idée fixe est une idée claire*. Le Cosmopolite s'exprime ainsi (p. 10) : « Tout ainsi que le sperme de l'homme a son centre ou réceptacle convenable dans les reins; de même les quatre Éléments, par un mouvement infatigable et perpétuel..., jettent leur sperme au centre de la Terre où il est digéré, et par le mouvement poussé dehors... » (p. 11). « Comme l'homme jette sa semence dans la matrice de la femme, dans laquelle il ne demeure rien de la

1. De Locques, *Les Rudiments...*, *loc. cit.*, t. II, p. 17.

semence : mais après que la matrice en a pris une due portion, elle jette le reste dehors. De même arrive-t-il au centre de la Terre, que la force magnétique ou aymantine de la partie de quelque lieu, attire à soi ce qui lui est propre pour engendrer quelque chose et le reste, elle le pousse dehors pour en faire des pierres et autres excréments ».

Dans tous ces exemples, on peut voir aussi l'influence de la valorisation par le fait que les *valeurs opposées*, le bon et le mauvais, le pur et l'impur, le suave et le pourri sont en lutte. Alors l'idée directrice est que la génération est issue de la corruption. L'alchimiste, suivant son dire, va chercher sa matière précieuse dans le « ventre de la corruption » comme le mineur va la chercher dans le ventre impur de la Terre. Il faut que les germes pourrissent, se putréfient pour que l'action formative dans le sein d'une mère ou dans le sein de la Terre se produise. Cette valorisation antithétique est très symptomatique. Elle peut se reconnaître sur d'autres motifs que la génération. Ainsi la puanteur prépare le parfum. Le passage par la couleur noire et l'odeur puante prouve à l'Artiste qu'il est en bon chemin; les mauvaises odeurs souterraines prouvent au mineur qu'il atteint les régions à la fois putréfiantes et générantes de la Terre.

Les remèdes qui ont mauvais goût et mauvaise odeur passent | pour meilleurs. Ce qui est amer à la bouche est bon au **200** corps. On peut dire que toute la pensée préscientifique se développe dans la dialectique fondamentale du manichéisme.

IX

Mais tout ce sexualisme vague, plus ou moins bien enrobé de poésie traditionnelle, va se préciser si nous prenons des textes un peu plus récents. Il sera très instructif, croyons-nous, de considérer en particulier des textes relatifs à la science électrique au XVIIIe siècle. On aura alors une confirmation de cette idée que toute science objective *naissante* passe par la phase *sexualiste*. Comme l'électricité est un principe mystérieux, on doit se demander si c'est un principe sexuel. D'où les expériences sur les Eunuques. *Sublata causa, tollitur effectus*. Voici l'avis du prudent Van Swinden : « Quelques personnes affirment qu'on ne saurait faire passer le coup foudroyant par un Eunuque, et que le cercle de commotion est interrompu si quelque Eunuque en fait partie : je puis affirmer que cela n'a pas lieu pour les chiens et les chapons (Van Swinden renvoie à un avis semblable de Herbert) mais je n'ai pas encore eu occasion de faire de pareilles expériences sur les hommes »[1]. Il rappelle ensuite que ces expériences ont été faites par Sigaud de la Fond, un expérimentateur important, dont les livres ont eu une grande célébrité. « Sigaud de la Fond a fait cette expérience sur trois Musiciens de la chapelle du Roi de France, dont l'état n'était nullement douteux. Ces personnes ressentirent la commotion, et ne l'interceptèrent dans aucun endroit de la chaîne qui était composée de vingt personnes. Ils y parurent même plus sensibles qu'aucune des autres personnes qui l'éprouvèrent avec eux : mais il est très vraisemblable que cet excès de sensibilité ne provenait que de leur surprise… ». Ainsi, même lorsque l'hypothèse oiseuse est détruite, on veut encore légitimer l'influence de la sexualité sur les principes électriques. Les Eunuques ne sont pas insensibles à la commotion comme le postulait l'inconscient sexualisé. La conclusion est immédiatement basculée : ils sont donc *plus* sensibles que les autres. En vain Sigaud de la Fond cherchera des raisons psychologiques à cette sensibilité majorée : les eunuques sont sujets à la surprise, plus réfractaires sans doute à l'avertissement qu'ils ne courent aucun | danger à se laisser électriser. D'ailleurs le climat de cette belle séance d'expérimentation est facile à imaginer. Les spectateurs abordaient le laboratoire avec des questions suggérées par l'inconscient. Ils y renouvelaient le *baiser électrique*[2] : deux « expérimentateurs » montés sur le tabouret isolé fermaient la *chaîne* avec les lèvres. Au moment de la décharge de la

1. Van Swinden, *loc. cit.*, t. II, p. 128.

2. Whewell, *History of the inductive sciences*, 3 vol., Londres, 1857, t. III, p. 11.

bouteille de Leyde, l'électricité valorisait le baiser en lui donnant piquant et flamme. Réciproquement, le baiser valorisait la science électrique.

L'électricité a une puissance moins superficielle. Le sérieux abbé Bertholon prodigue ses conseils techniques. « Deux personnes mariées n'avaient pu avoir d'enfants depuis plus de dix ans, l'électricité ranima leurs espérances. Aussitôt qu'elles eurent connaissance de l'efficacité du moyen que je propose, elles firent isoler leur lit. Un fil de fer de communication, mais isolé, traversait la cloison qui séparait leur appartement d'une pièce voisine, dans laquelle était placée la machine électrique... Au bout de douze ou quinze jours d'électrisation, la femme conçut et mit ensuite au jour un enfant qui jouit actuellement d'une bonne santé : c'est un fait qui est de la dernière notoriété... M. Le Camus, de l'Académie de Lyon, a connu un jeune voluptueux, qui, dans des vues relatives à ses desseins, se fit électriser par étincelles, d'une manière particulière, et qui, le soir, eut lieu d'être très satisfait de ses tentatives. M. Bonnefoi rapporte que M. Boze, professeur de Wittemberg, n'ayant pu avoir d'enfants au bout de vingt ans de mariage, se fit électriser avec sa femme, ce qui fut suivi d'un heureux succès. M. Mazars a observé plusieurs fois que l'électricité avait triomphé du défaut de virilité »[1]. Naturellement, on pourrait citer des exemples sans nombre où l'électricité est employée pour la guérison des maladies vénériennes, sans que, bien entendu, des statistiques précises aient d'abord légitimé cette méthode. L'électricité jouit d'un préjugé de faveur. Elle est d'autant plus sexualisée qu'elle est plus mystérieuse. C'est par son mystère qu'elle peut être sexuellement efficace.

Un expérimentateur très souvent cité, Jallabert, associe les intuitions substantialistes et sexualistes[2]. Pour lui, si l'on tire

1. Bertholon, *De l'électricité du corps humain...*, *loc. cit.*, t. I, p. 514.

2. Jallabert, Professeur en Philosophie expérimentale et en Mathématiques, des Sociétés royales de Londres et de Montpellier, et de l'Académie de l'Institut de Bologne, *Expériences sur l'électricité avec quelques conjectures sur la cause de ses effets*, Paris, 1749, p. 288.

de vives étincelles des corps animés, c'est « qu'ils abondent en parties huileuses, sulfureuses et par conséquent inflammables ». | Il rappelle que « l'omentum et le sang, la bile, etc., en renferment une assez grande quantité... l'urine distillée après avoir fermenté, et diverses autres matières animales fournissent des phosphores très actifs... ». Jallabert y trouve alors une explication facile du fait que « les personnes de différents âges et tempéraments ne produisent pas des étincelles également fortes » (p. 290) et poussant plus loin ses conjectures en réalisant dans toute la force du terme les métaphores de l'ardeur, il rattache au phénomène électrique « la différence de la vigueur des personnes chastes et de celles qui s'abandonnent immodérément au plaisir ».

202

Pour Lacépède, « le fluide électrique est pour les végétaux ce que l'amour est pour les êtres sensibles; avec cette différence néanmoins qu'il n'est pour les plantes que la cause d'une existence tranquille et paisible »[1]. Dans ce livre d'électricité, suit une page pour montrer que l'amour est, chez l'homme, « une source de malheurs et de peines ». Puis on revient aux végétaux qui « croissent et se multiplient sans jalousie et sans peine ». Le fluide électrique est si sain, si vivifiant pour les végétaux qu'ils « ne sont pas troublés par la crainte des orages : la nature tonnante n'est pour eux qu'une mère tendre qui vient pourvoir à leur besoin; et si quelquefois les arbres les plus élevés trouvent leur perte dans ce qui n'est que le plus grand des biens pour des végétaux plus humbles, exemples, en quelque sorte, d'un dévouement bien rare parmi nous, on dirait qu'ils présentent leur cime à la foudre qui doit les frapper, et qu'ils cherchent par là à garantir de ses coups les plantes tendres, les jeunes arbrisseaux qui croissent à l'ombre de leurs branches ». Des pages nombreuses expliquent « rationnellement » cette intuition grandiose et cette tendre sympathie. « Par quels ressorts secrets le fluide électrique donne-t-il aux végétaux la force de s'élever et de s'étendre, et est-il, en quelque sorte, nécessaire à leur reproduction ? ». Ce ressort,

1. Lacépède, *Essai sur l'électricité...*, *loc. cit.*, t. II, p. 160.

c'est la sève. C'est la pluie printanière chargée de foudre. Pourquoi alors l'homme n'arroserait-il pas son jardin avec de l'eau électrisée ? Et voici l'expérience, sans cesse rappelée au XVIIIe siècle, des deux myrtes d'Edimbourg qui, électrisés au mois d'octobre 1746, se sont couverts de boutons.

On passerait peut-être de telles « harmonies » à un Bernardin de Saint-Pierre. On les excuserait par leur jeu littéraire. Elles sont plus difficiles à accepter sous la plume d'un auteur qui n'a que des prétentions scientifiques. Elles nous confirment dans cette idée qu'une philosophie animiste est plus aisément admissible dans son | inspiration générale que **203** dans ses preuves particulières, dans ses vues d'ensemble que dans ses vues précises, à son sommet qu'à sa base. Mais alors, que penser d'une telle philosophie et où trouver les raisons de son succès ? Une philosophie n'est pas cohérente par son objet ; elle n'a comme cohésion que la communauté des valeurs affectives de l'auteur et du lecteur.

X

Nous allons essayer maintenant de condenser toutes nos remarques qui tendent à engager une psychanalyse de la connaissance objective, en montrant l'énorme valeur qui vient se condenser sur la notion de germe, de semence, de graine, notion qu'on emploie comme synonyme de substance majorée en dehors du strict domaine de la vie, en suivant toujours l'inspiration animiste.

Voyons d'abord les valorisations gratuites, sans preuves, les valorisations nettement *a priori*.

Au germe sont attribuées l'intensité, la concentration, la pureté[1]. Charas dit, comme allant de soi, sans le moindre commentaire, « la semence est la partie la plus pure, et la plus

1. Charas, *Suite des nouvelles expériences sur la Vipère*, Paris, 1672, p. 233.

élaborée, que l'animal puisse produire, elle est aussi accompagnée de beaucoup d'esprits ».

Plus d'un siècle plus tard, même valorisation impliquée dans une véritable transmutation générale de valeurs substantielles. « La semence de l'homme n'est-elle pas composée de la partie la plus subtile des aliments, qui, digérés et perfectionnés par la dernière coction qui s'en est faite, sont répandus dans toutes les parties du corps ? Or, l'aliment qui fournit cette semence n'est-il pas tiré de la semence universelle, répandue dans les régions supérieures, pour être ensuite jetée dans le sein de la terre, où elle est cuite et digérée, et de là distribuée à tous les mixtes pour leur entretien ? Ainsi cette semence se trouvant donc dans tous les minéraux, végétaux et animaux, dont l'homme tire sa nourriture et ses médicaments, pour le soutien de sa vie, la semence de l'homme émane donc de la semence universelle »[1]. On reconnaît là une panspermie très substantielle qui valorise la vie humaine, en faisant de la semence humaine une quintessence de la semence universelle. Précisément, Guy de Chauliac dit que la semence « perfectionnée dans un appareil de structure admirable... est devenue 204 un élixir | des plus précieux ». Une telle théorie est à la base de déviations sexuelles dont on trouvera de nombreux exemples dans l'œuvre de Havelock Ellis.

La valeur est si profondément intégrée dans la semence qu'on croit facilement, comme le dit un auteur anonyme, écrivant en 1742, que « ce sont les plus petites semences qui sont les plus vivaces, les plus fécondes, et même qui produisent les plus grandes choses »[2]. Nous reconnaissons là l'union valorisée du petit et du précieux.

Le germe est ce qu'il y a de plus *naturel*, de moins modifiable. Il faut le traiter aussi *naturellement* que possible. A cette intuition première, l'abbé Poncelet relie toute sa théorie agricole : « Je crois que les vœux de la Nature, dans la reproduction des végétaux, sont de déposer les nouveaux germes dans la terre aussitôt qu'ils sont formés : retarder cette

1. Roy Desjoncades, *loc. cit.*, t. I., p. 121.
2. Sans nom d'auteur, *Nouveau Traité de Physique...*, *loc. cit.*, t. I, p. 180.

opération, peut-être la plus essentielle de toutes (en récoltant et en engrangeant le blé), c'est s'exposer à énerver les germes par les maladies que l'on ne soupçonne même pas; c'est appauvrir la substance laiteuse dans laquelle ils nagent pour ainsi dire, et qui doit leur servir de premier aliment »[1]. Voici alors le corollaire agricole de cette philosophie vitaliste. « Puisque les germes, depuis le premier instant de leur formation, tendent sans cesse au développement, on ne saurait les déposer trop tôt dans une matrice convenable… Ainsi le temps des semailles ne doit point être fort éloigné du temps de la récolte ». Pour cette philosophie naturelle, la Terre vaut mieux que le grenier.

L'action du germe est souvent rapportée à un principe plus interne. Les graines sont diverses mais le principe est *un*. Les intuitions substantialiste et animiste réunies *réalisent* cette unité. Ainsi Crosset de la Heaumerie écrit : « Il n'y a personne, pour peu éclairé qu'il soit, qui ne sache que la véritable semence de la chose n'est ni la graine ni le sperme, mais la matière essentielle et constitutive d'un tel être, c'est-à-dire un certain mélange de l'élément subtil en certaines proportions précises, qui font qu'une chose est telle et qu'elle a certaines propriétés : que cette essence séminale est enveloppée d'autres éléments grossiers qui la retiennent afin que par sa subtilité elle ne s'évapore »[2]. On reconnaît dans toute sa clarté le mythe de l'intériorisation. L'esprit séminal apparaît aussi comme une véritable réalité. Nicolas de Locques | écrit : « L'esprit séminal **205** est l'Architecte des formes essentielles…, les sels volatils le sont des accidentelles; l'un nous paraît en s'exhalant sous la forme d'une vapeur, fumée ou exhalaison imperceptible[3]; l'autre sous la forme de toutes les choses volatiles qui se météorisent sous la forme d'une plus grosse vapeur humide ou sèche ».

On comprend dès lors que le germe, sinon l'amour, soit plus fort que la mort. Quelle séduction exercent de nos jours les thèses – toujours imprécises – qui parlent de l'éternité du

1. Poncelet, *loc. cit.*, p. 5.
2. Crosset de la Heaumerie, *loc. cit.*, p. 84.
3. De Locques, *Les Rudiments…*, *loc. cit.*, p. 48.

germen par opposition à la caducité du *soma.* Robinet traduisait son vitalisme sous une forme susceptible de rallier ses croyances religieuses : « nous ne ressusciterons, disait-il, que dans l'état de germes »[1].

Tout ce qui pousse participe de la nature du germe ou de la semence. Pour un auteur écrivant en 1742, « Les boutons des Arbres sont peu différents de leur semence »[2]. Bonne preuve que le germe n'est plus que le sujet du verbe germer. Plus généralement encore le germe est un substantif qui correspond au *réalisme de la croissance.*

La croissance est pour ainsi dire sentie par le dedans, plutôt qu'elle n'est examinée dans ses phénomènes, dans ses modifications structurales. Aussi, il est très symptomatique que, dans la biologie préscientifique, le germe soit une force plutôt qu'une forme, une puissance plutôt qu'une structure. Ce manque d'objectivité discursive est à l'origine de croyances très curieuses dont nous allons donner quelques exemples.

Le chevalier Digby prétend tirer d'animaux pilés et broyés des sucs vitaux. Il distille des écrevisses; ce qui reste est calciné, dissout, filtré. On reprend le sel par le produit distillé; cette cohobation ne tarde pas à produire des « écrevisses grosses comme des grains de millet »[3].

L'abbé de Vallemont, dans un livre très célèbre, parle d'une eau générative. « Parmi l'eau commune, il y en a une autre que j'appelle *Germinative* pour les Plantes, *Congélative* pour les minéraux, *Générative* pour les Animaux, sans laquelle nulle chose ne pourrait dire : je suis ».

Mais cette intuition germinative se précise et prétend donner lieu à des applications utiles. L'abbé de Vallemont fait bouillir un boisseau de blé dans cinq seaux d'eau. Il donne 206 ensuite le blé | aux Volailles pour ne rien perdre, mais c'est l'eau de macération qui est précieuse. Elle est propre à exciter la germination de toute autre graine ainsi que la croissance de toute autre plante. « Une pinte de cette eau au pied de chaque

1. Robinet, *loc. cit.*, t. I, p. 57.
2. Sans nom d'auteur. *Nouveau Traité de Physique...*, *loc. cit.*, t. II, p. 145.
3. De Vallemont, *Curiositez de la Nature...*, *loc. cit.*, p. 297.

jeune arbre est un régal, qui lui fait faire merveille. Et cela ne gâterait pas les vieux. Une vigne s'en réjouirait beaucoup, et rendrait ce bienfait au centuple dans le temps des Vendanges ». L'abbé de Vallemont est si bien convaincu que la germination est condensée dans son eau, qu'il propose d'ajouter directement l'engrais, du salpêtre et du purin, à l'eau emblavée.

Les plantes ne sont pas les seules à bénéficier de la puissance de cette eau germinative : « Les Animaux ne feront que croître et embellir, si on mouille leur son, si on trempe leur grain avec la liqueur de multiplication ». « Je sais par expérience que d'un cheval dans l'avoine duquel on a mis un peu de cette liqueur, on a tiré des services, qui ne sont pas imaginables. Il n'est rien qu'il ne franchisse, et point de mauvais pas d'où il ne se tire... Les vaches indemnisent, par une extraordinaire abondance de lait, des frais que coûte la liqueur. Les poules payent en œufs. Tout multiplie... Tout est vif, alerte », et l'abbé de Vallemont ajoute, décelant la nature de sa conviction inconsciente : « tout est gaillard dans la basse-cour » (p. 68-69).

Ce n'est pas là une intuition isolée. Quarante ans plus tard, en 1747, l'abbé Rousseau, « cy-devant Capucin, et médecin de sa Majesté », prétend que des grains infusés dans une eau-de-vie faite avec du blé germeront « beaucoup plus vigoureusement parce que cette Eau-de-Vie qui contient l'essence végétative des grains dont elle a été faite, étant imbibée par ce grain, elle fortifie sa fécondité et donne par son ferment un plus prompt mouvement au grain qui est imprégné, comme le levain qui fait lever d'autre pâte ». Il ne faut pas cependant mettre trop d'alcool, ajoute-t-il, car les grains se « désanimeraient ». On sent qu'il a fait des expériences qui furent *négatives* : le grain confit dans un alcool trop concentré n'a pas poussé. Pour les expériences *positives* qui décelaient des macérations indifférentes, sans effet, elles ont été coefficientées par la valorisation animiste. L'abbé Rousseau continue en élevant son intuition jusqu'au rang des principes dominants : « C'est sur cette règle que les Philosophes parlent de leurs imbibitions pour faire la résurrection et la réanimation des têtes mortes qu'ils veulent volatiliser; ils leur redonnent peu à 207 peu | les esprits ou les âmes qu'ils en avaient séparées par une affusion copieuse et dominante». Ainsi, «l'eau-de-vie renferme en soi un principe de fécondité; quelque dérangement qu'il y ait de la figure des Plantes dont elle est tirée»[1]. Dans tous ces exemples, le *principe de fécondité* n'a rien de métaphorique. Ce n'est pas un être abstrait, c'est un *extrait*. Dès lors, que le blé soit en terre, qu'il soit «pressé et moulu en farine, bouleversé et confondu dans la pâte, ou encore, détrempé dans la cuve d'un brasseur», qu'importe! Planté, mangé, bu, c'est toujours le même principe de fécondité qui rénove la plante et l'homme. *Ubi virus ibi virtus*. La puissance séminale est la puissance suprême; c'est elle qui totalise et résume toutes les actions, toutes les puissances. «J'ai toujours cru, dit l'abbé Rousseau (p. 7), que la vertu Physique réside dans le principe essentiel et séminal de chaque être». D'une manière plus précise (p. 10), «Je dis que le même être séminal du Pavot, qui est capable de produire sa plante, l'est aussi de produire les effets qu'il opère dans la Médecine». On sent combien cette intuition reste *concrète*, donc vicieuse, combien elle s'éloigne de la philosophie chimique moderne pour laquelle l'extraction de l'opium est plutôt une désindividualisation, une déconcrétisation. Cette substition toute moderne de l'abstrait à l'extrait est d'ailleurs entièrement prouvée par les préparations synthétiques en partant des éléments chimiques.

C'est sur des intuitions aussi ingénues que repose le livre de Wells, *Place aux Géants*; sous le verbiage scientifique, on y trouverait sans peine les convictions simplistes que nous avons notées dans le mythe de la digestion et dans le mythe du germe universel. La «théorie» de la croissance sans palier qui est l'idée directrice de Wells est déjà visible dans la pratique chimérique de l'abbé de Vallemont. Belle preuve que la vulgarisation du romancier n'a de succès qu'en s'appuyant sur un fonds d'idées dont la permanence est bien loin de prouver la valeur.

1. Abbé Rousseau, *Secrets et Remèdes éprouvés dont les préparations ont été faites au Louvre, de l'ordre du Roy*, Paris, 1747, p. 69-70.

XI

Une psychanalyse complète de l'inconscient scientifique devrait entreprendre une étude de sentiments plus ou moins directement inspirés par la libido. En particulier, il faudrait examiner la volonté de puissance que la libido exerce sur les choses, sur les animaux. C'est sans doute une déviation de la volonté de puissance qui, dans toute sa plénitude, est une volonté de dominer les hommes. Cette déviation est peut-être une compensation. En tout cas, elle | est bien apparente devant **208** des représentations qui sont réputées dangereuses. Nous n'apporterons qu'un exemple qui nous paraît relever d'une psychanalyse spéciale. C'est le cas d'un orgueil vaincu, d'une puissance ostensible, marque d'une impuissance latente. On va voir un orgueilleux thaumaturge pris à son piège.

La vue de certains objets, de certains êtres vivants, est chargée d'une telle masse d'affectivité qu'il est intéressant de surprendre les défaillances des *esprits forts* qui se font gloire de les étudier. Voici un amusant récit de l'abbé Rousseau: « Van Helmont dit que si on met un crapaud dans un vaisseau assez profond pour qu'il ne puisse en sortir, et qu'on le regarde fixement, cet Animal ayant fait tous ses efforts pour sauter hors du vaisseau et fuir, il se retourne, vous regarde fixement, et peu de moments après tombe mort. Van Helmont attribue cet effet à une idée de peur horrible que le crapaud conçoit à la vue de l'homme. Laquelle par l'attention assidue s'excite et s'exalte jusqu'au point que l'animal en est suffoqué. Je l'ai donc fait par quatre fois, et j'ai trouvé que Van Helmont avait dit la vérité. A l'occasion de quoi un Turc qui était présent en Égypte, où j'ai fait cette expérience pour la troisième fois, se récria que j'étais un saint d'avoir tué de ma vue une bête qu'ils croient être produite par le Diable... »[1]. Voilà le thaumaturge dans toute sa gloire! Voyons maintenant la défaite qui va nous permettre de bien voir l'ambivalence exacte d'un *courage* si mal employé. « Mais ayant voulu faire pour la dernière fois la

1. Abbé Rousseau, *loc. cit.*, p. 134.

même chose à Lyon... bien loin que le crapaud mourût, j'en pensai mourir moi-même. Cet animal après avoir tenté inutilement de sortir, se tourna vers moi, et s'enflant extraordinairement et s'élevant sur les quatre pieds, il soufflait impétueusement sans remuer de sa place, et me regardant ainsi sans varier les yeux, que je voyais sensiblement rougir et s'enflammer; il me prit à l'instant une faiblesse universelle, qui alla tout d'un coup jusqu'à l'évanouissement accompagné d'une sueur froide et d'un relâchement par les selles et les urines. De sorte qu'on me crut mort. Je n'avais rien pour lors de plus présent que du Thériaque et de la poudre de Vipère, dont on me donna une grande dose qui me fit revenir; et je continuai d'en prendre soir et matin pendant huit jours que la faiblesse me dura. Il ne m'est pas permis de révéler tous les effets insignes dont je sais que cet horrible animal est capable ».

Cette page nous parait donner un bel exemple de cette *concrétisation* de la peur qui trouble tant de cultures préscientifiques. 209 | La valorisation de la poudre de vipère est faite en partie d'une peur vaincue. Le triomphe contre la répugnance et le danger suffit à valoriser l'objet. Alors le médicament est un trophée. Il peut fort bien aider à un refoulement et ce refoulement, en quelque manière matérialisé, peut aider l'inconscient. On en arriverait assez volontiers à cette doctrine qu'il faut soigner sottement les sots et que l'inconscient a besoin d'être *déchargé* par des procédés grossièrement matérialistes, grossièrement concrets.

On le voit, c'est l'homme tout entier avec sa lourde charge d'ancestralité et d'inconscience, avec toute sa jeunesse confuse et contingente, qu'il faudrait considérer si l'on voulait prendre la mesure des obstacles qui s'opposent à la connaissance objective, à la connaissance tranquille. Hélas ! Les éducateurs ne travaillent guère à donner cette tranquillité ! Partant, ils ne guident pas les élèves vers la connaissance de l'objet. Ils jugent plus qu'ils n'enseignent ! Ils ne font rien pour guérir l'anxiété qui saisit tout esprit devant la nécessité de corriger sa propre pensée et de sortir de soi pour trouver la vérité objective.

LES OBSTACLES DE LA CONNAISSANCE QUANTITATIVE

I

Une connaissance objective immédiate, du fait même qu'elle est qualitative, est nécessairement fautive. Elle apporte une erreur à rectifier. Elle charge fatalement l'objet d'impressions subjectives; il faudra donc en décharger la connaissance objective; il faudra la psychanalyser. Une connaissance immédiate est, dans son principe même, subjective. En prenant la réalité comme son bien, elle donne des certitudes prématurées qui entravent, plutôt qu'elles ne la servent, la connaissance objective. Telle est la conclusion philosophique que nous croyons pouvoir tirer de l'ensemble des chapitres précédents. On se tromperait d'ailleurs si l'on pensait qu'une connaissance *quantitative* échappe en principe aux dangers de la connaissance qualitative. La *grandeur* n'est pas automatiquement objective et il suffit de quitter les objets usuels pour qu'on accueille les déterminations géométriques les plus bizarres, les déterminations quantitatives les plus fantaisistes. Comme *l'objet scientifique* est toujours par certains côtés un objet *nouveau*, on comprend tout de suite que les déterminations premières soient presque fatalement mal venues. Il faut de longues études pour qu'un phénomène nouveau fasse paraître la variable convenable. Ainsi, en suivant l'évolution des mesures électriques, on peut s'étonner du caractère très tardif des travaux de Coulomb. Tard dans le siècle, on proposera encore des vitalo-mètres, c'est-à-dire des appareils fondés sur une action électrique sans doute saillante et immédiate mais compliquée et par conséquent mal appropriée à l'étude objective du phénomène. Des conceptions en apparence très objectives, très clairement figurées, engagées de toute évidence dans une géométrie précise, comme la Physique cartésienne, manquent curieusement d'une doctrine de la mesure. À lire les *Principes*, on pourrait presque dire que la grandeur 212 | est une *qualité* de l'étendue. Même lorsqu'on a affaire à des professeurs vigoureux et clairs comme Rohault, l'explication préscientifique ne paraît pas s'engager dans une doctrine nettement mathématique. C'est un point qu'a fort bien indiqué M. Mouy, dans son beau livre sur le *Développement de la Physique Cartésienne* : « La physique cartésienne est une physique mathématique sans mathématiques. C'est une géométrie concrète »[1]. Ce géométrisme immédiat, par manque d'une algèbre discursive et explicative, trouve le moyen de n'être pas à proprement parler un mathématisme.

Ces remarques deviendront plus pertinentes si l'on veut bien caractériser l'influence de *l'ordre de grandeur* humain sur tous nos jugements de valeur. Nous n'avons pas à revenir sur la démonstration si souvent faite que la révolution copernicienne a mis l'homme devant une échelle nouvelle du monde. Tout le long du XVIIe et du XVIIIe siècles, le même problème s'est posé, à l'autre extrémité des phénomènes, avec les découvertes microscopiques. De nos jours, les ruptures d'échelle n'ont fait que s'accentuer. Mais le problème philosophique s'est toujours révélé le même : obliger l'homme à faire abstraction des grandeurs communes, de *ses* grandeurs propres ; l'obliger aussi à penser les grandeurs dans leur relativité à la méthode de mesure ; bref à rendre clairement discursif ce qui s'offre dans la plus immédiate des intuitions.

1. Paul Mouy, *Le Développement de la Physique Cartésienne, 1646-1712*, Paris, Vrin, 1934, p. 144.

Mais comme les obstacles épistémologiques vont par paires, dans le règne même de la quantité on va voir s'opposer à l'attrait d'un mathématisme trop vague, l'attrait d'un mathématisme trop précis. Nous allons essayer de caractériser ces deux obstacles sous leurs formes élémentaires, par des exemples aussi simples que possible; car s'il nous fallait déterminer toutes les difficultés de l'information du phénomène par les mathématiques, c'est tout un livre qu'il faudrait écrire. Ce livre dépasserait le problème de la *première formation de l'esprit scientifique* que nous voulons décrire dans le présent ouvrage.

II

L'excès de précision, dans le règne de la quantité, correspond très exactement à l'excès du pittoresque, dans le règne de la qualité. La précision numérique est souvent une émeute de chiffres, | comme le pittoresque est, pour parler **213** comme Baudelaire, « une émeute de détails ». On peut y voir une des marques les plus nettes d'un esprit non scientifique, dans le temps même où cet esprit a des prétentions à l'objectivité scientifique. En effet, une des exigences primordiales de l'esprit scientifique, c'est que la précision d'une mesure doit se référer constamment à la sensibilité de la méthode de mesure et qu'elle doit naturellement tenir compte des conditions de permanence de l'objet mesuré. Mesurer *exactement* un objet fuyant ou indéterminé, mesurer *exactement* un objet fixe et bien déterminé avec un instrument grossier, voilà deux types d'occupations vaines que rejette de prime abord la discipline scientifique.

Sur ce problème des mesures, en apparence si pauvre, on peut aussi saisir le divorce entre la pensée du réaliste et la pensée du savant. Le réaliste prend tout de suite l'objet particulier dans le creux de la main. C'est parce qu'il le possède qu'il le décrit et le mesure. Il en épuise la mesure jusqu'à la dernière décimale, comme un notaire compte une fortune jusqu'au dernier centime. Au contraire, de cet objet primitivement mal défini, le savant *s'approche*. Et d'abord il *s'apprête* à le mesurer. Il discute les conditions de son étude; il détermine la sensibilité et la portée de ses instruments. Finalement, c'est *sa méthode de mesure* plutôt que *l'objet de sa mesure* que le savant décrit. L'objet mesuré n'est guère plus qu'un degré particulier de l'approximation de la méthode de mesure. Le savant croit au *réalisme* de la mesure plus qu'à la *réalité* de l'objet. L'objet peut alors changer de nature quand on change le degré d'approximation. Prétendre épuiser d'un seul coup la détermination quantitative, c'est laisser échapper les relations de l'objet. Plus nombreuses sont les *relations* de l'objet aux autres objets, plus instructive est son étude. Mais dès que les relations sont nombreuses, elles sont soumises à des interférences et aussitôt l'enquête discursive des approximations devient une nécessité méthodologique. L'objectivité est alors affirmée en deçà de la mesure, en tant que méthode discursive, et non au delà de la mesure, en tant qu'intuition directe d'un objet. Il faut réfléchir pour mesurer et non pas mesurer pour réfléchir. Si l'on voulait faire une métaphysique des méthodes de mesure, c'est au criticisme, et non pas au réalisme, qu'il faudrait s'adresser.

Mais voyons l'esprit préscientifique se précipiter au réel et s'affirmer dans des précisions exceptionnelles. On peut faire ces observations soit dans l'expérience pédagogique quotidienne, soit dans l'histoire scientifique, soit dans la pratique de certaines sciences naissantes.

214 | Les problèmes de physique au baccalauréat donneraient une mine inépuisable d'exemples de cette précision mal fondée. La plupart des applications numériques sont conduites sans souci du problème d'erreurs. Il suffit d'une division qui se « fait mal », de calculs où l'on « ne trouve pas juste », pour affoler le candidat. Il s'acharne à des divisions interminables, dans l'espérance d'un résultat exact. S'il s'arrête, il croit que le mérite de la solution se mesure au nombre des décimales indiquées. Il ne réfléchit pas qu'une précision sur un *résultat*, quand elle dépasse la précision sur les *données expérimentales*, est très exactement la détermination du néant. Les

décimales du calcul n'appartiennent pas à l'objet. Dès qu'interfèrent deux disciplines, comme la discipline des mathématiques et la discipline de la physique, on peut être à peu près sûr que les élèves n'harmoniseront pas les deux « précisions ». Ainsi, j'ai souvent donné, en vue de l'éducation des saines approximations, le simple problème suivant : calculer à un centimètre près le rayon moyen d'un chêne de 150 centimètres de circonférence. La grande majorité de la classe utilisait pour le calcul la valeur stéréotypée du nombre $\pi = 3{,}1416$, ce qui s'éloigne manifestement de la précision possible. Dans le même ordre d'idées, j'ai montré ailleurs, en commentant une page lumineuse de Borel, la désharmonie des précisions qui veut qu'on paie à Paris un terrain à bâtir au centime près, alors qu'on le mesure, tout au plus, au décimètre carré près et que le prix d'un décimètre carré affecte le chiffre des francs. Cette pratique rappelle la plaisanterie de Dulong qui disait d'un expérimentateur : il est sûr du troisième chiffre après la virgule, c'est sur le premier qu'il hésite.

Au XVIIIe siècle, l'excès tout gratuit dans la précision est la règle. Nous n'en donnerons que quelques cas pour fixer les idées. Par exemple, Buffon arriva « à ces conclusions qu'il y avait 74.832 ans que la Terre avait été détachée du soleil par le choc d'une comète; et que dans 93.291 années elle serait tellement refroidie que la vie n'y serait plus possible »[1]. Cette prédiction ultra précise du calcul est d'autant plus frappante que les lois physiques qui lui servent de base sont plus vagues et plus particulières.

Dans l'*Encyclopédie*, à l'article *Bile*, on peut lire cette détermination précise indiquée par Hales : les calculs hépatiques donnent 648 fois plus d'air que leur volume, les calculs urinaires en donne 645 fois leur volume. Habitués comme nous le sommes | à considérer soigneusement les erreurs expé- **215** rimentales, nous verrions dans ces chiffres différents, mais voisins, fournis par une technique assez grossière, non pas le

1. Cuvier, *loc. cit.*, t. III, p. 169.

signe d'une différence substantielle, comme le fait Hales, mais plutôt la preuve d'une identité expérimentale.

Le souci de la précision conduit aussi certains esprits à poser des problèmes insignifiants. En voici deux pour encadrer le XVIIIe siècle. Le Père Mersenne demande : « Je vous prie de me dire combien un homme haut de six pieds ferait plus de chemin avec la tête qu'avec les pieds, s'il faisait le circuit de la Terre ». Étant donnée la grossièreté de la connaissance du rayon terrestre, on saisit l'absurdité toute géométrique du problème posé par le Père Mersenne, en dehors de l'insignifiance totale de la question. A la fin du XVIIIe siècle, Bernardin de Saint-Pierre observe le vol des mouches. Certaines « s'élevaient en l'air, en se dirigeant contre le vent, par un mécanisme à peu près semblable à celui des cerfs-volants de papier, qui s'élèvent en formant avec l'axe du vent, un angle, je crois, de vingt-deux degrés et demi »[1]. Ici 22,5° a été mis de toute évidence pour la moitié de 45°. L'écrivain a voulu géométriser une vision. La notion d'obliquité lui a paru trop vague. Il a d'ailleurs sans doute estimé que la belle et simple obliquité correspondait à 45°. On le voit, tout un calcul puéril vient en aide à un besoin de précision hors de propos.

La recherche d'une fausse précision va de conserve avec la recherche d'une fausse sensibilité. Mme du Châtelet donne comme une savante pensée cette réflexion : « Puisque le Feu dilate tous les corps, puisque son absence les contracte, les corps doivent être plus dilatés le jour que la nuit, les maisons plus hautes, les hommes plus grands, etc., ainsi tout est dans la Nature dans de perpétuelles oscillations de contraction et de dilatation, qui entretiennent le mouvement et la vie dans l'Univers »[2]. On voit de reste avec quelle légèreté l'esprit préscientifique associe les vues générales à des faits particuliers insignifiants. Mme du Châtelet continue encore, en mêlant les genres : « La chaleur doit dilater les corps sous

1. Bernardin de Saint-Pierre, *Études de la Nature*, 4e édition, 4 vol., Paris, 1791. t. I, p. 4.

2. Mme du Châtelet, *Dissertation sur la nature et la propagation du feu*, p. 88.

l'Équateur, et les contracter sous le Pôle; c'est pourquoi les Lapons sont petits et robustes, il y a grande apparence que les Animaux et les Végétaux qui vivent sous le Pôle mourraient sous l'Équateur, et ceux de l'Équateur sous le Pôle; à moins qu'ils n'y fussent portés par des gradations insensibles, comme les Comètes passent de leur aphélie à leur périhélie ».

| On applique parfois le calcul à des déterminations qui ne **216** le comportent pas. Ainsi on peut lire dans l'*Encyclopédie* à l'article *Air* ces incroyables précisions : « Il est démontré que moins de 3.000 hommes placés dans l'étendue d'un arpent de terre, y formeraient de leur transpiration dans 34 jours une atmosphère d'environ 71 pieds de hauteur, laquelle n'étant point dissipée par les vents, deviendrait pestilentielle en un moment ».

Enfin ce ne sont pas seulement les écrivains du XVIIIe siècle ou les bacheliers de notre temps qui tombent dans ce travers des précisions intempestives, ce sont des sciences entières qui n'ont pas déterminé la portée de leurs concepts et qui oublient que les déterminations numériques ne doivent en aucun cas dépasser en exactitude les moyens de détection. Les manuels de géographie, par exemple, sont actuellement gorgés de données numériques dont on ne fixe ni la variabilité ni le champ d'exactitude. Un manuel utilisé dans la classe de quatrième contre des élèves de 13 ans inflige des précisions comme celle-ci : la température moyenne annuelle à Menton est de 16,3°. On arrive à ce paradoxe que la moyenne est appréciée au dixième de degré tandis que la seule utilisation pratique des données climatériques se contente de l'appréciation du degré. Le même auteur, comme bien d'autres, donne une précision exagérée au concept de densité de population, concept qui est clair et utile si on lui laisse l'indétermination convenable. On lit dans le manuel incriminé : le département de la Seine a une densité de 9.192 habitants au kilomètre carré. Ce nombre *fixe* pour un concept *flottant*, dont la validité, sous la forme exacte n'est même pas d'une heure, servira, avec quelques autres de même espèce, pendant quelque dix ans, à « instruire » les élèves. Le livre de géographie de Première du même auteur contient 3.480 nombres qui ont presque tous la même valeur scientifique. Cette surcharge numérique impose aux élèves de retenir plus de 100 nombres par leçon d'une heure. Il y a là le prétexte d'une pédagogie détestable qui défie le bon sens, mais qui se développe sans rencontrer la moindre critique dans des disciplines qui ne sont scientifiques que par métaphore.

III

D'une manière plus nette encore et quasi matérielle, on pourrait déterminer les différents âges d'une science par la technique de ses instruments de mesure. Chacun des siècles qui viennent de s'écouler a son échelle de précision parti-**217** culière, son groupe de | décimales exactes, et ses instruments spécifiques. Nous ne voulons pas retracer cette histoire des instruments que nous avons évoquée dans un autre ouvrage. Nous voulons simplement marquer la difficulté de déterminer les *premières* conditions de la mesure. Par exemple, Martine rappelle que les premiers thermomètres étaient construits avec beaucoup d'imprécision : « Ceux mêmes de Florence dont le plus haut degré était fixé suivant la plus grande chaleur du Soleil en cette contrée, se trouvaient par trop vagues et indéterminés »[1]. On se rend compte, sur ce simple exemple, du caractère néfaste de l'usage direct du thermomètre. Comme le thermomètre doit nous renseigner sur la température ambiante, c'est à des indications météorologiques que l'on demandera d'abord le principe de sa graduation. Dans une vue semblable, Halley propose comme point fixe la température des lieux souterrains insensibles à l'hiver et à l'été. Cette insensibilité a été reconnue par le thermomètre. Elle n'était pas directement objective en l'absence d'une mesure instrumentale. Du temps de Boyle encore, remarque Martine, « les thermomètres étaient si variables et si indéterminés qu'il paraissait

1. Martine, *Dissertation sur la chaleur avec les observations nouvelles sur la construction et la comparaison des thermomètres*, trad., Paris, 1751, p. 6.

moralement impossible d'établir par leur moyen une mesure de la chaleur et du froid comme nous en avons du temps, de la distance, du poids, etc. ».

Devant un tel manque de technique instrumentale, on ne doit pas s'étonner de la prodigieuse variété des premiers thermomètres. Ils se trouvèrent bientôt de types plus nombreux que les mesures de poids. Cette variété est très caractéristique d'une science d'amateurs. Les instruments d'une cité scientifique constituée comme la nôtre sont presque immédiatement standardisés.

La volonté de technique est, de notre temps, si nette et si surveillée que nous nous étonnons de la tolérance des premières erreurs. Nous croyons que la construction d'un *appareil objectif* va de soi, nous ne voyons pas toujours la somme des précautions techniques que réclame le montage de l'appareil le plus simple. Par exemple est-il rien, en apparence, de plus simple que le montage, sous forme de baromètre, de l'expérience de Torricelli ? Mais le seul remplissage du tube réclame beaucoup de soins. Et la moindre faute à cet égard, la plus petite bulle d'air qui reste, détermine des différences notables dans la hauteur barométrique. L'amateur Romas, dans la petite ville de Nérac, suivait les variations différentes d'une cinquantaine d'appareils. Dans le même temps, on multipliait les observations pour pénétrer l'influence | des variations barométriques sur diverses maladies. Ainsi l'appareil et l'objet de la mesure se révélaient à la fois mal adaptés, éloignés l'un et l'autre des bonnes conditions d'une connaissance objective. Dans la connaissance instrumentale primitive, on peut voir se dresser le même obstacle que dans la connaissance objective ordinaire : le phénomène ne livre pas nécessairement à la mesure la variable la plus régulière. Au contraire, au fur et à mesure que les instruments s'affineront, leur *produit* scientifique sera mieux défini. La connaissance devient objective dans la proportion où elle devient instrumentale. **218**

La doctrine de la sensibilité expérimentale est une conception toute moderne. Avant toute entreprise expérimentale, un physicien doit déterminer la sensibilité de ses appareils.

C'est ce que ne fait pas l'esprit préscientifique. La marquise du Châtelet est passée tout près de l'expérience que Joule réalisa un siècle plus tard, sans en voir la possibilité. Elle dit explicitement : « Si le mouvement produisait le Feu, l'eau froide, secouée avec force, s'échaufferait, mais c'est ce qui n'arrive point d'une manière sensible ; et si elle s'échauffe, c'est fort difficilement ». Le phénomène que la main ne distingue pas d'une manière sensible eût été signalé par un thermomètre ordinaire. La détermination de l'équivalent mécanique de la chaleur ne sera que l'étude de cet échauffement difficile. On s'étonnera moins de cette absence de perspicacité expérimentale si l'on considère le mélange des intuitions de laboratoire et des intuitions naturelles. Ainsi Voltaire demande, comme la marquise du Châtelet, pourquoi les vents violents du Nord ne produisent pas de la chaleur. Comme on le voit, l'esprit préscientifique n'a pas une nette doctrine du grand et du petit. Il mêle le grand et le petit. Ce qui manque peut-être le plus à l'esprit préscientifique, c'est une doctrine des erreurs expérimentales.

III

Dans le même ordre d'idées, l'esprit préscientifique abuse des déterminations réciproques. Toutes les variables caractéristiques d'un phénomène sont, d'après lui, en interaction et le phénomène est considéré comme également sensibilisé dans toutes ses variations. Or, même si les variables sont liées, leur sensibilité n'est pas réciproque. Il faut faire de chaque recherche un cas d'espèce. C'est ce que fait la Physique moderne. Elle ne postule pas le surdéterminisme qui passe pour
219 indiscutable dans la période | préscientifique. Pour bien saisir ces surdéterminations quantitatives, donnons quelques exemples où elles sont particulièrement choquantes. Retz, constatant qu'on ne dispose pas d'un instrument pour apprécier la quantité de fluide électrique contenu dans le corps humain, tourne la difficulté en s'adressant au thermomètre. La relation des entités électricité et chaleur est bien vite trouvée :

« La matière électrique étant regardée comme du feu, son influence dans les organes des corps vivants doit causer la chaleur; la plus ou moins grande élévation du thermomètre appliqué à la peau indiquera donc la quantité de fluide électrique du corps humain »[1]. Et voilà tout un mémoire dévié; des efforts souvent ingénieux conduisent finalement l'auteur à des conclusions ingénues comme celle-ci (p. 25) : « A la fameuse retraite de Prague, le froid rigoureux de la saison ayant privé beaucoup de soldats d'électricité et de vie, les autres ne furent conservés que par le soin qu'eurent les officiers de les exciter, à grands coups, à marcher, et par conséquent à s'électriser ». Il faut noter que la relation de l'électrisation à la température du corps est fausse, du moins avec la sensibilité dont disposait la thermométrie au XVIIIe siècle; pourtant l'expérience est faite et refaite par de nombreux expérimentateurs, qui enregistrent des variations thermométriques strictement insignifiantes. Ils croient faire une expérience de Physique; ils font, dans de très mauvaises conditions, une expérience sur la physiologie des émotions.

Par cette idée directrice de la corrélation totale des phénomènes, l'esprit préscientifique répugne à la conception toute contemporaine d'un *système clos*. A peine a-t-on posé un système clos qu'on déroge à cette audace et que, par une figure de style invariable, on affirme la solidarité du système morcelé avec le grand Tout.

Pourtant une philosophie de l'approximation bien réglée, prudemment calquée sur la pratique des déterminations *effectives*, conduirait à établir des niveaux phénoménologiques qui échappent *absolument* aux perturbations mineures. Mais cette phénoménologie instrumentale, coupée par les seuils *infranchissables* de la sensibilité opératoire, qui est la seule phénoménologie qu'on puisse appeler scientifique, ne tient pas devant le réalisme invétéré et indiscuté qui veut, en tous leurs caractères, sauver la continuité et la solidarité des phénomènes. Cette croyance naïve à une corrélation

1. Retz, Médecin à Paris, *Fragments sur l'électricité du corps humain*, Amsterdam, 1785, p. 3.

universelle, qui est un des thèmes favoris du réalisme naïf, est d'autant plus frappante qu'elle arrive à réunir des faits 220 | plus hétérogènes. Donnons un exemple bellement excessif! La théorie de Carra sur « l'enchaînement des causes qui opèrent les différentes révolutions des corps célestes » le conduit à donner, du point de vue astronomique, des précisions – naturellement toutes gratuites – non seulement sur les saisons des diverses planètes mais encore sur des propriétés végétales ou animales, comme la couleur des plantes et la durée de la vie. Les végétaux de Mercure sont d'un vert très brute, ceux de Vénus « d'un vert brun dans les terres de l'un de ses pôles, et d'un jaune d'or dans les terres de son autre pôle ». Sur Mars, ils sont verts clair. Sur Vénus, on vit plus longtemps que sur la Terre. La longévité des Martiens est « d'un tiers de moins que la nôtre » [1]. Les propriétés astronomiques entraînent tout; tout se met à l'échelle. Carra avance tranquillement que Saturne connaît une richesse incroyable. Elle doit compter plusieurs milliards d'êtres semblables aux hommes, des villes immenses de dix à vingt millions d'habitants (p. 99). On peut reconnaître dans ces cosmologies totalitaires la théorie des climats de Montesquieu étendue à l'Univers. Sous cette forme exagérée, la thèse de Montesquieu paraît dans toute sa faiblesse. Rien de plus antiscientifique que d'affirmer sans preuve, ou sous le couvert de remarques générales et imprécises, des causalités entre des ordres de phénomènes différents.

Ces idées d'interactions sans limite, d'interactions franchissant des espaces immenses et reliant les propriétés les plus hétéroclites traînent depuis des siècles dans les esprits préscientifiques. Elles y font office d'idées profondes et philosophiques et elles sont prétextes à toutes les fausses sciences. On pourrait prouver que c'est l'idée fondamentale de l'astrologie. Un point que ne soulignent pas toujours les historiens de l'astrologie, est le caractère *matériel* attribué aux *influences* astrologiques. Comme nous en avons déjà fait la remarque, ce

1. Carra, *Nouveaux Principes de Physique...*, *loc. cit.*, t. II, p. 93.

ne sont pas seulement des signes et des signatures que nous envoient les astres, ce sont des substances ; ce n'est pas tant une qualité qu'une quantité. L'astrologie du XVIIe siècle sait fort bien que la lumière de la lune n'est que la lumière du soleil réfléchie. Mais on ajoute que, dans cette réflexion, un peu de matière lunaire imprègne le rayon réfléchi « comme une balle qui rebondit d'un mur peint à la chaux en apporte une tache blanche ». L'action des astres est donc l'action quantitative d'une matière réelle. L'astrologie est un matérialisme dans toute l'acception du terme. La dépendance que nous venons de | marquer plus haut entre un astre et ses habitants n'est qu'un 221 cas particulier de ce système matérialiste totalitaire, fondé sur un déterminisme général. D'un siècle à l'autre, on modifie à peine quelques preuves. Carra, qui écrit à la fin du XVIIIe siècle, reprend les idées du Père Kircher qui avait *calculé* 150 ans plus tôt quelle devait être, suivant la grosseur des planètes de notre système solaire, la taille de leurs habitants. Carra critique le P. Kircher, mais il rationalise à sa façon la même hypothèse, nouvel exemple de rationalisation sur place des absurdités manifestes (t. II, p. 161-162) : « ce que nous appelons sang sera pour les habitants du corps céleste le plus dense, un liquide noir et épais qui circulera lentement dans leurs artères, et pour les habitants du corps céleste le moins dense, un fluide bleu très subtil qui circulera comme la flamme dans leurs veines ». Suivent des pages et des pages qui contiennent des affirmations aussi osées. D'où, en conclusion, cet émerveillement qui dit assez clairement la valorisation attribuée à une conception unitaire de l'Univers, encore que cette identité soit opérée par l'intermédiaire du simple concept quantitatif de *densité* : « Quels vastes objets de méditation ne nous présente pas la pluralité des mondes, si on veut la considérer sous tous les rapports ! Le plus ou moins de densité des corps célestes établit une chaîne immense de variétés dans la nature des êtres qui les habitent ; la différence de leurs révolutions annonce une chaîne immense dans la durée des êtres » (t. II, p. 164).

Un lecteur scientifique accusera sans doute cet exemple d'être trop voyant, trop grossièrement ridicule. Mais, pour notre défense, nous répondrons que nous nous sommes servi de cette fiche comme test. Nous la proposions à la méditation de quelques personnes éclairées sans éveiller de réaction, sans amener un sourire sur les visages impassibles et ennuyés. Elles y reconnaissaient un des thèmes de la pensée philosophique : tout se tient dans les Cieux et sur la Terre; une même loi commande et les hommes et les choses. En donnant le texte de Carra comme sujet de dissertation nous n'avons jamais obtenu une tentative de *réduction* de l'erreur fondamentale.

Et pourtant, c'est une réduction dans la portée du déterminisme qu'il faut consentir si l'on veut passer de l'esprit philosophique à l'esprit scientifique. Il faut affirmer que *tout n'est pas possible*, dans la culture scientifique, et qu'on ne peut retenir du possible, dans la culture scientifique, que ce dont on a démontré la possibilité. Il y a là une résistance courageuse et parfois risquée contre l'esprit de finesse, qui sans cesse fuira la preuve pour la présomption, le plausible pour le possible.

222 | On tient peut-être là un des signes les plus distinctifs de l'esprit scientifique et de l'esprit philosophique : nous voulons parler du droit de négliger. L'esprit scientifique explicite clairement et distinctement ce *droit de négliger* ce qui est négligeable qu'inlassablement l'esprit philosophique lui refuse. L'esprit philosophique accuse alors l'esprit scientifique de cercle vicieux, en rétorquant que ce qui semble négligeable est précisément ce qu'on néglige. Mais nous pouvons faire la preuve du caractère positif et du caractère actif du principe de négligeabilité.

Pour prouver que ce principe est positif, il suffit de l'énoncer sous une forme non quantitative. C'est précisément ce qui fait le prix d'une remarque comme celle d'Ostwald : « Quel que soit le phénomène considéré, il y a toujours un nombre extrêmement considérable de circonstances qui sont sans influence mesurable sur lui » [1]. La couleur d'un projectile ne modifie pas ses propriétés balistiques. Il est peut-être intéressant de voir comment précisément l'esprit scientifique

1. Ostwald, *Énergie*, trad. de l'allemand par E. Philippi, Paris, Alcan, 1909, p. 10.

réduit les circonstances inutiles. On connaît la théorie des deux fluides de Symmer, mais ce qu'on ne connaît peut-être pas c'est qu'elle fut d'abord, en quelque sorte, la théorie de ses deux bas. Voyons comment, d'après Priestley, la vocation d'électricien vint à Symmer: «Cet auteur avait remarqué depuis quelque temps qu'en ôtant ses bas le soir, ils pétillaient… Il ne doute pas que cela ne vînt de l'électricité; et après avoir fait un grand nombre d'observations, pour déterminer de quelles circonstances dépendaient ces sortes d'apparences électriques, il pensa enfin que c'était la combinaison du blanc et du noir qui produisait cette électricité; et que ces apparences n'étaient jamais si fortes que lorsqu'il portait un bas de soie blanc et un noir sur la même jambe»[1]. Sans doute la nature chimique de la teinture peut intervenir, mais c'est précisément dans le sens de la nature chimique que chercherait l'expérimentation scientifique pour réduire une différence d'action de circonstances négligeables comme la coloration. Cette réduction n'a pas été facile, mais la difficulté ne souligne que mieux le besoin de réduire les propriétés phénoménales en réaction.

Mais la volonté de négliger est vraiment active dans la technique opératoire contemporaine. Un appareil peut en effet être décrit, si l'on peut s'exprimer ainsi, aussi bien au négatif, qu'au positif. On le définit par les perturbations dont il se garde, par la technique de son isolement, par l'assurance qu'il donne qu'on peut négliger | des influences bien définies, **223** bref par le fait qu'il enferme un *système clos*. C'est un complexe d'écrans, de gaines, d'immobilisateurs, qui tient le phénomène en clôture. Tout ce *négativisme monté* qu'est un appareil de physique contemporain contredit aux molles affirmations d'une possibilité d'interaction phénoménologique indéterminée.

Le principe de négligeabilité est, de toute évidence, à la base du calcul différentiel. Là, il est vraiment une nécessité prouvée. Dès lors les critiques d'un cartésien attardé comme le

1. Priestley, *loc. cit.*, t. II, p. 51.

Père Castel n'en sont que plus frappantes. Il note chez Newton l'expression fréquente « ce qu'on peut négliger » et la condamne avec vigueur. Il répète ainsi, dans le règne de la quantité où le principe de négligeabilité triomphe si manifestement, des attaques qui ne sont pas plus fondées dans le règne de la qualité.

IV

C'est une confusion similaire que commet l'esprit préscientifique dans sa méconnaissance des réalités d'échelles. Il porte les mêmes jugements expérimentaux du petit au grand et du grand au petit. Il résiste à ce pluralisme des grandeurs qui s'impose pourtant à un empirisme réfléchi, en dépit de la séduction des idées simples de proportionnalité. Quelques exemples suffiront pour illustrer la légèreté avec laquelle on passe d'un ordre de grandeur à un autre.

Un des traits les plus caractéristiques des cosmogonies du XVIIIe siècle, c'est leur brièveté. Celles de Buffon, du baron de Marivetz sont un peu circonstanciées, mais le principe en est rudimentaire. Parfois une image, un mot suffisent. En quelques lignes, par une simple référence à une expérience usuelle, on explique le Monde; on va sans gêne du petit au grand. Ainsi le Comte de Tressan se réfère à l'explosion de la larme batavique, simple goutte de verre bouillant trempée dans l'eau froide, pour faire comprendre l'explosion qui « sépara la matière des Planètes et la masse du Soleil »[1].

Voici le programme qu'un membre de l'Académie propose à ses confrères pour juger de la validité de l'hypothèse cartésienne des tourbillons: « choisir un étang pour faire tourner l'eau en son milieu, laquelle communiquera le mouvement au reste de l'eau par différents degrés de vitesse, pour y
224 examiner le mouvement | des divers corps flottants en divers

1. De Tressan, *loc. cit.*, t. II, p. 464.

endroits et inégalement éloignés du milieu, pour faire quelque comparaison des planètes dans le monde »[1].

Quand le microscope accrut subitement l'expérience humaine du côté de l'infiniment petit, on se servit tout naturellement d'une proportionnalité biologique, posée sans aucune preuve et sans aucune mesure, pour faire concevoir la profondeur de cet infini. De Bruno rappelle encore en 1785 ce raisonnement de Wolf, sans aucun fondement objectif: « L'espace d'un grain d'orge peut contenir 27 millions d'animaux vivants, qui ont chacun vingt-quatre pattes… le moindre grain de sable peut servir de demeure à 294 millions d'animaux organisés, qui propagent leur espèce, et qui ont des nerfs, des veines et des fluides qui les remplissent, et qui sont sans doute aux corps de ces animaux, dans la même proportion que les fluides de notre corps sont à sa masse »[2]. Il est frappant qu'une réalité aussi nettement installée dans un ordre de grandeur typique comme l'est un corps vivant soit minimée ainsi, sans l'ombre d'une preuve, par certains esprits préscientifiques. On doit remarquer aussi que le mythe du contenu permet ici de déterminer un contenu numériquement précis (294 millions d'êtres vivants) dans un contenant imprécis qui peut varier du simple au double (un grain de sable). On a souvent rappelé des affirmations encore plus audacieuses d'observateurs qui prétendaient avoir découvert des infusoirs à visages humains. Maillet remarquant que la peau humaine apparaît au microscope recouverte de « petites écailles » y trouve une confirmation de sa thèse de l'origine marine de l'homme. Sauf chez les observateurs de grand talent qui dépassèrent, par leurs observations patientes et sans cesse *reprises*, l'état du premier émerveillement, les observations microscopiques furent l'occasion des jugements les plus incroyables.

Il nous faut d'ailleurs souligner des tonalités affectives assez différentes entre les méditations des deux infinis. Quand les deux infinis furent en quelque sorte multipliés par les inventions du télescope et du microscope, c'est du côté de

1. Joseph Bertrand, *Histoire de l'Académie des Sciences*, p. 8.
2. De Bruno, *loc. cit.*, p. 176.

l'infiniment petit que le calme fut le plus difficile à atteindre. Cette dissymétrie dans l'effroi scientifique n'a pas échappé à Michelet qui donne dans l'*Insecte* ce rapide parallèle (p. 92) : « Rien de plus curieux que d'observer les impressions toutes contraires que les deux révolutions firent sur leurs auteurs. Galilée, devant l'infini du ciel, où tout paraît harmonique et 225 merveilleusement calculé, a plus | de joie que de surprise encore ; il annonce la chose à l'Europe dans le style le plus enjoué. Swammerdam, devant l'infini du monde microscopique, paraît saisi de terreur. Il recule devant le gouffre de la nature en combat, se dévorant elle-même. Il se trouble ; il semble craindre que toutes ses idées, ses croyances n'en soient ébranlées ». Il y a sans doute, dans ces réactions, des influences psychologiques particulières, mais elles peuvent quand même nous servir de preuve de la valorisation affective assez étrange que nous portons sur des phénomènes subitement éloignés de notre ordre de grandeur. Les leçons fréquentes d'humilité que nous donnent les auteurs préscientifiques et les vulgarisateurs de nos jours montrent assez nettement une résistance à quitter l'ordre de grandeur habituel.

Ces résistances à franchir le niveau biologique où nous insérons la connaissance de notre vie, les tentatives de porter l'humain dans les formes élémentaires de la vie sont maintenant entièrement réduites. Peut-être le souvenir de cette réussite de l'objectivité biologique devrait nous aider à triompher de la résistance actuelle qu'éprouve l'objectivité atomique. Ce qui entrave la pensée scientifique contemporaine, sinon chez ses créateurs, du moins dans la tâche d'enseignement, c'est un attachement aux intuitions usuelles, c'est l'expérience commune prise dans notre *ordre de grandeur*. Il ne s'agit alors que de rompre avec des habitudes. L'esprit scientifique doit allier la souplesse et la rigueur. Il doit reprendre toutes ses constructions quand il aborde de nouveaux domaines et ne pas imposer partout la légalité de l'ordre de grandeur familier. Comme le dit M. Reichenbach : « Il ne faut pas oublier qu'en fait presque tout nouveau domaine objectif découvert en physique conduit à l'introduction de lois nouvelles »[1]. Tout de même, cette obligation devient de plus en plus facile, car la pensée scientifique a traversé depuis un siècle de nombreuses révolutions. Il n'en allait pas de même lors du premier décrochement. L'abandon des connaissances de sens commun est un sacrifice difficile. Nous ne devons pas nous étonner des naïvetés qui s'accumulent sur les premières descriptions d'un monde inconnu.

| V

226

Il est d'ailleurs assez facile de montrer que la mathématisation de l'expérience est entravée et non pas aidée par des images familières. Ces images vagues et grossières donnent un dessin sur lequel la géométrie n'a pas de prise. La réfraction de la lumière trouve ainsi immédiatement son « image matérielle » qui arrêtera longtemps la pensée en interdisant les « exigences mathématiques ». Un auteur anonyme, écrivant en 1768, donne cette intuition rapide : « Que l'on enfonce un clou un peu long dans du plâtre ou de la pierre, presque toujours ce fer se recourbe »[2]. Il n'en faut pas plus à un esprit non scientifique pour « comprendre » l'expérience scientifique. J'ai eu souvent l'occasion, dans l'enseignement élémentaire de la physique, de constater que cette « image matérielle » donne une prompte et désastreuse satisfaction aux esprits paresseux. Même quand la démonstration précise est apportée, on retourne à l'image première. Ainsi, critiquant les clairs travaux de Newton, le Père Castel veut prouver le caractère factice du concept de réfrangibilité par lequel Newton explique la réfraction des rayons dans le prisme. Le P. Castel invoque alors des images familières, entre autres, un faisceau de baguettes qu'on ploie. Elles sont individuellement, dit-il, d'égale « pliabilité » ; cependant la mise en faisceau entraînera

1. Reichenbach, *La Philosophie scientifique*, Paris, Hermann, 1932, p. 16.
2. Sans nom d'auteur, *Essai de Physique en forme de lettres*, Paris, 1768, p. 65.

des divergences et les baguettes situées au-dessus du faisceau se plieront moins. Il en va de même pour un faisceau de rayons qui se réfracte… Il est aussi très frappant de constater qu'au moment où l'on a découvert la double réfraction, plusieurs ouvrages laissent le rayon extraordinaire flotter sans loi à côté du rayon ordinaire nettement désigné par la loi du sinus. On lit, par exemple, dans l'*Encyclopédie* (Art. *Crystal d'Islande*): « De ces deux rayons, l'un suit la loi ordinaire; le sinus de l'angle d'incidence de l'air dans le cristal, est au sinus de l'angle de réfraction comme 5 est à 3. Quant à l'autre rayon, il se rompt selon une loi particulière ». L'indétermination fait alors bon ménage avec la détermination scientifique.

Parfois des images plus vagues encore contentent l'esprit préscientifique, au point qu'on peut se demander s'il ne faudrait pas parler d'un véritable *besoin de vague* qui vient mettre du flou jusque dans les connaissances de la quantité. Ainsi, pour expliquer la réfraction, Hartsoeker donnera cette 227 comparaison : | « Il n'arrive autre chose à un rayon de Lumière, que ce qu'on verrait arriver à un homme qui après avoir traversé une foule d'enfants rencontrerait obliquement au sortir de là une foule d'hommes forts et vigoureux car assurément cet homme serait détourné de son chemin en passant obliquement de la foule des uns dans les autres ». Suit une explication, avec figure adjointe, qui prétend montrer la *réfraction* d'un homme qui joue des coudes. Il n'y a pas là un paradoxe accidentel, comme il en surgit parfois de la verve angle-saxonne de certains professeurs. C'est le fond même de l'explication.

Le refus d'une information mathématique discursive, qui conduirait à sérier diverses approximations, se fait au bénéfice d'une *forme d'ensemble*, d'une loi exprimée en une mathématique vague qui satisfait le faible besoin de rigueur des esprits sans netteté. Un docteur de Sorbonne, Delairas, écrit en 1787 un gros livre sous le titre : « Physique nouvelle formant un corps de doctrine, et soumise à la démonstration rigoureuse du calcul ». Or, on y chercherait vainement la moindre équation. Le système de Newton, après un siècle de succès, y est critiqué et péremptoirement réfuté sur plusieurs points sans qu'on en examine les diverses liaisons mathématiques. L'auteur a, au contraire, confiance en des formes générales comme celle-ci : « Chaque masse qui occupe le centre d'un de ces cantons de l'univers qu'on appelle un *système,* n'est qu'un composé de marches organiques revenant sur elles-mêmes et formant des jeux de mouvement de toutes espèces. Ces marches intestines en revenant sur elles-mêmes sont assujetties à des accroissements de vélocité provenant de facultés accélératrices ». Il nous semble très caractéristique de voir ainsi *l'imprécision critiquant la précision*. L'auteur se réfère sans cesse à « une géométrie naturelle, à la portée de tout le monde » (p. 247), affirmant ainsi qu'il y a, pour atteindre la connaissance mathématique des phénomènes, sinon une voie royale, du moins une voie populaire.

Il est très frappant qu'une « mécanique » qui refuse les caractéristiques du nombre en vienne toujours à circonstancier les phénomènes mécaniques par des adjectifs. Ainsi l'abbé Poncelet écrit : « Il y a autant de sortes de mouvements que le mouvement est lui-même susceptible de modifications. Il y a le mouvement droit, oblique, circulaire, centripète, centrifuge, d'oscillation, de vibration, de commotion, de vertige, etc. »[1].

C'est le même besoin de vague et la même recherche de qualificatifs | directs qu'animent les critiques de l'abbé **228** Pluche ; d'après lui, la loi de gravitation de Newton qui est « l'augmentation ou la diminution des puissances attractives en raison inverse du carré de la distance… est le progrès de tout ce qui se disperse à la ronde. C'est le progrès des odeurs… »[2]. On se demande comment une vision générale aussi accommodante peut se satisfaire d'une *augmentation* de puissance avec le champ d'action.

Le même dédain des mathématiques anime Marat. Après une longue critique de l'optique de Newton, il écrit : « Ici paraissent, dans tout leur jour, l'abus de la science et la variété des spéculations mathématiques : car à quoi ont abouti tant

1. Poncelet, *loc. cit.*, p. 30.
2. Abbé Pluche, *Histoire du Ciel*, nouvelle édition, Paris, 1778, t. II, p. 290.

d'expériences ingénieuses, tant de fines observations, tant de savants calculs, tant de profondes recherches, qu'à établir une doctrine erronée qu'un simple fait renverse sans retour? Et pourquoi ont été prodigués tant d'efforts de génie, tant de formules bizarres, tant d'hypothèses révoltantes, tant de merveilleux, que pour mieux faire sentir l'embarras de l'Auteur? »[1]. Pour nous, qui nous plaçons au point de vue psychanalytique, nous devons nous demander si l'embarras où l'on accuse Newton de se trouver n'est pas une preuve de l'embarras de son lecteur devant les difficultés mathématiques de l'œuvre. L'hostilité aux mathématiques est un mauvais signe quand elle s'allie à une prétention de saisir directement les phénomènes scientifiques. Marat va jusqu'à écrire: Newton « courut après des chimères, fit un roman physique et s'épuisa en fictions ridicules, ayant toujours la nature sous les yeux ».

VI

Le simple thème de la *facilité ou* de la *difficulté* des études est beaucoup plus important qu'on ne croit. Ce n'est pas là en particulier un caractère secondaire. Au contraire, du point de vue psychologique, où nous nous plaçons dans cet ouvrage, la *difficulté* d'une pensée est un caractère primordial. C'est cette *difficulté* qui se traduit en de véritables oppressions physiologiques et qui charge d'affectivité la culture scientifique. C'est elle qui peut pousser Marat, dans sa période de douceur, alors qu'il fait profession de sensibilité et de courtoisie, à accuser Newton de courir après des chimères et de s'épuiser en **229** fictions ridicules. Par contre, | c'est cette même difficulté qui, par une ambivalence caractéristique, attire les esprits vigoureux. Enfin, sur le seul thème de la facilité relative, on peut

1. Marat, *Mémoires académiques ou nouvelles découvertes sur la lumière, relatives aux points les plus importants de l'optique*, Paris, 1788, p. 244.

montrer que la connaissance objective a subi une inversion en passant de l'ère préscientifique à l'ère scientifique.

Il n'est pas rare en effet de voir poser, au XVIIIe siècle, la Physique comme plus facile que la Géométrie élémentaire. Dans son discours préliminaire à sa Physique, le R. P. Castel écrit : « La Physique est de soi simple, naturelle et facile, je dis facile à entendre. On en sait les termes, on en connaît les objets. Naturellement nous observons, et nous éprouvons la plupart des choses, la lumière, la chaleur, le froid, le vent, l'air, l'eau, le feu, la pesanteur, le ressort, la durée, etc. Chaque coup d'œil est une observation de la nature ; chaque opération de nos sens et de nos mains est une expérience. Tout le monde est un peu Physicien, plus ou moins suivant qu'on a l'esprit plus ou moins attentif, et capable d'un raisonnement naturel. Au lieu que la *Géométrie* est toute abstraite et mystérieuse *dans son objet, dans ses façons*, jusque dans ses termes »[1]. J'ai plusieurs fois donné ce texte comme sujet de dissertation à des étudiants de philosophie, sans en indiquer l'auteur. Le plus souvent les commentaires ont été élogieux. On y a vu une belle expression des thèses pragmatiques. De ce texte vieilli, tout imprégné d'esprit préscientifique, les esprits philosophiques, ivres d'intuitions premières, hostiles à toute abstraction, n'hésitent pas à faire un thème actif et actuel.

C'est précisément sous le rapport de la simplicité essentielle que le Père Castel juge et condamne la science newtonienne. Il constate qu'avec Newton, l'ordre des difficultés pédagogiques des sciences mathématiques et physiques vient d'être inversé, puisqu'il faut savoir le calcul intégral pour comprendre le mouvement des astres et les phénomènes de la lumière. Il voit dans cette inversion une anomalie à rectifier. Son gros livre est écrit pour remettre la Physique à la place qu'il croit juste et bonne : dans son aspect facile et immédiat.

D'abord, du point de vue expérimental, il faut maintenir la simplicité. Il y eut – le croira-t-on ? – de nombreux physiciens

1. R. P. Louis Castel, *Le vrai système de Physique générale de Newton, exposé et analysé avec celui de Descartes, à la portée du commun des Physiciens*, Paris, 1743, p. 6.

qui ne réussirent pas l'expérience de Newton sur la dispersion de la lumière par le prisme. Que de complications, disait-on, « il faut des prismes : c'est le plus aisé. Il faut une chambre 230 obscure. | Il faut de longs appartements, et qui est-ce qui en a, surtout parmi les savants de profession ? Il faut des ceci et des cela ; il faut un attirail de mille je ne sais quoi. Et puis il faut du temps et une suite de mille opérations très délicates, sans parler d'un certain esprit d'observation ». Et le P. Castel conclut (p. 488) : « pour bien faire ces expériences sur la réfraction de la lumière, il faudrait être millionaire ».

D'ailleurs (p. 452), « les couleurs du Prisme ne sont que des couleurs fantastiques, spéculatives, idéales, et à la pointe de l'esprit et des yeux… Comment, en n'y mesurant que des angles et des lignes, M. Newton s'est-il flatté de parvenir à la connaissance intime et philosophique des couleurs… En fait de couleurs, il n'y a d'utile et de substantiel même, que les couleurs des peintres et des teinturiers. Celles-ci se laissent manier, étudier et mettre à toutes sortes de combinaisons et de vraies analyses. Il serait étonnant et cependant il est assez vraisemblable que Newton a passé toute sa vie à étudier les couleurs, sans jamais jeter les yeux sur l'atelier d'un Peintre ou d'un Teinturier, sur les couleurs mêmes des fleurs, des coquilles, de la nature ». Comme on le voit, l'intuition réaliste est ici dominante. L'esprit préscientifique veut qu'une couleur soit la couleur de *quelque chose*. Il veut manier la *substance* colorée. Composer les couleurs, c'est, pour lui, composer les substances colorées. Dans un autre ouvrage, le Père Castel revient sur la question. Pour lui, l'*homo faber* est le grand maître de Physique. Plus le métier est matériel, plus il est instructif. « Les teinturiers, soit dit sans déplaire à personne, sont les vrais Artisans des couleurs… les couleurs sont l'unique but du Teinturier. Chez le Peintre elles ne sont qu'un moyen »[1]. Le mot *spectre*, qui n'éveille en nous aucune idée troublante, a encore son plein sens (p. 376). « Je me défiais du prisme et de son *spectre* fantastique. Je le regardais comme un

1. R. P. Castel, Jésuite, *L'Optique des couleurs*, Paris, 1740, p. 38.

art enchanteur, comme un miroir infidèle de la nature, plus propre par son brillant à donner l'essor à l'imagination, et à servir l'erreur, qu'à nourrir solidement l'esprit, et à tirer du puits profond l'obscure vérité… Je le regardais avec terreur, comme un écueil signalé par le naufrage d'un vaisseau fameux, suivi de mille vaisseaux ». L'excès des images, la crainte de dépenser un million pour acheter un prisme, tout concourt à nous prouver l'affectivité qui charge l'inconscient de notre auteur en lutte contre le mathématisme newtonien.

Mais, après avoir montré la volonté de rester dans l'expérience *physique* pour expliquer la *Physique*, voyons comment un esprit | préscientifique va s'opposer à l'information mathé- **231** matique. C'est surtout contre la théorie de l'attraction que va réagir le Père Castel. Pour lui, Newton « s'était trop sèchement livré à la Géométrie. Avare de formes, car il ne concevait guère d'autres différences dans les corps que la matière même, la densité, le poids; il était en conséquence tout aussi avare de matière que Descartes en était prodigue. [Il a] immatérialisé les espaces célestes ». Contre le premier effort d'information mathématique de la Physique, tel que l'effectue Newton, on présente donc, comme une objection préalable, le reproche d'*abstraction*. On donnera des compliments au Newton mathématicien pour mieux accabler Newton physicien : « Le système que [Newton] donne dans son troisième livre [des *Principes*] pour un système de Physique est réellement tout mathématique. Ce qui lui assure incontestablement le nom de Physico-mathématique : restant à savoir si un système vraiment Physico-mathématique peut être regardé comme un vrai système de Physique »[1].

Ce n'est naturellement pas une critique isolée. Elle est plutôt un leitmotiv au XVIIIe siècle. Il y a alors une réelle volonté d'écarter les mathématiques de la Physique. Pour bien des auteurs, les mathématiques n'expliquent en rien les phénomènes. De Marivetz écrit tranquillement, sans plus de commentaires : « Cette phrase, *calculer un phénomène*, est très

1. P. Castel, *Le vrai système de Physique générale de Newton…*, *loc. cit.*, p. 52.

impropre ; elle a été introduite en Physique par ceux qui savent mieux *calculer* qu'*expliquer* »[1]. Il suffirait de forcer à peine les mots de cette opinion sur le rôle des mathématiques en physique pour trouver la théorie épistémologique, sans cesse répétée à notre époque, qui veut que les mathématiques *expriment* mais qu'elles n'*expliquent* pas. Contre cette théorie, nous croyons personnellement que la pensée mathématique forme la base de l'explication physique et que les conditions de la pensée abstraite sont désormais inséparables des conditions de l'expérience scientifique.

D'ailleurs beaucoup de ces adversaires de l'information mathématique précise se servent quand même de termes géométriques. Ils s'en servent même avec une désinvolture incroyable. Par exemple, Carra croit que les comètes décrivent « une parabole spirale » et il explique ainsi son système astronomique : « Par ma théorie, le premier mouvement de projection de tous les corps célestes est une ligne qui décline en parabole ; cette parabole devient spirale ; cette spirale se 232 conforme en ellipse, | l'ellipse en cercle ; le cercle redevient ellipse, l'ellipse parabole et la parabole hyperbole. Ce changement gradué de courbes simples en courbes composées, et de courbes composées en courbes simples, explique, non seulement les changements, la mutation des axes polaires, leur inclination gradative et dégradative, l'obliquité des équateurs… »[2]. Nous pourrions accumuler sans fin de telles macédoines géométriques. Mais cet exemple suffit pour montrer la séduction des images géométriques posées en bloc, sans qu'on apporte le moindre principe de constitution pour les justifier, sans qu'on donne – et pour cause ! – la transformation qui permet de passer d'une courbe à l'autre, de l'ellipse à l'hyperbole. Au contraire la conception mathématique et saine, telle qu'elle est réalisée dans le système de Newton, permet d'envisager différents cas géométriques, en laissant un certain jeu – mais un jeu déterminé – pour les réalisations empiriques. Le système de Newton donne un plan des possibilités, un

1. De Marivetz, *loc. cit.*, t. V., p. 57.
2. Carra, *Nouveaux Principes de Physique…*, *loc. cit.*, t. II, p. 182.

pluralisme cohérent de la quantité qui permet de concevoir des orbites non seulement elliptiques, mais encore paraboliques et hyperboliques. Les conditions quantitatives de leurs réalisations sont bien déterminées; elles forment un plan qui peut réunir dans une même vue générale les attractions et les répulsions électriques.

On peut sentir, sur ce simple exemple où l'on compare l'activité de l'imagination et l'activité de la raison, la nécessité de l'explication algébrique, donc indirecte et discursive, des formes géométriques trop séduisantes pour l'intuition.

Dans l'histoire et dans l'enseignement, on pourrait d'ailleurs assez facilement saisir la valorisation inconsciente des formes géométriques simples. Ainsi, tant qu'on se borne à des énoncés généraux des lois de Kepler, on peut être à peu près sûr d'être mal compris. La raison, c'est que pour l'esprit préscientifique les ellipses que décrivent les planètes sont pensées à partir du cercle qui reste la forme pure, la forme naturelle, la forme valorisée. Pour l'esprit préscientifique l'ellipse est un cercle mal fait, un cercle aplati, ou comme dit encore un auteur du XVIIIe siècle en une formule qui indique bien la valorisation, l'ellipse est un cercle *en voie de guérison.* Dans une telle intuition, l'ellipse est déjà une perturbation, elle est le résultat d'un véritable *accident.* Cette conception est particulièrement claire dans le système de Nicolas Hartsoeker. Dans un livre publié en 1706 sous le titre *Conjectures physiques*, Hartsoeker relie l'ellipticité de l'orbite terrestre à des bouleversements *terrestres*, analogues au tremblement de terre du 18 septembre 1692 (p. 25, 26, 27). Ces tremblements de terre déterminent des tassements qui augmentent la | densité **233** de la Terre; la Terre *tombe* alors vers le Soleil puisqu'elle est devenue plus lourde; en descendant elle perd de sa vélocité, sans doute en raison de son incorporation à un tourbillon intérieur (?). Elle reste alors un instant stationnaire, puis remonte à l'endroit d'où elle était partie, sans qu'on puisse bien distinguer, dans le long développement de Hartsoeker, comment et pourquoi la Terre regagne sa place primitive. En tout cas, puisque le cataclysme a déterminé un rapprochement suivi d'un éloignement, on a maintenant deux rayons différents : cela suffit, pense Hartsoeker, à expliquer l'ellipticité de l'orbite. Aussi bien, ce n'est pas de ce côté que Hartsoeker sent un besoin de preuves. Pour lui, l'ellipticité est d'abord un *accident*. C'est donc à fournir la preuve de *tels accidents* qu'il fera les plus grands efforts. Il ne va pas loin pour trouver les preuves dont il a besoin : il étudie la complication des couches géologiques. C'est ainsi que, sans aucune transition, il passe à la description des différents lits de terre rencontrés pendant le forage d'un puits de 232 pieds où l'on va de l'argile au sable, du sable à l'argile et encore de l'argile au sable… Autant de contradictions matérielles qui n'ont pu être provoquées que par des accidents. Ces accidents matériels ont produit des accidents astronomiques. Ce qui est mal fait dans le Ciel est le résultat de ce qui est mal fait dans la Terre.

Ces images premières de la topologie naïve sont extrêmement peu nombreuses. Elles sont alors des moyens de compréhension sans cesse employés. De cet usage constant, elles reçoivent une lumière accrue qui explique la valorisation que nous incriminons. Ainsi, pour un esprit non scientifique, tout rond est un cercle. Une telle majoration d'un caractère intuitif conduit à des fautes réelles. Par exemple, Voltaire énonce tranquillement cette énormité : « Un cercle changé en ovale n'augmente ni ne diminue de superficie » [1]. Il imagine que c'est l'aire incluse dans la courbe qui mesure la pleine réalité de cette courbe : une ligne fermée est faite pour enfermer une réalité comme un bien.

Il n'est pas impossible de trouver même des intuitions plus chargées. Pour l'intuition animiste – on peut en faire assez fréquemment la remarque – tout ovale est un œuf. Un auteur explicite assez clairement cette vésanie. Delairas, écrivant en 1787, prétend trouver une doctrine synthétique de la génération. Cette génération se fait, d'après lui, suivant un principe uniforme ; les circonstances particulières ne font qu'apporter des diversités à l'application du principe. Aussi propose-t-il

1. Voltaire, *Œuvres complètes*, éd. 1828, Paris, t. 41, p. 334.

d'étudier les principes | de la génération « relativement aux 234 êtres organisés les plus considérables, où la nature développe en grand les dispositions qu'elle suit et qu'elle paraît nous cacher dans les êtres moins composés et d'un petit volume ». Et il entreprend d'éclaircir le problème de la génération des animaux par la génération des astres. Il ne faut pour cela qu'un minimum de géométrie. Le fluide astronomique d'un astre ne prend-il pas la forme ovale ? Or « toute génération se fait par la voie de l'œuf *cuncta ex ovo*, c'est-à-dire par un ovale »[1]. Voilà l'essence de la preuve; voilà la preuve entière. On saisit dans sa puérilité, dans une sécheresse géométrique frappante, un type de généralisation animiste. Au surplus une vue philosophique qui repose sur une intuition « profonde », sur une prétendue communion avec la vie universelle a-t-elle une autre richesse, un autre fonds que l'œuf astronomique de Delairas ? En tout cas, la représentation géométrique fait saillir le ridicule et il fallait un inconscient bien obéré pour pousser à une telle généralisation animiste.

Pour rompre avec cette séduction des formes simples et achevées sur lesquelles peuvent s'amasser tant d'interprétations fautives, le mieux est d'en expliciter la production algébrique. Par exemple, un enseignement scientifique des mouvements planétaires ne doit pas se contenter de répéter que les planètes décrivent des ellipses autour du Soleil placé à l'un des foyers; cet enseignement doit relier, par un calcul discursif, la réalité algébrique de l'attraction avec le phénomène du mouvement képlérien. Sans doute, il serait plus simple de *n'enseigner que le résultat*. Mais l'enseignement des *résultats* de la science n'est jamais un enseignement scientifique. Si l'on n'explicite pas la ligne de production spirituelle qui a conduit au résultat, on peut être sûr que l'élève combinera le résultat avec ses images les plus familières. Il faut bien « qu'il comprenne ». On ne peut retenir qu'en comprenant. L'élève comprend à sa manière. Puisqu'on ne lui a pas donné des

1. Delairas, *Physique nouvelle formant un corps de doctrine, et soumise à démonstration rigoureuse du calcul*, Paris, 1787, « Chez l'auteur, rue des vieilles Garnisons, en face du réverbère », p. 268.

raisons, il adjoint au résultat des raisons personnelles. Assez facilement un professeur de physique qui serait psychologue pourrait voir, sur le problème qui nous occupe, comment « mûrit » une intuition non expliquée. Ainsi, assez communément, au bout de quelques semaines, quand le souvenir verbal de la leçon a fait place, comme le dit si bien Pierre Janet, au souvenir travaillé, le Soleil s'est déplacé : il n'est plus au *foyer* de l'ellipse, il est au *centre*. En effet, dans l'enseignement | des résultats, qu'est-ce que le foyer d'une ellipse ? Pourquoi un foyer et pas l'autre ? Si un foyer est *réifié* par le Soleil, pourquoi l'autre est il désert ? Quand le résultat correct est maintenu dans la mémoire, c'est souvent grâce à la construction de tout un échafaudage d'erreurs. D'abord c'est le mot *foyer* qui sauve tout. Que le Soleil soit un Foyer, c'est trop clair ! Ainsi il donne sa chaleur et sa lumière à tout l'Univers. Si le « foyer » d'une ellipse avait reçu un autre nom, un nom mathématique et neutre, l'énoncé correct des lois de Kepler eût été une question plus difficile pour un bachelier et les fautes formelles se fussent multipliées. Très symptomatique par son indétermination géométrique et par le besoin d'un adverbe pompeux est aussi l'expression du Comte de Lacépède : « Le Soleil… occupe glorieusement un des foyers des révolutions de nos comètes et de nos planètes »[1]. Mais, au cours de l'enseignement de la Physique, j'ai trouvé des « rationalisations » plus captieuses que cette simple rationalisation linguistique. Un élève intelligent me fit un jour cette réponse : le soleil est au foyer de l'ellipse terrestre, car s'il était au centre, il y aurait dans une seule année deux étés et deux hivers. Cette objection fondée sur une ignorance complète de l'influence de l'inclination de l'axe terrestre sur le plan de l'écliptique est psychologiquement instructive. Elle nous montre un esprit ingénieux en train de coefficienter sa représentation totalitaire imagée. L'esprit veut relier toutes ses connaissances à l'image centrale et première. Il faut que tous les phénomènes

1. La Cépède, *Essai sur l'électricité…*, *loc. cit.*, t. II, p. 244.

soient expliqués par la connaissance majeure. Telle est la loi du moindre effort.

Si le professeur de Physique multipliait les enquêtes psychologiques, il serait étonné de la variété des « rationalisations » individuelles pour une même connaissance objective. Il suffit de laisser passer quelques semaines après la leçon pour constater cette individualisation de la culture objective. Il semble même qu'une image trop claire, trop facilement et trop vitement saisie, attire ensuite dans le lent travail d'individualisation une nuée de fausses raisons. Il conviendrait, par de fréquents retours sur les thèmes objectifs, d'arrêter les proliférations subjectives. Il y a là tout un *enseignement récurrent*, particulièrement négligé dans nos cours secondaires, et qui nous semble pourtant indispensable pour affermir une culture objective.

Bien entendu, l'histoire scientifique, cette mine inépuisable des erreurs raisonnées, pourrait nous fournir bien des exemples de cette suprématie de l'image résultante sur le calcul qui doit l'expliquer. | Sur le point très précis de l'ellipti- **236** cité des orbites planétaires déduit par un calcul correct de l'attraction en raison inverse du carré des distances, les objections toutes réalistiques du Père Castel sont frappantes; elles rejoignent les observations pédagogiques que nous avons pu faire : « S'il y avait… à décider de la priorité des deux il serait incontestablement plus naturel de déduire la Raison I/D^2 de l'Ellipticité, que l'Ellipticité de la Raison I/D^2. L'Ellipticité est une chose bien plus connue que cette Raison. Elle nous est donnée par l'observation immédiate des mouvements célestes, et est un fait sensible et de pure physique. Au lieu que la Raison I/D^2 est une affaire de Géométrie et d'une Géométrie profonde, subtile, newtonienne en un mot[1] ». Le dernier trait est, pour le Père Castel, la plus vive critique. Mais il semble que ce trait se retourne bien vite contre son auteur. Le Père Castel n'a pas voulu suivre Newton dans la *réalisation mathématique* de l'attraction. Or il arrive lui-même à des décla-

1. P. Castel, *Le vrai système de Physique…*, *loc. cit.*, p. 97, 98.

rations à la fois générales et vagues qui n'ont pas cours dans la cité savante (p. 405), « tout se fait par une contranitence ». Rien de plus *individualisé* que l'astronomie du père Castel. Il a trouvé, en amassant les erreurs, le moyen de penser subjectivement les connaissances objectives résumées dans le système de Newton.

On peut d'ailleurs essayer de lutter directement contre la valorisation des images géométriques usuelles en essayant de les mettre en liaison avec des familles d'images plus générales. Il est bien sûr qu'un esprit mathématique, qui comprend que l'ellipse est un cas particulier des courbes du second degré, est moins esclave de la réalisation d'une image particulière. Les expériences d'électricité, en nous mettant en présence de forces répulsives et en nous donnant un exemple réel important des trajectoires hyperboliques, comme dans l'expérience de Rutherford sur la déviation des particules au travers d'une lame mince, ont aidé à la saine généralisation des principes newtoniens. A cet égard, la généralisation objective est une évasion des images individuelles. Dès l'enseignement élémentaire, nous ne saurions trop recommander aussi les *inversions* de l'ordre constructif. On ne domine vraiment le problème de l'astronomie newtonienne que lorsqu'on peut alternativement tirer la loi de la forme empirique et reconstruire la **237** forme pure en s'appuyant sur la loi. Alors seulement | le problème des perturbations prend un sens. Cette remarque bien évidente, et qui n'est certes pas nouvelle, n'a tout son prix que si on la juge, du point de vue psychologique, comme une incitation à multiplier l'exercice psychologique de l'analyse et de la synthèse réciproques. Par ces exercices dans les deux sens, on évitera que l'esprit ne se complaise dans une démarche préférée, bientôt valorisée; on corrigera en particulier la tendance au repos intellectuel que donne la pratique de l'intuition; on développera l'habitude de la pensée discursive. Même dans le simple règne des images, nous avons souvent essayé utilement des conversions de valeurs. Ainsi nous développions dans notre enseignement l'antithèse suivante. Pour la science aristotélicienne, l'ellipse est un cercle mal fait, un cercle aplati. Pour la science newtonienne, le cercle est une ellipse appauvrie, une ellipse dont les foyers se sont aplatis l'un sur l'autre. Je me faisais alors l'avocat de l'ellipse : le centre de l'ellipse est inutile puisqu'elle a ses deux foyers distincts ; sur le cercle, la loi des aires est une banalité ; sur l'ellipse, la loi des aires est une découverte. Peu à peu j'essayais de désancrer doucement l'esprit de son attachement à des images privilégiées. Je l'engageais dans les voies de l'abstraction, m'efforçant de donner le goût des abstractions. Bref, le premier principe de l'éducation scientifique me paraît, dans le règne intellectuel, cet ascétisme qu'est la pensée abstraite. Seul, il peut nous conduire à dominer la connaissance expérimentale. Aussi, j'ai peu d'hésitation à présenter la rigueur comme une psychanalyse de l'intuition, et la pensée algébrique comme une psychanalyse de la pensée géométrique. Jusque dans le règne des sciences exactes, notre imagination est une sublimation. Elle est utile, mais elle peut tromper tant que l'on ne sait pas ce que l'on sublime et comment l'on sublime. Elle n'est valable qu'autant qu'on en a psychanalysé le principe. L'intuition ne doit jamais être une donnée. Elle doit toujours être une illustration. Dans notre dernier chapitre nous allons, d'une manière aussi générale que possible, montrer la nécessité d'une psychanalyse de la connaissance objective.

OBJECTIVITÉ SCIENTIFIQUE ET PSYCHANALYSE

I

Toutes les fois que nous l'avons pu, nous avons indiqué par de brèves remarques comment, d'après nous, l'esprit scientifique triomphait des divers obstacles épistémologiques, et comment l'esprit scientifique se constituait comme un ensemble d'erreurs rectifiées. Mais ces remarques dispersées sont sans doute bien loin de former une doctrine complète de l'attitude objective et il peut sembler qu'un lot de vérités gagnées contre des erreurs disparates ne fournisse pas ce domaine du vrai, bien homogène, bien arrondi, qui donne au savant la joie de posséder un bien tangible et sûr. A vrai dire, le savant devient de moins en moins avide de ces joies totalitaires. On a souvent répété qu'il se spécialisait de plus en plus. Le philosophe, spécialiste en généralités, s'est offert pour les synthèses. Mais, en fait, c'est à partir d'une spécialité que le savant veut et cherche la synthèse. Il ne peut prendre pour une pensée objective une pensée qu'il n'a pas personnellement objectivée. De sorte que, si l'on fait de la psychologie, et non de la philosophie, il faudra toujours revenir, croyons-nous, au point de vue où nous nous plaçons dans cet ouvrage : psychologiquement, pas de vérité sans erreur rectifiée. Une psychologie de l'attitude objective est une histoire de nos erreurs personnelles.

Nous voulons cependant, en forme de conclusion, tenter de réunir les éléments généraux d'une doctrine de la connaissance de l'objet.

C'est encore par une polémique que nous ouvrirons notre exposé. A notre avis, il faut accepter, pour l'épistémologie, le postulat suivant : l'objet ne saurait être désigné comme un « objectif » immédiat ; autrement dit, une marche vers l'objet n'est pas initialement objective. Il faut donc accepter une véritable rupture entre la connaissance sensible et la connais- **240** sance scientifique. | Nous croyons en effet avoir montré, au cours de nos critiques, que les tendances normales de la connaissance sensible, tout animées qu'elles sont de pragmatisme et de réalisme immédiats, ne déterminaient qu'un faux départ, qu'une fausse direction. En particulier, l'adhésion immédiate à un objet concret, saisi comme un bien, utilisé comme une valeur, engage trop fortement l'être sensible ; c'est la *satisfaction intime* ; ce n'est pas l'*évidence rationnelle*. Comme le dit Baldwin en une formule d'une admirable densité : « C'est la stimulation, non la réponse qui reste le facteur de contrôle dans la construction des objets des sens ». Même sous la forme en apparence générale, même lorsque l'être repu et comblé croit voir venir l'heure de penser gratuitement, c'est encore sous forme de *stimulation* qu'il pose la première objectivité. Ce besoin de sentir l'objet, cet appétit des objets, cette curiosité indéterminée, ne correspondent encore – à aucun titre – à un état d'esprit scientifique. Si un paysage est un état d'âme romantique, un morceau d'or est un état d'âme avare, une lumière un état d'âme extatique. Un esprit préscientifique, au moment où vous tentez de l'embarrasser par des objections sur son réalisme initial, sur sa prétention à saisir, du premier geste, son objet, développe toujours la psychologie de cette stimulation qui est la vraie valeur de conviction, sans jamais en venir systématiquement à la psychologie du contrôle objectif. En fait, comme l'entrevoit Baldwin, ce contrôle résulte de prime abord d'une *résistance*. Par contrôle on entend en général « the checking, limiting, regulation of the constructive processes ». Mais avant le *frein* et la *réprimande* qui correspondent curieusement au concept anglais intraduisible de *check*, nous expliciterons la notion d'échec, impliquée elle aussi dans le même mot. C'est parce qu'il y a échec qu'il y freinage de la stimulation. Sans cet échec, la stimulation serait valeur pure. Elle serait ivresse; et par cet énorme succès subjectif qu'est une ivresse, elle serait la plus irrectifiable des erreurs objectives. Ainsi, d'après nous, l'homme qui aurait l'impression de ne se tromper jamais se tromperait toujours.

On objectera que cette fougue première a été bien vite réduite et que précisément les erreurs des essais sont éliminées par le comportement: la connaissance scientifique pourrait donc faire fonds sur une connaissance sensible rendue cohérente par un comportement. Mais nous n'acceptons pas cette conciliation, car l'impureté originelle de la stimulation n'a pas été amendée par les réprimandes de l'objet. Des valeurs sont restées attachées aux objets primitifs. La connaissance sensible reste un compromis fautif.

| Pour être bien sûr que la *stimulation* n'est plus à la base de **241** notre objectivation, pour être bien sûr que le contrôle objectif est une réforme plutôt qu'un écho, il faut en venir au *contrôle social*. Dès lors, dût-on nous accuser de cercle vicieux, nous proposons de fonder l'objectivité sur le comportement d'autrui, ou encore, pour avouer tout de suite le tour paradoxal de notre pensée, nous prétendons choisir l'œil d'autrui – toujours l'œil d'autrui – pour voir la forme – la forme heureusement abstraite – du phénomène objectif: Dis-moi ce que tu vois et je te dirai ce que c'est. Seul ce circuit, en apparence insensé, peut nous donner quelque sécurité que nous avons fait complètement abstraction de nos visions premières. Ah! Sans doute nous savons bien tout ce que nous allons perdre! D'un seul coup, c'est tout un univers qui est décoloré, c'est tout notre repas qui est désodorisé, tout notre élan psychique naturel qui est rompu, retourné, méconnu, découragé. Nous avions tant besoin d'être tout entiers dans notre vision du monde! Mais c'est précisément ce besoin qu'il faut vaincre. Allons! Ce n'est pas en pleine lumière, c'est au bord de l'ombre que le rayon, en se diffractant, nous confie ses secrets.

Il faut d'ailleurs remarquer que toute doctrine de l'objectivité en vient toujours à soumettre la connaissance de l'objet au contrôle d'autrui. Mais d'habitude, on attend que la construction objective réalisée par un esprit solitaire soit achevée, pour la juger dans son aspect final. On laisse donc l'esprit solitaire à son travail, sans surveiller ni la cohésion de ses matériaux ni la cohérence de ses devis. Nous proposons au contraire un doute préalable qui touche à la fois les faits et leurs liaisons, l'expérience et la logique. Si notre thèse paraît artificielle et inutile, c'est que l'on ne se rend pas compte que la science moderne travaille sur des matériaux expérimentaux et avec des cadres logiques socialisés de longue date, par conséquent déjà contrôlés. Mais pour nous qui voulons déterminer les conditions primitives de la connaissance objective, il faut bien que nous étudiions l'esprit dans le moment où, de lui-même, dans la solitude, devant la nature massive, il prétend désigner son objet. En retraçant les débuts de la science électrique, nous croyons avoir fait la preuve que cette désignation première était fausse. Il suffit aussi d'observer un jeune expérimentateur, dans son effort pour préciser sans guide une expérience, pour reconnaître que la première expérience *exigeante* est une expérience qui « rate ». *Toute mesure précise est une mesure préparée*. L'ordre de précision croissante est un ordre d'instrumentalisation croissante, donc de socialisation croissante. Landry disait : « Déplacer d'un centimètre un **242** objet posé sur une table est chose | simple ; le déplacer d'un millimètre exige une mise en jeu complexe de muscles antagonistes et entraîne une fatigue plus grande. » Précisément cette dernière mesure fine réclame le *freinage* de la stimulation, on la conquiert après des échecs, dans cette objectivité discursive dont nous essayons de dégager les principes. Mais ce déplacement d'un millimètre d'un objet sur une table n'est pas encore une opération scientifique. L'opération scientifique commence à la décimale suivante. Pour déplacer un objet d'un dixième de millimètre, il faut un appareil, donc un corps de métiers. Si l'on accède enfin aux décimales suivantes, si l'on prétend par exemple trouver la largeur d'une frange d'interférence et déterminer, par les mesures connexes, la longueur d'onde d'une radiation, alors il faut non seulement des appareils et des corps de métiers, mais encore une théorie et par conséquent toute une Académie des Sciences. L'instrument de mesure finit toujours par être une théorie et il faut comprendre que le microscope est un prolongement de l'esprit plutôt que de l'œil[1]. Ainsi la précision discursive et sociale fait éclater les insuffisances intuitives et personnelles. Plus une mesure est fine, plus elle est indirecte. La science du solitaire est qualitative. La science socialisée est quantitative. La dualité Univers et Esprit, quand on l'examine au niveau d'un effort de connaissance personnelle, apparaît comme la dualité du phénomène mal préparé et de la sensation non rectifiée. La même dualité fondamentale, quand on l'examine au niveau d'un effort de connaissance scientifique, apparaît comme la dualité de l'appareil et de la théorie, dualité non plus en opposition mais en réciproques.

II

Nous reviendrons sur le processus de rectification discursive qui nous paraît être le processus fondamental de la connaissance objective. Nous voulons auparavant souligner quelques aspects sociaux de cette pédagogie de l'attitude objective propre à la science contemporaine. Puisqu'il n'y a pas de démarche objective sans la conscience d'une erreur intime et première, nous devons commencer les leçons d'objectivité par une véritable confession de nos fautes intellectuelles. Avouons donc nos sottises pour que notre frère y reconnaisse les siennes, et réclamons de lui et l'aveu | et le **243** service réciproques. Traduisons, dans le règne de l'intellectualité, les vers commentés par la Psychanalyse :

Selten habt Ihr mich verstanden
Selten auch verstand ich Euch

1. Cf. Édouard Le Roy, *Revue de Métaphysique et de Morale*, avril 1935.

Nur wenn wir in Kot uns fanden
So verstanden wir uns gleich !

Rompons, ensemble, avec l'orgueil des certitudes générales, avec la cupidité des certitudes particulières. Préparons-nous mutuellement à cet ascétisme intellectuel qui éteint toutes les intuitions, qui ralentit tous les préludes, qui se défend contre les pressentiments intellectuels. Et murmurons à notre tour, tout entier à la vie intellectuelle : erreur, tu n'es pas un mal. Comme le dit fort bien M. Enriques : « Réduire l'erreur à une distraction de l'esprit fatigué, c'est ne considérer que le cas du comptable qui aligne des chiffres. Le champ à explorer est bien plus vaste, lorsqu'il s'agit d'un véritable travail intellectuel »[1]. C'est alors qu'on accède à l'erreur positive, à l'erreur normale, à l'erreur utile; guidé par une doctrine des erreurs normales, on apprendra à distinguer, comme le dit encore M. Enriques, « les fautes auxquelles il convient de chercher une raison de celles qui, à proprement parler, ne sont pas des erreurs, mais des affirmations gratuites, faites, sans aucun effort de pensée, par des bluffeurs qui comptent sur la chance pour deviner du coup; dans ce dernier cas l'entendement n'y est pour rien ». Le long d'une ligne d'objectivité, il faut donc disposer la série des erreurs *communes* et *normales*. On sentirait dès lors toute la portée d'une psychanalyse de la connaissance si l'on pouvait seulement donner à cette psychanalyse un peu plus d'extension. Cette catharsis préalable, nous ne pouvons guère l'accomplir seuls, et il est aussi difficile de l'engager que de se psychanalyser soi-même. Nous n'avons pu déterminer que trois ou quatre grandes sources de l'erreur pour la connaissance objective. Nous avons vu que la dialectique du réel et du général se répercutait dans les thèmes psychanalytiques de l'avarice et de l'orgueil. Mais il ne suffit pas de désancrer l'esprit de ces deux sites périlleux. Il faut le déterminer à des abstractions de plus en plus fines, en évinçant des fautes de plus en plus captieuses. Pour cette pédagogie fine, il faudrait des sociétés scientifiques complexes, des sociétés

1. F. Enriques, *Signification de l'histoire de la pensée scientifique*, Paris, Bulletin de la Société française de philosophie, 1934, p. 17.

scientifiques qui doubleraient l'effort logique par un effort psychologique.

En fait, il y a dans ce sens un progrès manifeste. La société | moderne, qui professe – du moins dans les déclarations de 244 ses administrateurs – la valeur éducative de la science, a développé les qualités d'objectivité plus que ne pouvaient le faire les sciences dans des périodes moins scolarisées. Boerhaave a noté que si la Chimie a été si longtemps erronée dans ses principes mêmes, c'est qu'elle fut longtemps une culture solitaire. Il faisait cette observation au seuil très embarrassé de son traité de Chimie. Pour lui, la Chimie se présentait comme une science difficile à enseigner[1]. Contrairement à ce qu'on pourrait croire, *l'objet chimique*, tout substantiel qu'il est, ne se désigne pas commodément dans la science primitive. Au contraire, dans la proportion où une science devient sociale, c'est-à-dire facile à enseigner, elle conquiert ses bases objectives.

Il ne faut pourtant pas s'exagérer le prix des efforts spécifiquement scolaires. En fait, comme le remarquent MM. von Monakow et Mourgue, à l'école, le jeune milieu est plus formateur que le vieux, les camarades plus importants que les maîtres. Les maîtres, surtout dans la multiplicité incohérente de l'Enseignement secondaire, donnent des connaissances éphémères et désordonnées, marquées du signe néfaste de l'autorité. Au contraire, les camarades enracinent des instincts indestructibles. Il faudrait donc pousser les élèves, pris en groupe, à la conscience d'une raison de groupe, autrement dit à l'instinct d'objectivité sociale, instinct qu'on méconnaît pour développer de préférence l'instinct contraire d'*originalité*, sans prendre garde au caractère truqué de cette originalité apprise dans les disciplines littéraires. Autrement dit, pour que la science objective soit pleinement éducatrice, il faudrait que son enseignement fût socialement actif. C'est une grande méprise de l'instruction commune que d'instaurer, sans réciproque, la relation inflexible de maître à élève. Voici, d'après

1. Boerhaave, *loc. cit.*, p. 2.

nous, le principe fondamental de la *pédagogie* de l'attitude objective : *Qui est enseigné doit enseigner*. Une instruction qu'on reçoit sans la transmettre forme des esprits sans dynamisme, sans autocritique. Dans les disciplines scientifiques surtout, une telle instruction fige en dogmatisme une connaissance qui devrait être une impulsion pour une démarche inventive. Et surtout, elle manque à donner l'expérience psychologique de l'erreur humaine. Comme seule utilité défendable des « compositions » scolaires, j'imagine la désignation de moniteurs qui transmettraient toute une échelle de leçons de rigueur décroissante. Le premier de la classe reçoit, comme récompense, la joie de donner des répétitions au second, | le second au troisième et ainsi de suite jusqu'au point où les erreurs deviennent vraiment trop massives. Cette fin de classe n'est d'ailleurs pas sans utilité pour le psychologue ; elle réalise l'espèce non scientifique, l'espèce subjectiviste, dont l'immobilité est éminemment instructive. On peut se pardonner cette utilisation un peu inhumaine du cancre, en usage dans d'assez nombreuses classes de mathématiques, en se rappelant que celui qui a tort objectivement se donne raison subjectivement. Il est de bon ton, dans la bourgeoisie lettrée, de se vanter de son ignorance en mathématiques. On se repaît de son échec, dès que cet échec est suffisamment net. En tout cas, l'existence d'un groupe réfractaire aux connaissances scientifiques favorise une psychanalyse des convictions rationnelles. Il ne suffit point à l'homme d'avoir raison, il faut qu'il ait raison *contre* quelqu'un. Sans l'exercice *social* de sa conviction rationnelle, la raison profonde n'est pas loin d'être une rancune ; cette conviction qui ne se dépense pas dans un enseignement difficile agit dans une âme comme un amour méconnu. En fait, ce qui prouve le caractère psychologiquement salubre de la science contemporaine quand on la compare à la science du XVIIIe siècle, c'est que le nombre des *incompris* diminue.

La meilleure preuve que cette pédagogie progressive correspond à une réalité psychologique chez l'adolescent, nous la trouvons dans la théorie du *jeu bilatéral* indiqué d'un trait rapide par MM. von Monakow et Mourgue : « Quand nous avons étudié l'instinct de conservation, nous avons mis l'accent sur le besoin de primer qu'on observe chez les enfants, durant leurs jeux. Mais il y a, au cours de ceux-ci, un autre aspect, qu'il convient de mettre en lumière. L'enfant, en effet, ne cherche pas à s'imposer *de façon constante*; il acceptera volontiers, après avoir joué le rôle du général, de prendre celui du simple soldat. S'il ne le faisait pas, la fonction du jeu (préparation à la vie sociale) serait faussée et, ce qui arrive effectivement pour les enfants insociables, le réfractaire aux règles plus ou moins implicites du jeu serait éliminé du petit groupe que forment les enfants »[1]. La pédagogie des disciplines expérimentales et mathématiques gagnerait à réaliser cette condition fondamentale du jeu.

Si nous nous sommes permis de tracer ce léger dessin d'une utopie scolaire, c'est qu'il nous semble donner, toutes proportions gardées, une mesure pratique et tangible de la dualité psychologique des attitudes rationaliste et empirique. Nous croyons en | effet qu'il court toujours un jeu de nuances **246** philosophiques sur un enseignement vivant : *un enseignement reçu est psychologiquement un empirisme; un enseignement donné est psychologiquement un rationalisme*. Je vous écoute : je suis tout ouïe. Je vous parle : je suis tout esprit. Même si nous disons la même chose, ce que vous dites est toujours un peu irrationnel; ce que je dis est toujours un peu rationnel. Vous avez toujours un peu tort, et j'ai toujours un peu raison. La matière enseignée importe peu. L'*attitude* psychologique faite, d'une part, de résistance et d'incompréhension, d'autre part, d'impulsion et d'autorité, devient l'élément décisif dans l'enseignement réel, quand on quitte le livre pour parler aux hommes.

Or, comme la connaissance objective n'est jamais achevée, comme des objets nouveaux viennent sans cesse apporter des sujets de conversation dans le dialogue de l'esprit et des choses, tout l'enseignement scientifique, s'il est vivant,

1. Von Monakow et Mourgue, *Introduction biologique à l'étude de la Neurologie et de la Psychopathologie*, Paris, 1928, p. 83.

va être agité par le flux et le reflux de l'empirisme et du rationalisme. En fait, l'histoire de la connaissance scientifique est une alternative sans cesse renouvelée d'empirisme et de rationalisme. Cette alternative est plus qu'un fait. C'est une nécessité de dynamisme psychologique. C'est pourquoi toute philosophie qui bloque la culture dans le Réalisme ou le Nominalisme constitue les obstacles les plus redoutables pour l'évolution de la pensée scientifique.

Pour essayer d'éclairer l'interminable polémique du rationalisme et de l'empirisme, M. Lalande proposait récemment au Congrès de philosophie, dans une improvisation admirable, d'étudier systématiquement les périodes où la raison éprouve des satisfactions et les périodes où elle éprouve des embarras. Il montrait qu'au cours du développement scientifique, il y a soudain des synthèses qui semblent absorber l'empirisme, telles sont les synthèses de la mécanique et de l'astronomie avec Newton, de la vibration et de la lumière avec Fresnel, de l'optique et de l'électricité avec Maxwell. Alors les professeurs triomphent. Et puis les temps lumineux s'assombrissent : quelque chose ne va plus, Mercure se dérange dans le Ciel, des phénomènes photo-électriques égrènent l'onde, les champs ne se quantifient pas. Alors les incrédules sourient, comme des écoliers. En multipliant l'enquête proposée par M. Lalande, nous pourrions déterminer d'une manière précise ce qu'il faut entendre au juste par cette *satisfaction* de la raison quand elle rationalise un fait. Nous verrions aussi exactement que possible, sur des cas précis, dans le sûr domaine de l'histoire accomplie, le passage de l'assertorique à l'apodictique ainsi que l'illustration de l'apodictique par l'assertorique.

247 | Toutefois cette enquête purement historique, en nous donnant le sens quasi logique de la satisfaction de la raison, ne nous livrerait pas, dans toute sa complexité, dans son ambivalence de douceur et d'autorité, la psychologie du *sentiment d'avoir raison.* Pour connaître toute cette affectivité de l'usage de la raison, il faut vivre une culture scientifique, il faut l'enseigner, il faut la défendre contre les ironies et les incompréhensions, il faut enfin, fort de son appui, venir provoquer les

philosophes, les psychologues du sentiment intime, les pragmatistes et le réaliste ! Alors, on peut juger de l'échelle des valeurs du sentiment rationnel : avoir raison des hommes par les hommes, doux succès où se complaît la volonté de puissance des hommes politiques ! Mais avoir raison des hommes par les choses, voilà l'énorme succès où triomphe, non plus la volonté de puissance, mais la lumineuse volonté de raison, *der Wille zur Vernunft*.

Mais les choses ne donnent jamais raison à l'esprit en bloc et définitivement. Il est d'ailleurs bien certain que cette satisfaction rationnelle doit être renouvelée pour donner un véritable dynamisme psychique. Par une curieuse accoutumance, l'apodictique vieilli prend goût d'assertorique, le *fait de raison* demeure sans l'appareil de raisons. De toute la mécanique de Newton, les hommes ont retenu qu'elle était l'étude d'une attraction, alors que, chez Newton même, l'attraction est une métaphore et non un fait. Ils ont oublié que la mécanique newtonienne assimilait apodictiquement la *parabole* du mouvement des projectiles sur la terre et l'*ellipse* des orbites planétaires, grâce à un appareil de raisons. Il faut donc défendre contre l'usure les vérités rationnelles qui tendent toujours à perdre leur apodicticité et à tomber au rang des habitudes intellectuelles. Balzac disait que les célibataires remplacent les sentiments par les habitudes. De même, les professeurs remplacent les découvertes par des leçons. Contre cette indolence intellectuelle qui nous prive peu à peu de notre sens des nouveautés spirituelles, l'enseignement des découvertes le long de l'histoire scientifique est d'un grand secours. Pour apprendre aux élèves à inventer, il est bon de leur donner le sentiment qu'ils auraient pu découvrir.

Il faut aussi *inquiéter* la raison et déranger les habitudes de la connaissance objective. C'est d'ailleurs une pratique pédagogique constante. Elle ne va pas sans une pointe de sadisme qui montre assez clairement l'intervention de la volonté de puissance chez un éducateur scientifique. Cette taquinerie de la raison est réciproque. Déjà, dans la vie commune, nous aimons embarrasser notre prochain. Le cas du poseur

248 d'énigmes est révélateur. Souvent, | la brusque énigme est la revanche du faible sur le fort, de l'élève sur le maître. Poser une énigme à son père, n'est-ce pas, dans l'innocence ambiguë de l'activité spirituelle, satisfaire au complexe d'Œdipe? Réciproquement, l'attitude du professeur de mathématiques, sérieux et terrible comme un sphinx, n'est pas difficile à psychanalyser.

On peut enfin déceler, chez certains esprits cultivés, un véritable masochisme intellectuel. Ils ont besoin d'un mystère derrière les solutions scientifiques les plus claires. Ils acceptent difficilement la clarté consciente d'elle-même que procure une pensée axiomatique. Même vainqueurs et maîtres d'une notion mathématique, ils ont besoin de postuler un réalisme qui les dépasse et les écrase. Dans les sciences physiques, ils postulent un irrationalisme foncier pour la réalité, alors que, dans les phénomènes de laboratoire, phénomènes bien maîtrisés, bien mathématisés, cet irrationalisme n'est guère que la *somme des maladresses* de l'expérimentateur. Mais l'esprit ne veut pas jouir tranquillement d'une connaissance bien fermée sur elle-même. Il pense non pas aux difficultés de l'heure, mais aux difficultés de demain; il pense non pas au phénomène bien sûrement emprisonné dans les appareils présentement en action, mais au phénomène libre, sauvage, impur, à peine nommé! De cet innommé, les philosophes font un innommable. Jusqu'à la base de l'arithmétique, M. Brunschvicg a reconnu cette dualité, toute teintée de valorisations contraires, quand il parle d'une science du nombre utilisée soit pour démontrer, soit pour éblouir, étant bien entendu qu'il s'agit avant d'éblouir les autres de s'aveugler soi-même[1].

Mais ces tendances sadiques ou masochistes, qui apparaissent surtout dans la vie sociale de la science, ne caractérisent pas suffisamment la véritable attitude du savant solitaire; elles ne sont encore que les premiers obstacles que le savant doit surmonter pour acquérir la stricte objectivité scientifique.

1. Léon Brunschvicg, *Le rôle du pythagorisme dans l'évolution des idées*, Paris, Hermann, 1937, p. 6.

Au point d'évolution où se trouve la science contemporaine, le savant est placé devant la nécessité, toujours renaissante, du *renoncement à sa propre intellectualité*. Sans ce renoncement explicite, sans ce dépouillement de l'intuition, sans cet abandon des images favorites, la recherche objective ne tarde pas à perdre non seulement sa fécondité, mais le vecteur même de la découverte, l'élan inductif. Vivre et revivre l'instant d'objectivité, être sans cesse à *l'état naissant* de l'objectivation, cela réclame un effort constant de désubjectivation. | Joie **249** suprême d'osciller de l'extroversion à l'introversion dans un esprit libéré psychanalytiquement des deux esclavages du sujet et de l'objet! Une découverte objective est immédiatement une rectification subjective. Si l'objet m'instruit, il me modifie. De l'objet, comme principal profit, je réclame une modification spirituelle. Une fois bien réalisée la psychanalyse du pragmatisme, je veux savoir pour pouvoir savoir, jamais pour *utiliser*. En effet, vice versa, si j'ai pu, par un effort autonome, obtenir une modification psychologique – qui ne peut guère s'imaginer que comme une complication sur le plan mathématique –, fort de cette modification essentielle, je retourne vers l'objet, je somme l'expérience et la technique, d'illustrer, de réaliser la modification déjà réalisée psychologiquement. Sans doute le monde résiste souvent, le monde résiste toujours, et il faut que l'effort mathématisant se reprenne, s'assouplisse, se rectifie. Mais il se rectifie en s'enrichissant. Soudain, l'efficacité de l'effort mathématisant est telle que le réel se cristallise sur les axes offerts par la pensée humaine: des phénomènes nouveaux se produisent. Car on peut sans hésitation parler d'une création des phénomènes par l'homme. L'électron existait avant l'homme du vingtième siècle. Mais avant l'homme du vingtième siècle, l'électron ne chantait pas. Or il chante dans la lampe aux trois électrodes. Cette réalisation phénoménologique s'est produite à un point précis de la maturité mathématique et technique. Il eût été vain de tenter une réalisation prématurée. Une astronomie qui aurait voulu réaliser la musique des sphères aurait échoué. C'était un pauvre rêve qui valorisait une pauvre science. La musique de l'électron dans un champ alternatif s'est trouvée au contraire réalisable. Cet être muet nous a donné le téléphone. Le même être invisible va nous donner la télévision. L'homme triomphe ainsi des contradictions de la connaissance immédiate. Il force les qualités contradictoires à la consubstantiation, dès l'instant où il s'est libéré lui-même du mythe de la substantialisation. Il n'y a plus d'irrationalisme dans une substance soigneusement fabriquée par la chimie organique

Cet irrationalisme ne serait qu'une impureté. Cette impureté peut d'ailleurs être tolérée. Dès l'instant où elle est tolérée, c'est qu'elle est inefficace, sans danger. Fonctionnellement, cette impureté n'existe pas. Fonctionnellement, la substance réalisée par la synthèse chimique moderne est totalement rationnelle.

250 | **III**

Sans doute, aux heures mêmes où la science réclame les mutations psychologiques les plus décisives, les intérêts et les instincts manifestent une étrange stabilité. Les psychologues classiques triomphent alors facilement de nos vues aventureuses; ils nous rappellent, pleins d'amère sagesse, qu'il faut plus qu'une équation pour changer le cœur de l'homme et que ce n'est pas en quelques heures d'adorables extases intellectuelles qu'on réduit des instincts et qu'on suscite des fonctions organiques nouvelles. Malgré ces critiques, nous persistons à croire que la pensée scientifique, sous la forme exclusive où la vivent certaines âmes, est psychologiquement formative. Comme le fait observer M. Julien Pacotte en des pages pénétrantes, « dans l'évolution biologique, la subite orientation du vivant vers le milieu pour l'organiser indépendamment de son corps est un événement incomparable… La technique prolonge la biologie »[1]. Mais voici que la pensée abstraite et mathématique prolonge la technique. Voici que la

1. *Revue de Synthèse*, oct. 1933, p. 129.

pensée scientifique réforme la pensée phénoménologique. La science contemporaine est de plus en plus une réflexion sur la réflexion. Pour montrer le caractère révolutionnaire de cette complexité, on pourrait reprendre tous les thèmes de l'évolution biologique en les étudiant sous le seul point de vue des relations de l'interne à l'externe : on verrait qu'au fur et à mesure de l'évolution, comme l'a fort bien montré M. Bergson, le réflexe immédiat et local se complique peu à peu, il s'étend dans l'espace, il se suspend dans le temps. L'être vivant se perfectionne dans la mesure où il peut relier son *point de vie*, fait d'un instant et d'un centre, à des durées et à des espaces plus grands. L'homme est homme parce que son comportement objectif n'est ni immédiat ni local. La prévoyance est une première forme de la prévision scientifique. Mais enfin, jusqu'à la science contemporaine, il s'agissait de prévoir le *loin* en fonction du *près*, la sensation précise en fonction de la sensation grossière; la pensée objective se développait quand même au contact du monde des sensations. Or, il semble bien qu'avec le vingtième siècle commence une pensée scientifique *contre* les sensations et qu'on doive construire une théorie de l'objectif *contre* l'objet. Jadis, la réflexion résistait au premier réflexe. La pensée scientifique moderne réclame qu'on résiste à la première |réflexion. **251** C'est donc tout l'usage du cerveau qui est mis en question. Désormais le cerveau n'est plus absolument l'instrument adéquat de la pensée scientifique, autant dire que le cerveau est l'*obstacle* à la pensée scientifique. Il est un obstacle en ce sens qu'il est un coordonnateur de gestes et d'appétits. Il faut penser *contre* le cerveau.

Dès lors une psychanalyse de l'esprit scientifique prend tout son sens : le passé intellectuel, comme le passé affectif, doit être connu comme tel, comme un passé. Les lignes d'inférence qui conduisent à des idées scientifiques doivent être dessinées en partant de leur origine effective; le dynamisme psychique qui les parcourt doit être surveillé; toutes les valeurs sensibles doivent être démonétisées. Enfin, pour donner la conscience claire de la construction phénoménologique, *l'ancien doit être pensé en fonction du nouveau*, condition essentielle pour fonder, comme un rationalisme, la physique mathématique. Alors, à côté de l'histoire de ce qui fut, alentie et hésitante, on doit écrire une histoire de ce qui aurait dû être, rapide et péremptoire. Cette histoire normalisée, elle est à peine inexacte. Elle est fausse socialement, dans la poussée effective de la science populaire qui réalise, comme nous avons essayé de le montrer au cours de cet ouvrage, toutes les erreurs. Elle est vraie par la lignée des génies, dans les douces sollicitations de la vérité objective. C'est cette ligne légère qui dessine le destin véritable de la pensée humaine. Elle surplombe peu à peu la ligne de vie. En la suivant, on voit que l'intérêt à la vie est supplanté par l'intérêt à l'esprit. Et pour juger de la *valeur*, on voit nettement apparaître une *utilité à l'esprit*, spirituellement toute dynamique, alors que l'*utilité à la vie* est particulièrement statique. Ce qui sert la vie l'immobilise. Ce qui sert l'esprit le met en mouvement. La doctrine de l'*intérêt* est donc essentiellement différente dans le domaine de la biologie et dans le domaine de la psychologie de la pensée scientifique. Lier les deux intérêts : l'intérêt à la vie et l'intérêt à l'esprit, par un vague pragmatisme, c'est unir arbitrairement deux contraires. Aussi, c'est à distinguer ces deux contraires, à rompre une solidarité de l'esprit avec les intérêts vitaux, que doit s'occuper la psychanalyse de l'esprit scientifique. En particulier, quand l'obstacle animiste, qui réapparaît insidieusement presque à chaque siècle sous des formes biologiques plus ou moins actualisées, sera réduit, on pourra espérer une pensée scientifique vraiment animatrice. Mais comme le dit avec une si noble tranquillité M. Édouard Le Roy, pour que ce succès général de la pensée scientifique soit possible, il faut le *vouloir*. Il faut une volonté sociale puissante pour éviter ce **252** polygénisme dont M. Le Roy | n'écarte pas la possibilité. Il craint en effet une rupture entre les âmes libérées et les âmes obérées[1]. Cette *volonté d'esprit*, si nette chez quelques âmes élevées, n'est de toute évidence pas une *valeur sociale*.

1. Édouard Le Roy, *Les Origines humaines et l'évolution de l'intelligence*, Paris, Boivin, 1928, p. 323.

Charles Andler faisait en 1928 cette profonde remarque : « Pas mieux que la Grèce, Rome ne sut faire de la science la base d'une éducation populaire »[1]. Nous devrions faire notre profit de cette remarque. Si nous allions au delà des programmes scolaires jusqu'aux réalités psychologiques, nous comprendrions que l'enseignement des sciences est entièrement à réformer; nous nous rendrions compte que les sociétés modernes ne paraissent point avoir intégré la science dans la culture générale. On s'en excuse en disant que la science est difficile et que les sciences se spécialisent. Mais plus une œuvre est difficile, plus elle est éducatrice. Plus une science est spéciale, plus elle demande de concentration spirituelle; plus grand aussi doit être le désintéressement qui l'anime. Le principe de la *culture continuée* est d'ailleurs à la base d'une culture scientifique moderne. C'est au savant moderne que convient, plus qu'à tout autre, l'austère conseil de Kipling : « Si tu peux voir s'écrouler soudain l'ouvrage de ta vie, et te remettre au travail, si tu peux souffrir, lutter, mourir sans murmurer, tu seras un homme, mon fils ». Dans l'œuvre de la science seulement on peut aimer ce qu'on détruit, on peut continuer le passé en le niant, on peut vénérer son maître en le contredisant. Alors oui, l'École continue tout le long d'une vie. Une culture bloquée sur un temps scolaire est la négation même de la culture scientifique. Il n'y a de science que par une École permanente. C'est cette école que la science doit fonder. Alors les intérêts sociaux seront définitivement inversés : la Société sera faite pour l'École et non pas l'École pour la Société.

1. *Revue de Métaphysique et de Morale*, avril 1928, p. 281.

INDEX DES NOMS CITÉS

TABLE DES MATIÈRES

Achevé d'imprimer par Corlet, Imprimeur, S.A. - 14110 Condé-sur-Noireau
N° d'Imprimeur : 77668 - Dépôt légal : avril 2004 - *Imprimé en France*